英語教育学と認知心理学のクロスポイント

小学校から大学までの英語学習を考える

太田信夫・佐久間康之 編著

北大路書房

認知科学理論と英語教育実践との橋渡しをする画期的な試み。
今後の英語教育学に大きな刺激を与えるだろう。

バトラー後藤裕子（ペンシルバニア大学准教授）

英語学習のさまざまな研究課題を認知心理学の科学的な枠組みで包括的
にとらえる本書は，最新の研究成果を網羅しており，
授業過程を検討するうえで大変貴重なリソースである。
英語（外国語）の教師，教師志望者にとっては必読の書である。

白井恭弘（ケース・ウェスタン・リザーブ大学教授）

まえがき

■ ■ ■

　現代の日本は，英語学習の気運が世の中に蔓延しているように感じられる。これは，一つには政治経済や社会文化のグローバル化が時代とともに進み，英語学習の必要性が，どの分野でも高まってきていることに起因していると考えられる。また2020年の東京オリンピック・パラリンピックに向け，日常的な感覚として，英語を少しでも使えるようになりたいという日本人の要望の表れでもあるだろう。

　こんな中で，文部科学省は2020年度より公立小学校の5，6年生に英語を正式に教科とし，さらに現行の5，6年生に実施している外国語（英語）活動を3，4年生に引き下げて実施することで，英語教育の低年齢化を図る方針である。これに伴い中学校，高等学校の英語教育では，英語で授業を行うことを基本としており，これまでの受験英語からの脱却が喫緊の課題である。さらに大学の教育や入試では，民間の英語資格試験の導入が進められている。このような英語教育の改革の流れを突き動かしているものは，英語の4技能「読む，書く，聞く，話す」でいえば，「読み書き」のみにとどまらず「聞く話す」も含めた4技能の円滑な総合的教育への転換である。すなわち英語教育の今日的課題は，4技能の正確かつ流暢な総合的コミュニケーション能力を養うことであろう。

　このような流れの中で，近年の英語教育学では，認知心理学の記憶研究の理論や知見を背景とした研究が目立ってきている。これらの英語学習の研究は，心理学の理論や知見を参照しながら，より効果的な学習への応用を目指して行われている。しかし心理学の側からみると，その研究計画や方法には，不十分さがしばしばあることは否めない。もちろん英語教育学の立場からみると，心理学の理論や知見が実際の英語学習にそぐわない点もあることも否めない。本書の企画のきっかけは，まさにこの研究における心理学と教育学の離齬（そこ）にあった。この食い違いは，理論と応用とのギャップといえるものかもしれない。

　この点に関して，世界的な認知心理学者であるR. H. ローギー氏●注による特別寄稿をいただいた。氏は，この中で科学と教育，あるいは理論と応用との

間で徹底的な議論の必要性を強調している。

　本書はこのような趣旨により，Part 1 では，認知心理学，特に記憶の理論に関連する認知心理学研究の成果を述べた。Part 2 では，認知心理学の理論や知見に基づく英語教育学の諸研究を報告した。そして各応用研究に対する認知心理学からのコメントを，主に Part 1 の執筆者が行うことで，ささやかではあるが，認知心理学と英語教育学の統合を目指した。

　このように異なる研究分野の研究者の協力により本書は構成されているが，相互の議論はまだ緒についた段階である。今後さらにこのような議論が深まることを切に願う。そしてさらに，科学に基づいた英語学習研究がますます発展し，今日の英語教育改革の一助となることを願う次第である。

　最後になったが，本書の出版を快諾していただいた北大路書房様には心から感謝するとともに，編集にあたっては奥野浩之様にたいへんお世話になり，ここに記して衷心より御礼申し上げる次第である。

太田　信夫
佐久間康之

●注：エディンバラ大学教授。ローギー氏は，認知心理学の国際的学会である The Psychonomic Society において，2015 年現在，理事長の任にある。

特別寄稿
■ ■ ■

認知科学と教育：必要不可欠な議論

ロバート・H・ローギー
エディンバラ大学（人間認知神経科学研究グループ
および認知的加齢・認知疫学研究所）
訳：三浦隆行，太田信夫，佐久間康之

　科学的探索は，新たな知識や理解の発見へ導く道筋を追求すること，そしてそこで得られた理解を社会のために応用することの可能性によっていっそう推進されるであろう。しかしながら，探索的研究とその応用のつながりはしばしば弱く，人間の認知科学と教育実践の関係性がとりわけ弱い。人間の情報処理の容量と処理効率に影響を与える要因は，効率のよい学習のための鍵である。しかしながら，教育に成果をもたらす可能性があるにもかかわらず，実際の教育実践はこのような研究成果を常に活用しているわけではない。さらに言えば，多くの研究者は学問を発展させる専門家ではあるが，その新たな知識から教育に活用できる可能性があることを引き出そうとする研究者はごく少数しかいない。

　科学と実践の間にあるこの溝には，多様な理由がある。しばしば教育実践は，教育政策や現時点で最善の実践例を確認することによって行われるが，教育成果に対する影響を評価するための明確な評価基準や方法があるわけではない。また，政令や政策からの大きな影響や，政策立案者と新たな教育実践を発展させるために実証研究に基づく手法を試みる教育実践家との間で抵抗がある。科学的根拠が考慮される場合は，その科学が誤って解釈されたり，正しく理解されないため，その科学の応用は効果がないかもしれない。その一方で，科学は専門的になり過ぎたり，入手しづらかったり，教育実践からかけ離れてしまうこともある。そして，教育に活かせる研究的要素を判断するための，両分野の十分な専門知識をもった人材が少ないことも，理由としてあげられる。政治的な障害も乗り越えなくてはならないうえに，教育実践において何らかの効果が

実現されることを保証するような教員を養成する必要性もある。また，人間の学習にとって一見役に立つ科学的要素もあるかもしれないが，その効果は統制された研究調査においてのみ明らかなのであって，教室環境で実施されるとうまくはいかないものなのである。

　上記の障害にもかかわらず，教育政策立案者や教育実践家の間では人間の脳機能の知見を教育分野に応用することへの関心が高まっており，教育現場での新たな取り組みが生まれた国もある。残念ながら，これらの教育実践への応用のいくつかは，脳科学的根拠の歪曲した解釈や，誤用や部分的な応用を伴っており，まったく効果がない，または悪影響を及ぼす可能性さえある。さらに，応用例の中には，科学的根拠が皆無で，もしくはその科学的根拠の完全なる誤解に基づいた，まったくつじつまの合わないものもある。根本的に無意味な脳科学の専門用語を使用しており，教育課程に見せかけの科学的雰囲気を与えてはいるが，何の根拠にも基づいておらず，高名な脳科学者であれば誰も支持はしない。Della Sala & Anderson（2012; Della Sala, 2009 も参照）は，脳科学が教育においてどのように利用されているか，またどのように誤用されているかの調査を行った。彼らは，確かな科学的根拠に基づいた，そしてその科学的根拠とその教育への影響の両方を十分に考慮に入れた教育実践を多く確認した。一方で，イギリスや他の国の小学校の教室における不適切な教育実践の多様な例も確認した。これらの中には，脳の動きを円滑にするために口に水を含むという助言，脳機能向上のための魚油のサプリメントの使用，ガムを噛むこと，鎖骨内にある脳のボタンを押すことで前頭前野を刺激することなどを推奨するブレインジムの利用，そして，読書障害の補助となるカラーフィルターの使用などがある。どの実践においても，教育での使用を支持するような証拠はほとんど，もしくは皆無である（Ritchie, Della Sala, & McIntosh, 2011）。そして，「脳のボタン」や「口に水を含む」実践は，両方とも基本的な人間生理学や解剖学さえも完全に無視している。見せかけの科学用語に頼ることを避けつつ，脳科学の概念や科学的証拠を明確に理解する必要があることは明らかである。

　教育分野で多大な興味を駆り立てたさらなる話題は，「脳トレ」技術の使用である。脳トレが主張しているのは，脳トレゲームや適応性のある，負荷の高い課題をすることで，一般的な認知能力の向上へ導くということである。これ

ら脳トレ技術のいくつかは商品として販売されており，教育現場で日常的に使用されている。これら脳トレ商品の魅力はとても高い。なぜなら，本当かどうかは別にして，新しい技術はしばしばその効果が本当であるとある程度思われ，また，多くの人がその効果が真実だとある程度思いたいからである。しかしながら，これら脳トレの効果に対する根拠は未だに議論の余地がある（Melby-Lervåg & Hulme, 2013; Logie, 2012; Logie & Della Sala, 2010; Owen et al., 2010; Shipstead, Hicks, & Engle, 2012）。さらに，これら脳トレの使用が増えていることは，主張されている効果が本物であるという確固たる科学的証拠よりもむしろ，商業的な，政治的な，そして大衆の圧力によって煽り立てられているという疑問がある。確かなことは，子どもが脳トレをすれば，練習をした課題ではより高い点数を獲得するということである。しかしながら，この結果はまったく新しいものではなく，人間はある課題を練習すればその課題をより上手にこなせるのである（Ebbinghaus, 1885）。初期段階において期待のもてる研究結果はあるが（Holmes, Gathercole, & Dunning, 2009），未だに納得のいくように証明されていないことは，一般的な情報処理能力と処理効率を高めるであろうこの種の訓練による，より一般化が可能な効果があるかどうか，ということである。

　上記の例は，神経科学者と教育実践家がお互いの研究分野の限界を認め，科学的証拠に基づいた議論をするには，より多くのことが可能であり，またされるべきであることを示している。本書は，その議論が行われる際にどんなことが達成されうるのかを示している。章によっては，科学者と教育実践家の間の徹底的な議論を行っており，また他の章によっては，科学者が基礎的な科学を扱ってはいるが，同時にその科学がどのように教育の利益のために応用可能なのかを直接的に扱う研究にも取り組んでいる。このように，同じ人間に基礎研究と応用研究の両方を行わせるという手法は比較的稀であり，非常な努力を要するものであるが，科学的証拠と教育実践の間の効率のよいやりとりを保証するものでもある。科学的証拠に基づいて理解しようとする努力が，教育に良い効果をもたらすならば，本書で示された科学者と教育実践家との間の効果的な意見の交換や相互作用は必要不可欠なものになるであろう。

まえがき　*i*

特別寄稿　認知科学と教育：必要不可欠な議論　*iii*

Part 1
認知心理学の理論的枠組みと学習研究

Part1　はじめに：英語教育学に関連した認知心理学研究　*2*

第 1 章　認知心理学と教育——記憶研究を中心に—— *4*
1　認知心理学　*4*
　1．認知心理学とはどんな学問か／2．認知心理学の学習指導への影響
2　記憶研究の現状　*9*
　1．記憶のメカニズムと分類／2．記憶研究の方法／3．記憶の原理と法則

第 2 章　学習と記憶実験——精緻化を中心にして—— *23*
1　精緻化の有効性を決める要因　*23*
　1．精緻化の量／2．精緻化の質
2　学習者による精緻化の生成・選択および修正　*27*
　1．自己生成精緻化（self-generated elaboration）／2．自己選択精緻化（self-choice elaboration）／3．自己修正精緻化（self-corrected elaboration）
3　個人的エピソードに関する精緻化　*32*
　1．自伝的精緻化（autobiographical elaboration）／2．社会的精緻化（social elaboration）／3．情動的精緻化（emotional elaboration）

第 3 章　潜在記憶と学習の実践的研究 *37*
1　潜在記憶と顕在記憶　*37*
2　ひっくり返る記憶の常識　*39*
　1．間接再認手続き／2．感覚記憶の長期持続性／3．再考を促される認知理論
3　英語教育に対する教育ビッグデータのインパクト　*44*
　1．意識にのぼらない潜在記憶レベルの学習効果の積み重ね／2．潜在記憶レベルの学習効果の連続測定の実現／3．マイクロステップ計測法（スケジューリングの原理と技術）

4　潜在記憶レベルの語彙習得のプロセス　47
　　　　1. 覚えようとしなくても学習効果は積み重なる／2. たった1度の学習の効果が少なくとも半年程度残り続ける／3. 1日あたり5回以上の英単語の反復学習は効果をもたない可能性／4. 実力レベルの成績の上昇が個別に可視化される／5. 英単語の難易度は語彙習得のスピードに影響しない／6. 教育支援と学術研究の融合
　　5　学習を継続しようという意識の向上　53

第4章　ワーキングメモリと学習活動　56

　　1　ワーキングメモリと短期記憶　56
　　2　言語情報の短期的保持　57
　　3　ワーキングメモリにおける保持と処理の関係　61
　　　　1. ワーキングメモリスパン課題の特徴／2. 保持に対する処理の影響／3. 処理に対する保持の影響／4. ワーキングメモリにおける領域普遍的な制御機能
　　4　学習活動におけるワーキングメモリの役割　65
　　　　1. ワーキングメモリと課題目標の保持／2. ワーキングメモリと課題無関連思考／3. 課題無関連思考と学習活動／4. ワーキングメモリと課題セット
　　5　まとめ　68

第5章　言語的短期記憶と英語の音韻学習　70

　　1　言語的短期記憶と語彙獲得　70
　　　　1. 言葉の獲得と言語的短期記憶／2. 言語的短期記憶と音韻認識／3. 言語の短期記憶における音声の保持および音韻知識とプロソディの役割
　　2　日本語母語話者による英語の音声知覚　74
　　　　1. 言語的短期記憶と外国語の音韻学習／2. 日本語母語幼児と中国語母語幼児における英語音韻習得能力／3. 日本語の韻律が英語音声の分節化に及ぼす影響
　　3　日本語母語幼児による英語の音韻学習　79
　　　　1. 多感覚音韻認識プログラム／2. 多感覚音韻認識プログラムの方法とその効果／3. 小学校の外国語活動に対する示唆

第6章　英語学習と脳機能　84

　　1　脳の構造と機能　84
　　2　脳機能計測法　89
　　3　日本人英語学習者を対象とした脳機能研究　90
　　　　1. 母語の日本語と外国語の英語は脳内での使われる部位が同じかどうか／2. 習熟度が変わることで脳活動も変わるか，変わるならどう変わるか／3. 子どもの英語学習／4. 日本人英語学習者への文法教育効果
　　4　結語　96

Part 2
英語教育学（外国語習得）の諸研究

  Part2　はじめに：認知心理学の理論的枠組みに基づく英語教育学の研究　*100*

第1章　小学校全学年の外国語活動経験者のワーキングメモリ内の認知的特徴 ···· *104*

 1　はじめに　*104*
 2　外国語活動における WM モデル（2011）の役割　*105*
 3　方法　*112*
 4　結果と考察　*114*
 5　結論　*121*
 ▶▶▶　佐久間論文 1 へのコメント　*125*

第2章　外国語活動経験者の母語（日本語）および外国語（英語）におけるストループおよび逆ストループ効果：小学5年から中学3年の認知発達的特徴 ············· *129*

 1　はじめに　*129*
 2　日本語版および英語版の検査Ⅱに関する先行研究　*133*
 3　本調査研究　*135*
 4　方法　*137*
 5　結果と考察　*138*
 6　おわりに　*147*
 ▶▶▶　佐久間論文 2 へのコメント　*149*

第3章　タスクの繰り返しが日本人高校生のスピーキングに与える注意焦点の変化 ············· *151*

 1　研究背景：タスクに基づく言語指導の問題点　*151*
 2　理論的背景　*152*
 3　実験　*155*
 4　結論と教育的示唆　*162*
 ▶▶▶　森論文へのコメント　*164*

第4章　英語指導における個人差の把握と介入 ………………… 166
　1　研究の背景と目的　**166**
　2　研究　**171**
　3　結果：個人差に応じた分類　**176**
　4　結論　**179**
▶▶▶　前田論文へのコメント　**181**

第5章　英語リスニング不安とその対処方略 ………………… 183
　1　リスニング不安とは何か　**183**
　2　リスニング不安の構成概念モデルと生起のメカニズム　**185**
　3　リスニング不安の影響　**190**
　4　リスニング不安の対処　**193**
▶▶▶　野呂論文へのコメント　**196**

第6章　インプット中心・アウトプット中心のフォーカス・オン・フォームの効果：言語学習と内容理解のトレードオフ ………………… 199
　1　はじめに　**199**
　2　先行研究　**200**
　3　研究方法　**203**
　4　結果　**207**
　5　考察と結論　**207**
▶▶▶　鈴木・板垣論文へのコメント　**211**

第7章　英単語学習過程としての「記銘」と「想起」の役割：手がかりとしての文脈か，符号化特殊性か ………………… 214
　1　英単語の学習過程：「記銘」と「想起」　**214**
　2　方法　**216**
　3　結果　**221**
　4　全体的考察　**223**
▶▶▶　板垣・渡邊・鈴木・小林論文へのコメント　**227**

第8章　ワーキングメモリ容量における言語産出および言語理解の維持可能性 ………………… 229
　1　話し続け理解される明瞭度を維持すること　**229**

2　聴き続け理解を維持すること　*238*
　3　まとめ　*246*
▶▶▶ 三浦論文へのコメント　*248*

第9章　MEG による第二言語語彙処理プロセスと習熟度に関する研究····*250*

　1　はじめに　*250*
　2　脳機能計測法の種類　*252*
　3　先行研究　*253*
　4　研究方法　*254*
　5　実験結果と考察　*257*
　6　今後の課題　*264*
▶▶▶ 千葉論文へのコメント　*266*

引用参考文献　*269*
索引　*295*

Part 1

認知心理学の理論的枠組みと学習研究

Part 1 はじめに

英語教育学に関連した認知心理学研究

　ここでは，認知心理学の分野で教育における学習の研究に関心をもつ認知心理学者が，それぞれのテーマでご自身の研究について述べる。

　まず第1章では，認知心理学と教育というタイトルで，認知心理学にあまり馴染みのない読者に向けて書かれている。章の前半の内容は，認知心理学とはどのような学問か，この学問が学習指導にどのような影響を与えているのか，についての解説である。後半は，記憶研究の現状について述べている。Part 2 の英語学習に関する論文の多くが，記憶研究の知見をベースにしていることから，心理学での記憶研究を概観する必要があると考えた。

　第2章は精緻化の記憶研究から生まれるいくつかの有効な知見が述べられている。筆者（豊田氏）自身の行ったたくさんの実験結果は，学習の本質に迫るものとして学術的価値の高いものである。また学校教育の現場における学習に対しても，たいへん示唆に富むものばかりである。章の最後に述べられている情動的精緻化では，情動知能の話も出ている。学習は認知的側面と情意的側面の両面から考えることが肝要であるが，この後者の要因の大切さを見事に証明する実験結果が述べられている。教育の目的とする人間を育てる観点においても，情動知能の重要性は誰もが認めることである。

　第3章では，潜在記憶の単語学習基礎的研究とそれを応用した英単語学習の実践的研究について述べられている。長年にわたる筆者（寺澤氏）のたいへん優れた研究実践がわかりやすく説明されている。伝統的な記憶理論からすると，驚くような知見もいくつか紹介され，意欲的な内容の章となっている。方法論的にも内容的にも，現在もさらに充実し発展し続けている本研究に対して，今後の教育実践に大いに期待したい。

　第4章はワーキングメモリと学習活動について述べられている。この領域の第一人者である齊藤氏の最新の研究状況を踏まえた核心的な議論が展開されて

いる。学習の認知的活動に対していかにワーキングメモリのメカニズムが重要な役割を果たしているかが，よく理解できる。また実際の教室場面での学習活動とワーキングメモリとの関係の議論（第4節）の中で，近年，研究が盛んになっている課題無関連思考（マインドワンダリング）の問題も登場し，たいへん興味深い。このような研究により提起される問題は，毎日教室で学習指導をされている先生方にとっても，喫緊の課題ともいえるであろう。

　第5章は，英語能力の4つの技能のうち，主に聞く・話す技能に関係する内容の多くの研究が紹介されている。記憶の分類でいえば，短期記憶における幼児の言語音声の知覚，音韻分析，保持，貯蔵などの詳細な過程が検討されている。筆者ら（湯澤・湯澤氏）の研究はたくさんの新しい知見をもたらしているが，日本語母語幼児と中国語母語幼児の英語音韻習得能力の違いに関するデータや多感覚音韻認識プログラムの実践の効果は，たいへん貴重な研究として，英語の学習指導に大きな示唆を与えるものであろう。英語教育の低年齢化が進む現代において，本章の意義は大きいと考える。

　第6章では，英語学習についての脳機能研究の現状が述べられている。はじめに脳の構造や機能，および脳機能計測法について解説しているが，この分野の初学者にはたいへんわかりやすく書かれており有益である。次に日本人の英語学習者を対象とした脳機能研究を，筆者（横山氏）自身の論文を中心にいくつか紹介している。どの研究も興味ある内容であるが，全体的に見て，この種の研究がまだまだ少なく，残された課題も多いようである。

　以上，Part 1 は認知心理学，特に記憶研究を中心にしたそれぞれの研究者にご執筆いただいた。全体として記憶研究領域をほぼ網羅した内容になっている。第1章では記憶研究概観，第2章では長期記憶，第3章では潜在記憶，第4章ではワーキングメモリ，第5章では短期記憶，第6章では脳機能研究を扱っており，Part 2 の英語教育学（外国語習得）に関する諸研究の理論的基盤を与える内容である。

第1章

認知心理学と教育
記憶研究を中心に

　本書は，現代の記憶研究の成果をベースにした，学習（特に，英語学習）に関する諸研究から成っている。この意味で，本章の役割は，記憶研究と学習との関係を論ずることにより，心理学を専門としていない読者の本書全体の理解を促進することにある。

　しかし記憶研究や学習研究について述べる前に，それらの研究領域の基盤となっている認知心理学という学問について概観することが必要であろう。認知心理学はどのような学問か，認知心理学，特に学習や記憶の研究と学習指導の実践とは，現状ではどのような関係にあるのだろうか，そして，記憶研究の現状はどのようになっているのだろうか。

　本章では，このようなことについて述べることにする。

■1■ 認知心理学

1．認知心理学とはどんな学問か

　認知心理学は，認知を研究対象とする心理学である。認知とは，「行動」に対する用語である。行動は目に見えるものであるが，認知は，目には見えない頭の中で機能している知覚・記憶・思考，学習，あるいは知識，言語などの構造や運用を指す。人が外界をどのように知覚し，何を記憶し，どのようなことを考え，そして新しいことを学習しているのかいないのかは，行動だけではわからない。

　学習でいえば，問題に対する回答が行動であるが，どのような認知活動（頭

の中のさまざまな活動）が行われた結果，その回答が出てきたのか，推測はできるが本当のところはわからない。この認知活動をできるだけ客観的に明らかにしようとする学問が，認知心理学である。

できるだけ客観的に認知活動を知るために，心理実験をしたり，近年発達の著しいニューロイメージングの技法により脳の活動を解明したり，あるいは案出したモデルをいろいろな方法で検証したりして研究するのである。

日常的な言葉で，人間の精神活動を表す用語に，「知情意」という言い方がある。知性と感情と意志という3つの異なる精神活動を指している。認知心理学の認知は知性に当たるが，知性の働きを考える際には，感情も意志も同時に考える必要がある。記憶や思考，あるいは知識や技能は，感情や意志により影響を受けるからである。強い感情を伴う経験はよく記憶に残るものである。俗に「感情の論理」といって，思考の合理性より感情に支配される思考もある。このように認知心理学では，認知と感情の相互作用に関する研究や，意志に関する動機づけの研究なども扱う。

心理学の歴史においては，認知心理学は，1950年代のコンピュータの出現が契機となり，今日まで発展してきたといえよう。それまでは，認知心理学の萌芽といえるような認知的な考え方は散見されるものの，行動主義が主流であった。しかし，コンピュータの出現は，情報処理的な概念をもたらし，人間の認知過程の重要性を指摘したのである。すなわち人間の認知活動をコンピュータの情報処理になぞらえ，外界からの情報を内的に処理して反応としてアウトプットするという情報処理的な考え方が一般的となった。そしてこの観点からいくつかのモデルが提案されたり，実験的研究が進み，今日の認知心理学の隆盛にいたっている。

情報処理的なアプローチでは，認知活動は個々の人間の頭の中で行われていることを想定しているが，人と人とが相互作用しながら社会を形成しているというマクロな観点からの認知研究もある。これは，状況論とよばれるアプローチで重要ではあるが，本書では扱わない。

2. 認知心理学の学習指導への影響

学習とは，新しい知識や技能を獲得することである。学習は私たち自身の変

化と考えると，その変化は第三者が見てわかることもあればわからないこともある。わからない場合でも，頭の中では何かが変化しているのである。外から観察可能な学習は，いわゆる行動の変化であり，内的な変化は認知の変化である。この場合，行動とは身振りや表情の変化だけでなく，話したり書いたりして表される言語的な変化も含まれる。

　学習の定義には，行動の変化で説明する視点と認知の変化で説明する視点とがある。以前は正しく解答できなかった問題に，今回は正しい解答ができたとすれば，行動が変化したことになり，学習が成立したといえよう。しかし，その行動の変化に対応した認知的変化が起きているかどうかは確かめなければわからない。行動的には正しい変化が起きたとしても，認知的には正しい変化が起きているとは限らない。極端な話，何も考えないであてずっぽうで回答してもたまたま正解であることもある。また，部分的に間違った考えがあっても，最終的な回答が正解である場合もある。認知的変化は，行動のように見えないものであり，基本的には推測するしかない。たとえば，同じ法則を使う問題をいくつか行い，連続して正解すればその法則の意味が学習されたと推測することになる。

　行動と認知のズレに関して，認知的学習が成立していたとしても，行動的に表現されるとは限らない場合もある。わかっていることでも解答を書く際に何らかの原因で満点の回答を書けないこともあるだろう。また，わかっていることでも何らかの理由で行動に出さない（出せない）こともあるかもしれない。行動だけを見て学習の成否を判断していてはいけないということである。

　学校の授業では教師が「わかりましたか」という問いかけをよくする。うなずく生徒もいればそうでない生徒もいる。首を横に振る生徒もいるかもしれない。認知的に学習が進んでいるかどうかを教師は尋ねているのだが，生徒の学習の程度は10人いれば10人とも違うであろう。わかった生徒にもその理解の深さには個人差があり，わからなかった生徒にも，もう少しでわかる生徒もいればまったくわからない生徒もいる。すなわち，行動的な学習成立が概してイエス・ノーであるのに対して，認知的行動の変化は，さまざまな程度で学習が進んでいるのである。したがって，学習の成否を単純に考えてはいけない。認知的な視点からみれば，一見，何も学習していないように見えても，ゼロでは

なく，何らかの学習はしていることが多いので，この学習している部分をさらに発展させることが必要である。

このように学習の成否の視点には，行動的視点と認知的視点があり，どちらも学習指導には必要である。しかし学習指導においては，得てして行動的視点ばかりに目が行き，認知的視点を忘れがちである。認知心理学は，この認知的視点の重要性を指摘している。

学習には，認知的側面と情意的側面がある。「わかる」という知的な側面と，「やりたい」「おもしろい」といった意欲や感情など気持ち的側面である。これらはどちらもある程度なければ学習は進まない。まったくわからなければ，いくらやる気があっても学習効果は上がらない。またある程度わかっていても，まったくやる気がなければ，これも学習が進まない。また認知的側面と情意的側面とは，絶えず相互作用している。学習していることが理解できれば興味も増し，先の見通しもでき目標がはっきりしてきて学習意欲も高まるであろう。内容に興味をもてば，多少わからなくても学習を続け，少しずつ成果も出てくるかもしれない。このような認知と情意の相互作用は，学習指導がうまくいけば正の連鎖で学習の進展が望まれる。しかしうまくいかなければ負の連鎖で，「面白くない→わからない→ますます面白くなく意欲減退→勉強しないからますますわからない」といったことになるだろう。

認知心理学が学習指導に与えた影響はいろいろとあるが，このような学習の2つの側面が効果的に機能するように，その内的過程に注目させたことに集約できよう。この影響を支える要因は，次の3点にまとめることができる。

①学習者の能動性・自律性の重視

学習とは，外から（他から）させられるものではなく，自らするものである。つまり受動的ではなく能動的なものである。また他律的ではなく，自らをコントロールしながら進展させるのが真の学習である。

このような考え方は，学習者の行動のみに注目し，学習過程よりも学習結果を重視する行動主義では，学習の本質は説明できないというところからきている。もちろん練習（繰り返し）によって学習効果が上がるような学習もあり，行動主義の妥当性も認められるが，その場合でも，内的要因が機能するような

学習方略を用いたほうが，いっそう高い学習効果が予測される。

　学習者の主体性を重視するということは，指導者中心ではなく学習者中心の学習指導が行われるということである。それは，学習者の認知活動を重視した学習指導ともいえよう。

②知識の形成と運用，およびそれに伴う理解過程の重視

　学習者の認知活動は，認知心理学では情報処理アプローチで説明されることが多い。今日の認知心理学の隆盛の起点となったコンピュータの出現は，人間の認知活動をコンピュータの情報処理になぞらえる情報処理アプローチを生むこととなった。観察可能な行動ではなく，行動の内面ともいえる認知に焦点を当てることにより，学習がどのような情報処理を経て進展していくかが明らかになる。すなわち新しい情報を獲得したり，新たな理解が成立するには，既存の情報との関係の把握，また知識の再体制化が必要になる。行動主義での学習は，新しい行動を練習により機械的に獲得することである。そこには，既存の知識と新しい知識との間に「意味の発見」はない。認知心理学では，新しい情報をどのようにとらえ，自分の知識構造の中にそれをどのように位置づけるかが重要となる。すなわち理解過程のメカニズムを明らかにすることが，学習の本質の解明になるのである。

　学習指導場面で指導者は，学習者の既存の知識構造に注目し，新しい学習を学習者の既存の知識にどのように組み入れられるかに注目する必要があるといえる。

③内発的動機づけによる学習の重視

　内発的動機づけとは，外発的動機づけに対峙する用語である。学習意欲の喚起や高揚，あるいは喪失や減退に関して，いろいろな原因が考えられる。その原因が学習者自身の内にある場合が内発的動機づけといわれ，学習者の外にある場合が外発的動機づけといわれる。

　内発的動機づけには，認知的動機づけや社会的動機づけがある。前者は認知のズレ（認知の矛盾，好奇心や疑問の原因となるもの）が主な要因となる動機づけであり，後者は社会的状況において生まれる自分自身の学習目標や達成動

機などによる動機づけである。外発的動機づけは，学習者の外にいる指導者や親などによる賞罰による動機づけである。

　実際のいろいろな状況を考えてみると，内発的動機づけと外発的動機づけの区別は単純にできることではなく，その中間的なものもあったり，また2つの動機づけ間には相互作用もあり，そのメカニズムは複雑でダイナミックである。

　外発的動機づけは行動主義において重視されるものであるが，認知心理学では内発的動機づけが重視され学習指導が行われる。内発的動機づけは，前述の学習の能動性・自律性や知識・理解の重要性とも軌を一にするものである。既存の学習内容と新しい学習内容とのズレ（関係の理解ができない）や現実の自己と理想の自己とのズレが，学習者に感じられるからこそ学習が能動的・自律的に行われるのである。

　以上の3点が，認知心理学が学習指導に与えた主要な影響として考えられるが，もう一つ，現在，教育実践において注目されている「メタ認知」についても一言付け加えておきたい。メタ認知とは，「認知の認知」のことで，頭の中で行われている認知活動に対する認知のことである。メタ認知には，認知活動に関する知識（メタ認知的知識）と自分の認知活動をモニタリングしたりコントロールしたりする活動（メタ認知的活動）とがある。学習をする場合には，メタ認知的知識を用いて有効な学習方略を採用したり，自分の感じてることや考えてることが目標から外れていると思えば考え直したりすることが必要になる。実際の学習指導において，学習者自身が自分のメタ認知を意識するようにすることは，自主的自律的学習をするうえでたいへん重要である。

2　記憶研究の現状

1. 記憶のメカニズムと分類

　記憶とは，経験を保持し再現することをいう。「記憶がよい」とか「記憶が悪い」とかいう場合の記憶は，記憶の機能面を指している。「そのことは記憶している」という場合の記憶は，記憶の内容面を指しているといえよう。私たちは，人の顔や風景のような視覚的記憶，音楽や鳥のさえずりのような聴覚的記憶，知識

図 1-1-1　記憶のプロセス

や物の名前のような概念的記憶，また運動やしぐさのような身体的記憶など，さまざまな種類の記憶をしている。これらの記憶に共通していることに，記憶の内容を取り入れ，貯蔵し，取り出すというプロセスがある。このプロセスを専門用語で図示すると，図 1-1-1 のようになる。

　外界から何らかの情報（または，刺激）を取り入れる段階を符号化（または，記銘），それをある期間（または，時間）頭の中にとどめておく段階を貯蔵（または，保持あるいは把持），そしてそのことを思い出し反応するまでの段階を検索（または，想起）という。記憶のメカニズムを情報処理として説明する近年の心理学では，符号化，貯蔵，検索という用語が使われることが多い。このそれぞれの段階で，さまざまな情報処理が行われている。外界の刺激情報はそのまま取り入れられるわけではない。いったん貯蔵された情報はそのままいつまでも保持されているわけではない。また，貯蔵されている情報がそのまま反応として再現されることは少なく，検索の段階では，ある意味では新しい情報が作られているともいえるのである。

　まず符号化の段階では，どのような情報処理が行われているのであろうか。私たちは，絶えず外界からの刺激にさらされている。五感を通して入ってくる情報のほとんどはすぐに意識からなくなってしまうが，特定の刺激に注意を向けると何らかの符号化という操作が働き，貯蔵されることになる。

　符号化過程では有意味化，精緻化，イメージ化などいろいろな情報操作が行われている。有意味化とは，電話番号を語呂合わせで憶えるように無意味なものを自分のもっている知識で有意味なものにすることである。dictionary（ディクショナリィ）を「字を引く書なり」と符号化すれば，その単語の意味「辞書」は自然に憶えられることになる。精緻化とは，自分のよく知っているいろいろな情報を付け加えることである。たとえば，happiness（幸福）という単語の意味を憶える場合，happy（幸福な）を思い出しその関連で憶えるような場合である。イメージ化という符号化もたいへん有効で私たちはよく使う方法

である。具体物ならばそのイメージを思い浮かべたり，抽象的なことならば図示して憶えたり関連するイメージを思い描いたりするような符号化がある。

　符号化した情報は，ある期間貯蔵されるのであるが，そのままいつまでも貯蔵されるわけではない。関連した情報が入ってきたり，類似した情報が入ってくると変容したり書き換えられたりすることもある。

　検索の段階では，いろいろな情報処理が行われており，心理学ではまだわかっていないことも多い。私たちは，知っているはずなのに思い出せなかったり，思い出したくないのに思い出してしまったり，また間違って思い出し自分では気付かないこともある。このような検索の過程で，そのメカニズムの鍵になるのは，「検索手がかり」である。私たちは正しい検索手がかりが見つかれば，正しい検索を行うことができるが，間違った検索手がかりであると間違ったことを思い出したり思い出せなかったりする。検索手がかりは，日常的な言葉でいえば，「ヒント」のことである。

　大学の帰りに投函しようと思った手紙を，何日もカバンの中に入れていることが，私はよくある。来週，Ａさんに会議であったら，お礼を言わなければと思い，言い忘れてしまうこともある。このような自分の後の行動を意図する記憶を展望記憶（後述）というが，この検索のメカニズムはよくわかっていない。

　以上のように記憶を符号化，貯蔵，検索の３段階に分けてみる考え方もあるが，このときの情報の種類や情報への注意（関心）の寄せ方により，さまざまな記憶の種類がある。このことを箱型モデルでわかりやすく図示したのが，図1-1-2である。

　これは，記憶の保持時間の違いから，感覚登録器，短期貯蔵庫，長期貯蔵庫の３段階の情報の流れを考えた図である。外界からの情報（または，刺激）は五感を通して感覚登録器に入る。情報は符号化されないでそのままの形で保持され，視覚情報では約１秒以内，聴覚情報は数秒間保持される。これを感覚記憶（sensory memory）という。その中で注意を向けられた情報のみが，次の短期貯蔵庫に転送される。注意されない情報の一部が，直接に長期貯蔵庫に転送されることもある。

　短期貯蔵庫の記憶容量には限界（７個ぐらいの情報量）があるので，情報がその容量を超えると忘却や次の長期貯蔵庫への転送が起きる。また短期貯蔵庫

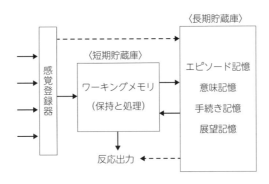

図 1-1-2　情報の流れと各種の記憶

では，長期貯蔵庫（経験や言葉，イメージなどの膨大な記憶の貯蔵庫）から情報を得て，情報処理をしている。ここでの情報の保持は，1分以内で，多くは数十秒である。短期貯蔵庫の記憶は，学問的立場により短期記憶（short term memory），あるいはワーキングメモリ（working memory）ともいわれる。前者は主に保持機能を重視し，後者は，読書や暗算などをする場合の認知作業場のように，保持と処理の2つの機能を重視した視点に立つ。

長期貯蔵庫は，エピソード記憶（episodic memory），意味記憶（semantic memory），手続き記憶（procedural memory），展望記憶（prospective memory）などが含まれている。これらの各種記憶は，機能面，内容面から，さらにいろいろな記憶に分類されたり，新たな特質を有する記憶（たとえば，潜在記憶）に統合されることもある。

エピソード記憶は経験の記憶であり，その内容には「いつ」「どこで」という時空間情報が含まれ，何らかの形で自己が関与していることが特質である。意味記憶は知識の記憶であり，言葉，概念，事実，事物などについての知識の記憶である。意味記憶はエピソード記憶の時空間情報がなくなった記憶と考えられ，またエピソード記憶は意味記憶を基盤として成立していると考えられる。

手続き記憶は，時系列に沿った一定の認知活動様式（情報処理の仕方）の記憶である。運動的・動作的なものから認知的・慣習的なものまで，また単純なものから複雑なものまで，さまざまなスキル（あるいは，技能）や認知様式がある。この記憶は，本来，無意識的に機能し得る特質がある。

エピソード記憶と意味記憶は，まとめて宣言（的）記憶（declarative memory）といわれる。宣言記憶の特質は，基本的には言葉で表現できることである。この点で，手続き記憶の特質と異なる。

また意味記憶と手続き記憶を潜在記憶（implicit memory）という。潜在記憶に対峙する記憶は顕在記憶（explicit memory）である。前者は，想起意識（特定のエピソードを思い出しているという意識）がなく，短期貯蔵庫を経ないで，反応出力される。後者は想起意識がある記憶のことで，再生や再認する場合の記憶をいう。

自伝的記憶（autobiographical memory）は，エピソード記憶と意味記憶の両記憶より成るという考え方がある。前者は自己の経験の側面であり，後者は自己に関する知識の側面である。図1-1-2の長期貯蔵庫には，前述したような展望記憶（prospective memory）が含まれている。これは，未来のある時点で実行しようという自己の意図の記憶である。この記憶と対峙する過去に関する記憶は回想記憶ということもある。

記憶の分類としては，このほか，五感に関していえば，視覚的記憶，聴覚的記憶，匂いや味の記憶などがある。また運動記憶，情動記憶とよばれる記憶もある。

記憶システム全体と関係する記憶として，メタ記憶（meta memory）がある。この記憶は，記憶に関する知識の記憶，および自己の記憶活動のモニタリングあるいはコントロールをする機能を指す。

2. 記憶研究の方法

どのようにしたらよく記憶できるのだろうか。頭の中ではどのような情報処理が行われているのだろうか。そして思い出すときには，どのような認知的プロセスを経て言葉や行動として表されるのだろうか。このような疑問を解決するべく，記憶のメカニズムを明らかにしその法則を見つけるために多くの研究が行われている。心理学研究にはいくつかの方法があるが，記憶研究の方法として歴史的にも現在においても中心的方法は実験法である。

典型的な個人実験としては，実験室において実験参加者にコンピュータに対して座ってもらい，ディスプレイに2, 3秒間隔で次々と提示される単語を憶えてもらい，数分後にできるだけ多く想起してもらうような実験がある。

この実験では，たとえば単語が漢字で書かれたり平仮名で書かれたりしており，漢字と平仮名でどちらが記憶成績がよいかを見ることを目的としているとする。実験計画法では，漢字条件と平仮名条件という記憶対象の違いの要因を，独立変数という。また結果としてデータとなる正想起数の測度を，従属変数という。このような実験の従属変数は，設定した独立変数以外の原因によっても変わってくることがある。たとえば，実験参加者のもともともっている記憶能力の違い（個人差）や，漢字に対する知識の量の違いなどは，従属変数に影響する。したがってこのような個人差などの変数は統制しなければならないが，このような変数のことを，剰余変数という。

　記憶実験をする場合には，これらの独立変数や従属変数を決め，剰余変数についても配慮することが必要になる。図1-1-3には，研究計画を立てる場合，実験変数となる種々の要因について考える際の概念的枠組みが示されている。図の左には実験室的な記憶研究における諸要因を，右には教育現場を想定した場合の指導・学習研究の諸要因を，二次元上で示している。

　まず記憶研究では，縦軸に記憶する人（実験参加者）と何を記憶するのか（記憶対象）の要因がある。横軸には記憶の情報処理プロセスとして，インプットの際の符号化とアウトプットの際の検索の要因がある。記憶実験では，これらの4つの要因を独立変数として実験計画を立てることが多い。実験参加者要因では，たとえば若年者と高齢者の比較研究がある。記憶対象では，たとえば絵と文字でどちらが記憶しやすいかというような対象の刺激の違いを扱う研究がある。また符号化の要因を独立変数とする，代表的な研究として記憶方法（た

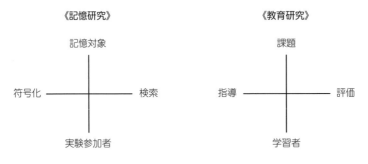

図1-1-3　研究計画の諸要因に関する概念的枠組み

とえば，イメージ化して憶えるか，連想を使って憶えるか）の比較研究がある。検索要因を扱った研究としては，たとえば再生テストと再認テストの比較研究があるだろう。これらの4つの要因は，いつも単独に一つの要因のみを扱うのではなく，研究目的により同時に複数要因を扱うような2要因，3要因の実験計画もある。どの要因に焦点を当てるにしろ，研究をする場合にはすべての要因の性質と働きを考えることが大切である。

　次に教育研究について，考えてみよう。図1-1-3の左図の記憶研究の考え方を，教育における指導・学習研究に適用すると右図のようになる。指導・学習に関する教育研究は，記憶研究のように実験室実験ではなく実際の教育現場で行われることが多い。どのような指導法が有効か，従来の指導法との比較研究をしたり，評価法についても，さまざまな方法の違いを独立変数として研究することもあるであろう。また，指導・評価と課題（あるいは教科）と関連させて，どのような課題にはどのような指導（あるいは評価）が適切か，といった問題の研究もあるであろう。このような諸研究においては，学習者の個人差が大きく影響すると考えれば，学習者の学力，性格，認知型，学習習慣などを要因として組み入れた研究が必要かもしれない。

　このような実験計画法に基づいて行われる記憶研究や教育研究においては，図1-1-3のような枠組みで独立変数を考えることができる。独立変数は実験条件ともいえるが，その条件における実験参加者の反応，すなわち従属変数が次に問題になる。いくつかの実験条件の効果をどのように測定するか，という問題である。

　一般的に言って，記憶研究ならば記憶テストをすればよいし，教育研究ならば学力テストをすればよい。しかしテストにもいろいろあり，どんなテストをするかにより結果は変わってくる。ここでは，記憶テストについて述べる。最もよく使用されるものは，再生テストと再認テストである。再生テストは，憶えた内容を想起してもらうテストで，ただ「思い出してください」という場合（自由再生法）と何らかの手がかり（ヒント）を出して想起してもらう場合（手がかり再生法）がある。また再認テストには，以前に提示した項目とそうでない項目を対にして示し，どちらが以前提示されたかを選択してもらう場合（強制選択法）や，項目を一つずつ示し以前提示されたかどうかを問う場合（諾否

法）などがある。

　再生テストは，学力テストでいえば記述式テストや穴埋め式テスト問題に当たる。また再認テストは，○×式テストや多肢選択テストに当たる。

　記憶には再生や再認のように意識できる記憶（顕在記憶）と，明確に意識できないが何らかの手がかりがあれば以前の経験が再現される記憶（潜在記憶）がある。後者の記憶は記憶実験ではプライミング法で測定される（Part 1 第3章を参照）私たちは，いつも過去のことを思い出して認知や判断を行っているわけではない。同じようなことを繰り返し行えば自然と効率よく速く行えるようになる。思考や認知も同様に，以前に経験したことは容易に繰り返されることが多い。これが潜在記憶という記憶の働きであり，外国語学習の場合にはこの記憶を有効に利用することが大切であろう。

　さて，これまで述べてきた記憶の研究法は，主に長期記憶についてのものであった。他の短期記憶やワーキングメモリの研究法は，それぞれ独特の研究法が必要になる。これについては，本書のPart 1 第4・5章を参照願いたい。

3. 記憶の原理と法則

　ここでいう「原理」とは，これまでの研究で実証されている多くの法則の根本にある規則性という意味で使用する。また記憶の心理学では，「○○効果」といわれる規則性が多く認められている（たとえば，生成効果，孤立効果，分散効果等）が，このような規則性をここでは「法則」とよぶことにする。このように考えると，現代までの記憶研究において多くの研究者が認める基本的な原理としては，どんなことがあるだろうか。代表的なものとして，次の3点があげられよう。

①符号化の原理

　私たちの五感を通して入る外的情報はそのまま内的情報として記憶痕跡になるのではなく，私たちの記憶容量の制限のため，何らかの変換が行われる。この変換を符号化という。符号化のプロセスでは，その人がどのような知識をもっているか，どのような文脈で情報をとらえているか，どのような目的で記憶しようとしているかなど，その人の認知的状態が影響する。外的には同じ情報で

も，その関係の専門家とそうでない人では記憶痕跡は異なるであろう。また再符号化ということを考えると，その後に先の外的情報と関連した情報が入ってくると，すでにある記憶痕跡やそのときの認知的状態により符号化のプロセスは影響を受ける。そして再符号化された新たな記憶痕跡ができることになる。

　このように符号化というプロセスは，認知的状態と既存の関連する記憶痕跡の影響を受けながら行われるのである。符号化の原理により，外的には同じ情報であっても記憶のされ方は十人十色といえよう。

②手がかりの原理

　検索時には，いつも何らかの検索手がかりが存在すると考えられる。検索手がかりがもつ情報と記憶痕跡との'相互作用'により，内的に検索された情報が生じ，それが言語，行動，表情などとなり外的に表出されるのである。検索過程では既存の記憶痕跡の一部または全部がそのまま表出されるのではない。そこには'相互作用'があるので，記憶痕跡は何らかの変容を受けて表出されると考えられる。この変容プロセスでは，過去の記憶情報や手がかり情報から「再構成」が行われるのである。

　このことは，有名なロフタスの実験で端的に実証されている（Loftus & Palmer, 1974）。その実験では，実験参加者の大学生に，2台の自動車がぶつかっている事故のビデオを見せ，そのすぐ後で，ある群の参加者には「2台の自動車が'激突'したとき，その車はどのくらいのスピードを出していたか」，また他の群の参加者には「2台の自動車が'衝突'したとき，どのぐらいのスピードだったか」と尋ねている。そして1週間後にどのような事故だったかを思い出してもらったところ，前者の条件の実験参加者は，後者の条件の参加者より，はるかにひどい事故であったという想起をしたのである。「窓ガラスはほとんど割れ」「バンパーはくしゃくしゃになり」などといったことを思い出したのである。実際に見たビデオは同じであっても，その後の質問で'激突'という言葉を使うか，'衝突'という言葉を使うかで，前者のほうがスピードを出していたと想像してしまい，記憶内容もそれに合わせて変更されてしまったのである。すなわちその一言で思い出される内容が大きく異なっていたのである。この実験は，想起の再構成をよく示している例である。

③符号化と検索の関係の原理

　さて，符号化と検索に関する原理の次は，この両者の関係に関する原理である。この原理は「符号化特定性（encoding specificity principle）の原理」（Tulving & Thomson, 1973）といわれるもので，「符号化操作によって貯蔵内容（記憶痕跡）が決定され，貯蔵内容によって検索手がかりの有効性が決定される」というものである。すなわち符号化，貯蔵，検索の記憶のプロセスでは，時間的に先のプロセスが後のプロセスを制約するという関係で進むというわけである。私たちが実際に確かめられるのは，符号化前の外的情報（刺激）と検索後の反応である。刺激と反応が同じならば，正しい記憶，あるいは学習が成立したとみなされるのである。このためには，符号化と検索がどのように行われるかが問われるのである。これまでの多くの実証的検討では，符号化と検索の両者のプロセスが類似している場合には正しい記憶結果が認められている。したがってこの両者の関係の原理としては，類似性があることが正しい記憶の必要条件ということになる。

　このことを示す例として，男女の声に関する実験がある（Geiselman & Glenny, 1977）。実験参加者には単語をスクリーンに一語一語，視覚的に提示し，一方の参加者には「あなたのよく知っている男性の声をイメージしながら，見て憶えてください」，他方の参加者には「あなたのよく知っている女性の声をイメージしながら，見て憶えてください」と伝える。そして数分後の再認テストでは，前述の2群はさらに別々の群に分かれ，一方は実際の男性の声で，他方は実際の女性の声で，聴覚的な再認テストが実施された。4つの群における平均再認率は，表1-1-1のようになった。

　符号化時に女性の声をイメージした群は，検索時に実際の女性の声でテストされる条件のほうが，実際に男性の声でテストされた条件より再認成績がよ

表1-1-1　男女の声の実験

符号化条件	検索条件	
	女性の声	男性の声
女性の声	57	51
男性の声	50	61

数値：再認率（％）

かった。また符号化時に男性の声をイメージした群は，検索時に実際の男性の声でテストされる条件のほうが，女性の声でテストされる条件より再認成績がよかった。要するに，符号化時と検索時で性が一致していたほうが，一致していないより成績がよいのである。これは符号化特定性の原理に適合するデータである。

④記憶をよくする7つのルール

　上述の3つの原理は，主にエピソード記憶に関するものである。意味記憶に関してもさまざまな理論やモデルがあるが，ここでは割愛する。また前述したように，記憶の心理学では「○○効果」といわれるような法則性がいくつか確認されている。これらの法則は一定の条件に限定されるものが多い。次には，このような法則を利用した効果的な記憶法について述べてみたい。実際の学習場面で，以下述べる記憶法を実践することを勧めたい。題して「記憶をよくする7つのルール」を示す。

1. 要点を数個にまとめる：憶えることを体制化すること（体制化効果），すなわち何らかの基準でその内容を組織化することは，羅列された内容を丸暗記するよりよく記憶できる。重要性による体制化でもよいし，自分の熟知している知識による体制化でもよい。要点を数個にまとめ，それにキーワードをつけるとよい。「数個」は具体的には中学生以上ならば，最大7個ぐらい，小学生ならば3～5個ぐらいであろう。内容を代表するキーワードはしっかりと記憶し，思い出すときの手がかりにするのである。
2. 自分の知識や経験と関連づける：どんなことでも物事を理解するには基礎知識が必要である。私たちは新しいことを理解する場合，自分の知識や経験を使って学習する。したがって新しい情報に対して適切な知識や具体的な経験を関連づけると，よく理解し記憶できるのである。特に自己と関連した知識や経験はその効果が大きい（自己関連づけ効果）。
　一般的にいえば，精緻化（新しい情報に関連した既知の情報を加えること）や有意味化（無意味なものに既知の情報を対応させること）など

の操作は，よく記憶するために誰もが使用している記憶法である。

3. 図やイメージを利用する：抽象的な概念よりも具体的な絵や図のほうが記憶がよい（絵画優位性効果）。また記憶したいことを漫然と憶えるよりも明瞭にイメージ化すると忘れない（イメージ効果）。このような効果は多くの実験より明らかになっている。理解した内容を図に描いてみることは，頭の中を整理する意味でも，有効な学習法である。図示することは，場合によっては複雑なことや曖昧なことをシンプルにしたり明確にすることでもある。わかったようなつもりでいても，実際に図示したり言語化すると，案外あまりわかっていないことがわかるものである。

　図やイメージは，一目でわかるので理解も速いし，記憶も長持ちする（保持もよい）といえよう。

4. いくつかの感覚や感情を働かせる：人間の感覚（視覚，聴覚，運動感覚など）や感情をいくつか働かせながら学習すると記憶の保持がよい。憶えたいことを声に出したり書いたりするとよく記憶できる。時には体を動かしながら（動作化）内容を言語化するのもよいであろう。また私たちは感動したことはよく記憶に残るものである。この意味で，できるだけ何らかの感情を同時に働くようにして学習するとよいときもある。いくつかの感覚や感情を働かせることは，検索手がかりもいくつかあることになり思い出しやすくなる（複数手がかり効果）。

　認知と感情の関係については，いくつかの法則が見いだされている。たとえば，快の気分のときには快の事柄がよく思い出され，不快な気分のときには不快な事柄が思い出されやすい（気分一致効果）や，符号化時の気分状態が検索時に影響する（気分状態依存効果）などがある。合理的な思考により理解を確かにすることはあるが，それに加え感情も働かせることによりいっそうの記憶を強化することにもなるのである。

5. 自己テストをする：「よく記憶するためのコツは？」と問われたら筆者はまず，この自己テストと答えるだろう。自分で自分がどのくらい記憶しているかをテストすることは，何よりも記憶を良くすることにつながる（テスト効果）。記憶したこと書いたり口に出したり，人に伝えてみることにより，記憶が確かになる。記憶は，憶えることがまず大切であ

るが，それより思い出して何かに利用することがずっと大切である。この意味で，自己テストとは思い出す練習をすることである。ある決められた時間内である内容を記憶したいときには，憶えること〈符号化〉には全体の3～4割の時間をかけ，残りの時間は思い出す〈検索〉の練習をすることである。自己テストを繰り返すことにより，まだよく記憶していないことがわかったり，内容も自然と整理されてくるものである。

　　生成効果（憶える内容を与えられ受身的に記憶するよりも，自ら生成した内容を記憶するほうが記憶はよい）や説明効果（人に説明することにより自己の理解は深まる）といった法則も，自己テストの効果には含まれていると考えられる。

6. 時間をおいて繰り返す：何事も繰り返すことは記憶を強化する効果がある（反復効果）ことは，周知の事実であろう。もちろんどの程度繰り返すかによりその効果は異なり，度を過ぎれば効果がないこともある。記憶においては，繰り返すことにより精緻化が進んだり，理解が深まったりすることもある。

　　反復の際には，連続して行うよりも時間をおいて反復したほうが記憶がよくなる（分散効果）ことがわかっている。もちろん内容により，おく時間の長短により分散効果も変わってくるが，一度に時間をかけて憶えようとするよりは，不完全でもある時点で時間をとり，その後また繰り返しその内容に向かうことである。

7. 理解し憶えようという強い意欲をもつ：自分の人生でこれを憶えることは絶対に必要だと思えば，人は案外記憶力を発揮できるものである。私たちは，生きていくための仕事では，誰もが自分の専門知識をたくさんもっているものである。学校での勉強の成績と社会へ出てからの仕事上の能力とは，必ずしも対応しない。あることに素晴らしい能力や才能を発揮している人は，総じてそのことに対する強い意欲を持続させている人である。

　　これらのことは，何事にも高いモティベーションが必要である（動機づけ効果）ということを意味している。意欲がなければ行動が起きない。行動を起こす場合の動機づけは，他人にさせられるような外発的動機づ

けではなく，自ら主体的に行おうとする内発的動機づけが望ましい。興味や関心を高めることにより，意欲も高まる。意欲が高まれば，自己の能力を十分に発揮できるものである。

第2章

学習と記憶実験
精緻化を中心にして

　記憶実験には，あらかじめ学習（記憶）すべき情報（学習情報）を憶えるように教示される意図記憶実験と，そのような教示は与えず，学習情報に対して何らかの処理をさせた後，学習情報を想い出すように求める偶発記憶実験がある。学校での授業では，教師によって学習情報に関する解説がなされる場面が多いが，児童・生徒は，教師の解説に含まれる情報を処理し，その結果として学習情報を記憶として定着させる。したがって，そこで成立する学習は，偶発記憶に近いものである。

　学習情報に対するさまざまな処理の結果，多くの情報が付け加えられるが，学習情報に情報を付け加えることを精緻化（elaboration）とよぶ（豊田，1987）。そして，学習情報に付加された精緻化の量と質によって，精緻化の有効性は決まる。精緻化の有効性が高ければ記憶成績が高まり，その有効性が低ければ記憶成績は低下する。言い換えれば，学習が成立するためには，どのような情報を，どれくらい提示するのが効果的かという問題を検討しているのが，記憶における精緻化研究である。したがって，これから紹介する精緻化研究は，主に偶発記憶実験を用い，教師による授業場面を実験的に例証したものであり，学習を促す情報を探る視点を提供してくれる。

■ 1 ■ 精緻化の有効性を決める要因

1. 精緻化の量

　精緻化の量を増やすことが，有効性を高める。Anderson & Reder（1979）

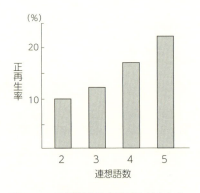

図1-2-1 連想語を検索手がかりとした記銘語の再生率（豊田，1990）

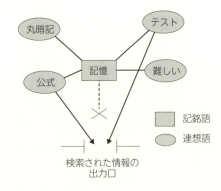

図1-2-2 検索ルートのモデル（豊田，1995）

や豊田（1990）では，参加者に記銘語から連想する語を生成させ，その後，記銘語の再生を求めた。そして，記銘語から連想される語を想い出し，それを手がかりとして記銘語を再生した割合を算出した（図1-2-1）。記銘語から連想された語の数が多くなるにつれて，記銘語の再生率が上昇している。この結果は，精緻化によって記銘語に多くの情報が付加されることによって，その情報が記銘語を検索するための手がかりとして利用できる可能性が増大したことによると考えられる。記銘語を直接検索できない場合でも，手がかりを介する検索ルートが確保され，そのルートによって記銘語が検索されるのである（図1-2-2）。したがって，記銘語とともに，手がかりとなる情報を精緻化することが重要である。英語学習において，英単語だけでなく，英文をあわせて憶えることは検索を促す意味で大切なことなのである。

2．精緻化の質

どんな情報でも手がかりとして付加すれば精緻化の有効性が高まるというものではない。精緻化によって学習情報に付加される情報の質が重要である。端的にいえば，学習情報そのものを他の情報と弁別（discriminate）しやすくする情報が有効である。このような情報を差異性（distinctiveness）の高い情報とよび（Hunt, 2006），差異性は，以下の要因によって高められる。

表1-2-1　Stein et al.（1978）の用いた材料

文型	記銘語	枠組み文例
基本文 （base）	fat （太った）	The fat man read the sign. （太った男が掲示板を読んだ。）
適切精緻化文 （precise）		The fat man read the sign warning about thin ice. （太った男が薄い氷を警告している掲示板を読んだ。）
不適切精緻化文 （imprecise）		The fat man read the sign that was two feet high. （太った男が2フィートの高さの掲示板を読んだ。）

①適切性（precision）

　Stein, Morris, & Bransford（1978）は，記銘語が含まれる枠組み文の理解しやすさを評定させる課題を行ったが，その際に記銘語（たとえば，"fat"「太った」）に対して表1-2-1に示したように3種類の枠組み文を設定した。下線部分が基本文に追加された情報になる。適切精緻化文における付加された情報は，文脈における記銘語の必然性を明確にするものである。すなわち，主語（行為者）は，「太った」という特性をもった男でなければならない理由を示している。一方，不適切精緻化文の場合には，下線部分によっては記銘語の必然性は明確ではなく，主語が「太った男」でなければならない理由は明示されていない。枠組み文を手がかりとする再生テストによって記憶成績を検討したところ，適切精緻化文を枠組み文とする記銘語の再生率が基本文の場合のそれよりも高く，最も再生率が低かったのが不適切精緻化文を枠組み文とする記銘語であった。彼らは，記銘語に付加された情報の適切性が重要であると主張する。すなわち，文脈における記銘語の必然性を明確にする情報（適切精緻化）が記銘語の差異性を高めることになり，その結果，記憶成績が良くなるのである。

②意味的限定性（semantic constraint）

　Toyota（2000）は，「ながい」という記銘語を提示する際に，「きりん の くび は ながい」（この文は，「ながい」からの連想語「みじかい」と交換した場合に意味がおかしくなるので，交換不可能文とよぶ）と「かれ の かみ は ながい」（この文は，「ながい」と「みじかい」を交換した場合にでも意味は通るので，交換可能文とよぶ）という2つの文による記銘語の再生率の違いを検討した。その結果，小学2年生ではこの2文間の再生率に差はないが，6年

生では交換不可能文によって記銘語が提示される場合が交換可能文によって記銘語が提示される場合よりも再生率が高かったのである。この結果は，小学6年生には文の意味的限定性をとらえる能力があり，記銘語に対する意味的限定性が強い文が検索するための手がかりとして有効に機能したことを示唆した。また，同じように大学生に対してもこの両文間の比較を行ったところ，この両文間の差はあまりなかったが，どちらの文でも記銘語の再生率が高かった。この結果は，大学生になれば，交換可能文のような意味的限定性の弱い文であっても，記銘語を想い出すために，意味的限定性を高める能力があることを示唆したのである。

③適合性（congruity）

　記銘語に対する文脈の意味および統語的適合性も再生率に影響する。Toyota（2001）は，記銘語（「ねえさん」）を意味的にも統語的にも適合する文（ねえさん　は　わたし　と　なかよし　です。），意味的には適合しないが，統語的には適合する文（ねえさん　は　わたし　の　こども　です。）および意味的にも統語的にも適合しない文（ねえさん　で　わたし　の　なかよしです。）で提示する場合の記銘語の再生率を比較した。その結果，小学2年生と6年生においては，記銘語のみの自由再生率は3つの文間に差はなかったが，大学生では意味・統語的適合文＝統語適合文＞不適合文という関係になった。また，文を手がかりとして記銘語を再生させるテストの成績は，小学2年生では意味・統語的適合文＞統語適合文＝不適合文，6年生および大学生では意味・統語的適合文＝統語適合文＞不適合文という関係が示された。小学2年生では意味的にも統語的にも適合する情報が記銘語を想い出す際に手がかりとして提示されないと記銘語を検索できない可能性が高い。一方，6年生になると，統語的に適合する情報が手がかりとして提示されれば，記銘語を検索できるのである。さらに，大学生では，検索する際に手がかりが与えられなくても，記銘語を憶える際に提示された統語的に適合する情報があれば，記銘語を検索できるのである。

④鮮明イメージ（vivid image）

　Toyota（2002）は，記銘語（たとえば，「あかちゃん」）に対して，普通イメージを喚起させる文（たとえば，＿＿　は　ミルク　を　のみます。）と奇異イメージを喚起させる文（たとえば，＿＿　は　ビール　を　のみます。）を枠組み文として提示し，記銘語を枠組み文にあてはめて喚起されるイメージの鮮明度を評定させる課題を行い，その後の再生率を比較した。参加者の大学生は，あらかじめイメージ能力を測定されており，イメージ能力高群と低群における再生率の違いが検討された。その結果，イメージ高群においては奇異イメージ文のほうが普通イメージ文よりも再生率が高く，イメージ低群ではその反対に奇異イメージ文よりも普通イメージ文のほうが再生率が高かった。奇異イメージが普通イメージよりも再生率が高いという現象は奇異性効果（bizarreness effect）とよばれているが，イメージ能力が高い者において奇異性効果が出現したのである。イメージ能力が高いと，奇異イメージがより鮮明に喚起され，記銘語を検索する際の手がかりとして有効である。一方，イメージ能力の低い者は普通イメージのほうが鮮明に喚起され，その結果，普通イメージが検索手がかりとして有効に機能する。したがって，参加者にとってより鮮明なイメージが記銘語の差異性を高め，検索を促すのである。

　このように，差異性は精緻化の有効性を規定する重要な要因であり，差異性を高める要因を見いだすことが，記憶を促進する方法へとつながるのである。

2　学習者による精緻化の生成・選択および修正

1. 自己生成精緻化（self-generated elaboration）

　児童・生徒のために，教師が差異性の高い情報を提供することは重要である。しかし，児童・生徒自身が自発的に差異性の高い情報を生み出し，記憶を促進できれば理想的である。

　Stein & Bransford（1979）は，学習者が自分で適切精緻化を生成することの有効性を明らかにしている。実験1では，Stein et al.（1978）で設定された基本文，適切精緻化文および不適切精緻化文の各条件に加えて，基本文の後に続く文を参加者自身に生成させるという条件（生成条件）が設定された。基本

文を手がかりとする手がかり再生数（10点満点）を比較すると，基本文条件が4.20，不適切精緻化文条件が2.20，適切精緻化文条件が7.40，そして，生成条件が5.80であった。生成条件は基本文条件よりも記憶成績が促進されている。また，実験2では，実験者によって不適切精緻化文が提示される条件（不適切文提示）および適切精緻化文が提示される条件（適切文提示）に加えて，参加者自身に不適切精緻化文を生成させる条件（不適切文生成）および適切精緻化文を生成させる条件（適切文生成）が設けられた。不適切文生成条件は，参加者は基本文に対して「この状況において他にどのようなことが起こりうるか」という質問に答えさせるものであり，適切文生成条件は「なぜ，この男がこのような行動をするのか」に答えさせるものであった。基本文を手がかりとする手がかり再生数（10点満点）では，不適切文提示（1.67）＜不適切文生成（6.27）＜適切文提示（8.47）＝適切文生成（8.33）という関係になった。さらに，生成条件において適切精緻化文を生成した場合の再生率を分析した結果，実験1における生成条件において適切精緻化文を生成した場合の再生率は97％，実験2におけるそれは95％であり，いずれも高い再生率になった。この結果は，適切精緻化を自己生成した場合には，精緻化の有効性が高くなることを示したのである。ここでの生成条件と実験者提示条件の間の記憶成績の違いはそれほど明確ではないが，参加者自身が適切精緻化を生成する条件が実験者が適切精緻化を提示する条件よりも記憶を促すことを自己生成精緻化効果とよぶ。そして，多くの研究でこの効果が追認されているが，それらの研究では，上述した適切文生成条件で用いたような自己生成精緻化を促すための質問の効果に注目している。

Pressley, McDaniel, Turnure, Wood, & Ahmad（1987）による代表的な研究では，記銘語（たとえば，hungry）を含む基本文（たとえば，The hungry man got into the car.「空腹の男が自動車に乗った」）に対して，（Why did the particular man do that?「なぜ，その男がそのようなことをしたのか？」）という質問に学習者が答える精緻的質問（elaborative interrogation）条件と，あらかじめ答に該当する部分が含まれている文（たとえば，The hungry man got into the car to go to the restaurant.「空腹の男がレストランへ行くために自動車に乗った」）が提示される実験者提示精緻化（experimenter-provided elaboration）条件を比較した。その結果，精緻的質問条件が実験者提示精緻化条件よりも記銘語の再生率が高かった。これは，学習者が自分自身の知識構造から答を生成することで生じる適切精緻化は，学習者の認知構造に適合しているので，提示された文を認知統合しやすくなると考えられた。このような精緻的質問効果は，州名とその州の特徴的な事実（Martin & Pressley, 1991; Woloshyn, Pressley, & Schneider, 1992），歴史上の人物名とその人物の業績（Toyota & Tsujimura, 2000）等の連合学習において認められている。ただし，知識がないと精緻的質問に対して適切な答（適切精緻化）を生成できないので，記憶促進が少なくなる。したがって，知識量が適切精緻化を生成できるか否かを規定していると考えられ，事実，知能検査における一般的知識の得点と精緻的質問効果との関連が示されている（Wood, Willoughby, Bolger, Younger, & Kasper, 1993）。

　しかし，知識量だけが学習者が自己生成する精緻化の有効性を決めるものではない。Stein et al. (1982) は，実験1において小学5年生の学業成績の優秀児，普通児，不振児を参加者として，基本文に続く文を生成させた後の手がかり再生成績を比較した。その結果，適切精緻化の生成率は，優秀児が70.3％，普通児が46.1％，不振児が30.5％であり，再生成績（8点満点）もそれに対応して，6.94, 5.81, 4.00であった。したがって，学業成績によって適切精緻化を生成する能力に差があり，その違いによって記憶成績が決定されることがわかる。不振児における適切精緻化の生成率が低かったので，実験2では，不振児に対して適切精緻化の生成を促す訓練を行った。その訓練とは，1時間にも及ぶものであり，その内容は以下のとおりであった。まず，10個の各基本文（たとえば，「背の高い男がクラッカーを買った」）に対して精緻化の生成を求め，その後，各基本文を手がかりとする手がかり再生を行う。ここで，基本文間に学習しやすさの違いがあることに気づかせる。次に，基本文中の行為者（「背の高い男」）と行為（「クラッカーを買う」）の関係がまったく任意であることに気づかせ，行為者が特定の行為をする理由を説明させる。そして，最後に10個の訓練文に対して適切精緻化を生成させた後，手がかり再生を行い，適切精緻化と再生との関係を説明させるというものである。このような訓練の結果，不振児の適切精緻化の生成率は，訓練前が30％であったのが，訓練後には84％にまで増

加していた。そして，それに対応して手がかり再生率も40%から90%へと上昇したのである。

　もし，学業成績の水準による適切精緻化の生成率の違いが知識量の違いにあるならば，このような訓練をしたとしても，適切精緻化の生成率は増加しないはずである。それゆえ，学業成績の水準による適切精緻化の生成率の違いは，知識量によるものではなく，学習事象に関連する適切な知識の選択的な活性化の違いによるものと考察された。一般に，不振児は，優秀児に比べて適切精緻化文と不適切精緻化文の違いに気づきにくいが，精緻化された情報の違い（適切精緻化 vs. 不適切精緻化）によって再生率が異なることを認識させる訓練によって適切精緻化の生成率が向上される（Owings, Peterson, Bransford, Morris, & Stein, 1980; Stein, Bransford, Franks, Vye, & Perfetto, 1982; Franks et al., 1982）。

2. 自己選択精緻化 (self-choice elaboration)

　適切精緻化の生成は記憶を促進するが，適切精緻化の生成ができない場合には記憶促進は望めない。事実，適切精緻化が生成できない場合の記銘語の再生率は，生成できた場合よりも低い。そこで考案されたのが，自己選択精緻化であり，そこでは，学習者にあらかじめ提示された2つの答の選択肢から適切な答を選択させた。Toyota & Tsujimura (2000) は，歴史学習において歴史上の人物とその人物に関する事件や業績を結びつけて学習する場合に，自己選択精緻化を用いた。そこでは，歴史上の人物に関する記述文（たとえば，「織田信長は延暦寺を焼き討ちにした」）に対して，なぜそのようなことをしたのかという質問に自分で答えさせる自己生成精緻化条件，答の選択肢（たとえば，「仏教が嫌いだったからから」「個人的な恨みをもっていたから」）を提示して，適切な選択肢を選択させる自己選択精緻化条件，および1つの答（たとえば，「仏教が嫌いだったからから」）を提示して，その答の適切性を評定させる実験者提示精緻化条件を設けた。そして，ある歴史上の人物に関する事件や業績を示し，その人物の名前を回答するように求める記憶テストを実施した。その結果，自己生成精緻化条件と自己選択精緻化条件の間に差はなく，ともに実験者提示精緻化条件よりも記憶テストの成績が良かった。この結果は，学習者が適切精

緻化を生成できない場合でも，選択肢を自己選択させるだけで効果があることを明らかにした。ただし，選択肢から選択した情報が適切精緻化でない場合もある。しかし，たとえ適切精緻化でなかったとしても，自分で選択した選択肢の情報が記述文を検索するための有効な手がかりとなるのである。

3. 自己修正精緻化（self-corrected elaboration）

　誤った情報に気づき，それを修正すると理解が深まることがある。記憶促進に関しても，そのような修正活動は有効に機能するのであろうか。Toyota (2007) は，記銘語（たとえば，「ぞう」）に対して意味的に不適合な文（＿＿＿　は　ちいさい）を提示し，文中の誤った語(記銘語の反意語,ここでは「ちいさい」) を正しい語（「おおきい」）に修正する自己修正精緻化条件，不適合な文を提示しないで，正しい語を文中の（　　）内に生成させる自己生成精緻化条件（＿＿＿　は　（おおきい））および不適合な文を提示して，その文の意味的な適合性を評定させる実験者提示精緻化条件を設けた。小学2年生ではこれらの3つの条件間に差がなかったが，小学6年生では，自己修正精緻化が他の2つの条件よりも再生率が高かった。6年生は2年生に比べて，意味記憶が構造化されており，反意連想（たとえば，ちいさい→おおきい）が多くなるのはその現れである。一つの意味次元において対局にある誤った語を提示され，それを正しい語に修正することによって，意味理解が促進され，記憶に定着しやすくなるのである。さらに，大学生においては，自己修正精緻化と自己生成精緻化の間には差がなく，ともに実験者提示精緻化条件よりも記憶成績が良かった。大学生になれば，6年生よりもさらに意味記憶が構造化されているので，あえて不適合情報である反意語を提示しなくても，正しい語を生成するだけで意味理解が促進され，記憶に定着しやすいのである。

　ただし，Toyota (2010) は，記銘語（たとえば，あかちゃん）に対して，意味的に不適合な文（＿＿＿　が　ビール　を　のんでいる）を提示し，文中の誤った語（ここでは「ビール」）を正しい語（たとえば，「ミルク」）を自分で生成する生成修正条件と，選択肢（「ミルク」，「みず」）から正しい語を選択する選択修正条件を比較した。その結果，小学6年生では生成修正条件が選択修正条件よりも再生率が高かったが，小学2年生では反対に選択修正条件が生成

修正条件よりも再生率が高かったのである。2年生はまだ知識が乏しいので，修正情報を自己生成することによって負荷がかかるが，自己選択であれば負担が軽減されて，有効に機能するのである。

3　個人的エピソードに関する精緻化

1．自伝的精緻化（autobiographical elaboration）

　学習者個人がもつ過去の経験は，多くのバリエーションがある。それゆえ，個々の過去の経験に関する情報（自伝的情報）ほど，差異性の高い情報はない。学習情報にこのような自伝的情報を付加する精緻化を自伝的精緻化とよぶ（Warren, Chattin, Thompson, & Tomsky, 1983）。Tulving（1972）による記憶の区分によれば，エピソード記憶からの情報を付加する精緻化が自伝的精緻化になる。一方，意味記憶からの意味的情報を付加するのが，意味的精緻化（semantic elaboration）である。Toyota（1997）は，記憶に及ぼす自伝的精緻化と意味的精緻化の有効性を比較した。そこでは，記銘語（たとえば，花）から想起される過去の出来事がどの程度鮮明に想い出されるかを評定させる自伝的精緻化条件と，記銘語から連想される語（たとえば，植物）の意味的関連性を評定させる意味的精緻化条件が設けられた。どちらの条件においても，適切精緻化がなされている場合（自伝的精緻化条件では過去の出来事が鮮明に想起された場合，意味的精緻化条件では連想語の意味的関連性が強い場合）を比較した結果，自伝的精緻化条件が意味的精緻化条件よりも再生率が高かったのである。体験した内容は忘れにくいといわれるが，体験した過去の出来事に関する自伝的情報は，差異性が高く，記憶を促進する情報として有効なのである。

　このように，自伝的精緻化は有効であるが，その有効性は過去の出来事に関する自伝的情報の質に左右される。自伝的情報に差異性の高い情報が含まれているほど，自伝的精緻化の有効性は高まる。Toyota（2012）は，記銘語から想起される過去の出来事に自分以外の人物が含まれている場合と，含まれていない場合（自分だけの過去の出来事）の再生率を比較した。その結果，記銘語から想起される過去の出来事に自分以外の人物が含まれる場合のほうが，含まれない場合よりも再生率が高かったのである。過去の出来事には自分が存在す

るが，そこに他人がいるということで差異性が高まり，記憶を促進するのである。

2. 社会的精緻化（social elaboration）

　誰でも多くの人物と関わり，自伝的情報には多くの人物情報がある。個々の人物情報は，お互いに区別しやすいので，差異性の高い情報として機能し，精緻化の有効性を高める。豊田・喜田（2010）は，記銘語（たとえば，絵）に対して，連想される有名人名（たとえば，ピカソ）を提示する社会的精緻化条件と，意味的連想語（たとえば，芸術）を提示する意味的精緻化条件を比較した。その結果，社会的精緻化条件が意味的精緻化条件よりも再生率が高かった。これは，人物情報が意味情報よりも差異性が高いことによるものである。また，記銘語から連想されにくい人物名を提示した場合であっても，再生率が高かったことは興味深い。参加者は，記銘語と提示された人物名との関連性を処理した結果，連想されにくい人物であっても，それなりの関連づけをして差異性を高めているのであろう。教育において人物情報の有効性はほとんど言及されなかったが，差異性を高める方法として注目できる。

3. 情動的精緻化（emotional elaboration）

　自伝的情報には情動も含まれているが，情動も精緻化の有効性を高める。児童・生徒が学習する場合に，さまざまな情動が喚起し，その情動が学習情報に付加される。このような精緻化をここでは情動的精緻化とよぶ。近年，情動と記憶の関係が注目され，情動が喚起される情報は，喚起されない情報よりも記憶に残りやすいという現象がある。これを情動による記憶促進（emotionally enhanced memory）とよび，異なる種類の学習情報によってこの現象が明らかにされている（Talmi et al., 2007）。

　ただし，この情動による記憶促進も，個人がもつ情動を処理する能力によって規定される。すなわち，情動処理能力が高ければより情動が喚起され，記憶を促進することになるが，低ければ情動が喚起されず，記憶は促進されない。情動を処理する能力の個人差としては，情動知能（emotional intelligence: EI）が注目されている。EIとは，情動を扱う個人の能力であり（Salovey & Mayer, 1990），研究者によって多少定義は異なっている。しかし，おおむね，

以下の3つの能力から構成されている。すなわち，自分の感情や気持ちをうまく表現できる力（情動の表現と命名），他人の情動をうまく理解する能力（情動の認識と理解），および自分の情動をコントロールする力（情動の制御と調節）である（Toyota, Morita, & Takšic, 2007）。

Toyota（2011a）は，EIを測定する尺度によって参加者からEIが高い群と低い群を抽出した。そして，快な出来事を連想しやすい快語（たとえば，幸福），不快な出来事を連想しやすい不快語（たとえば，戦争），および快でも不快でもない中立的な出来事を喚起しやすい中立語（たとえば，空気）を用いて，以下のような実験を行った。参加者は提示された語から過去の出来事を連想するように求められ，連想できた場合には「はい」，できなかった場合には「いいえ」のいずれかを○で囲むように指示された。そして，「はい」に○をつけた場合には，その出来事が良い感じ（快な）出来事であったか，嫌な感じ（不快な）出来事であったかを6段階の評定尺度で評定した（図1-2-3）。このような

図1-2-3　記銘語の提示例（Toyota, 2011a）

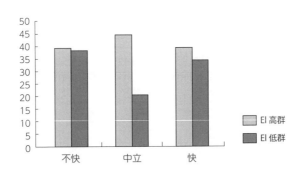

図1-2-4　過去の出来事ごとの再生率（Toyota, 2011a）

評定の後，参加者はこれらの語を思い出すように求められた。参加者はあらかじめ語を憶えるように教示されていなかったので，語を思い出すためには，その語から連想された過去の出来事に関する情動（快，不快）を手がかりとしなければならなかった。図1-2-4に再生率が示されているが，EI高群と低群では明らかに違っていた。すなわち，情動が強い快および不快な出来事を想起した場合の再生率にはEI高群と低群間に差はないが，情動が弱い中立的な出来事を想起した場合の再生率に差があった。EI高群は，快や不快という強い情動ではなく，中立的な弱い情動が喚起される場合であっても，その情動を単語を思い出すための手がかりとして利用することができるが，低群ではそのような利用ができないのである。

　また，Toyota（2011b）は，記銘語から過去の出来事を想起させる場合と未来の出来事（これから起こると予想される出来事）を想起させる場合を比較した。その結果，過去の出来事を想起した場合には，EI高群および低群ともに快および不快な出来事を想起した場合が，中立的な出来事を想起した場合よりも再生率が高くなった。この結果は，過去の出来事の情動を処理した結果，快および不快な出来事から喚起される強い情動が単語を想い出すための手がかりとして有効に機能していることを示している。しかし，未来の出来事を想起させた場合には，EI高群では快および不快な出来事を想起した場合が中立的な出来事を想起した場合よりも再生率が高かったが，EI低群ではその出来事から喚起させる情動による再生率の違いはなかった。未来の出来事はまだ経験していない出来事であるので，その情動を処理することは過去の出来事よりも困難になる。EI高群は情動処理能力が高いので未来の出来事によって喚起される弱い情動も効果的に処理できるが，低群はそれが難しいのである。使われている単語によって多少の違いはあるが，EIの違いによって確実に記憶成績は影響されている。憶えるべき情報から喚起される情動をうまく処理できる場合にはその情動が有効な手がかりとして機能するが，情動を処理できないと想い出す手がかりがなくなり，記憶成績は低下するのである。

　豊田・土田（2008）は，情動を言語情報として提示した場合に記憶を促進するか否かを検討した。そこでは，記銘語（たとえば，朝）から連想する情動語（たとえば，たのしい）を生成させる情動的精緻化条件と，意味的連想語（たとえ

ば，あかるい）を生成させる意味的精緻化条件を比較している。参加者ごとに再生された語を再生された順に3つのブロックに分けて分析すると，再生初期の第1ブロックでは意味的精緻化と情動的精緻化の間に差はないが，第2ブロックでは，記銘語が分散提示された場合にのみ情動的精緻化条件が意味的精緻化条件よりも再生率が高かったのである。したがって，言語情報としての情動であっても，意味的情報よりも記銘語を検索するための情報として有効に機能する場合のあることが明らかになったのである。

　児童・生徒が学習活動をする場合には，必ず情動は喚起されている。上述したように，情動は学習に貢献しており，情動を生かした学習指導が望まれる。

第3章
潜在記憶と学習の実践的研究

　語学の効率的な記憶・学習法を明らかにするためには，知識がどのようなものであり，どのように獲得されていくのかを理解しなければならない。また，学習法や指導法の有効性を評価するためには，各種学習条件の影響を客観的に，正確に測定することが必須となってくる。これら知識に関する理論と科学的測定に対して認知心理学が果たす役割は大きいといえよう。

　本章では，主に，言語能力の基盤とされる潜在記憶に関して最新の知見を2つ紹介する。一つは，感覚情報の潜在記憶の超長期持続性に関する事実である。何度聴いてもその効果を実感できないリスニング学習に対して，聴くという行為の重要性や，日々のわずかな学習の意義を明確に示す事実を紹介する。もう一つは，学習効果を潜在記憶レベルで年単位で連続測定できるようになった最新の教育ビッグデータ研究の成果である。マイクロステップ計測法という新技術により，日常で継続的に行われる学習を対象に，多数の学習内容に関して，潜在記憶（実力）レベルの学習の積み重ねを，年単位で連続測定することが可能になった。そこで可視化される語彙習得プロセスは，現在一般に行われている語学指導の方法に再考を促すことになる。

1　潜在記憶と顕在記憶

　知識といえば長期記憶であるが，それもいくつかに分けられる。その代表的な区分として，本章では潜在記憶と顕在記憶の区分を取り上げる（詳細は，太田，2010；寺澤・吉田，2006等参照）。その理由は，語学力の基盤となるのは潜在

記憶であることは間違いなく（Schacter & Tulving, 1994），日々の学習効果を評価する場合には，潜在記憶に加えて顕在記憶（≒エピソード記憶）の影響も考慮する必要があるためである。顕在記憶は検索時に想起意識を伴う記憶で，潜在記憶はそれを伴わない記憶と定義されている（Graf & Schacter, 1985）。"想起意識"は，特定のエピソードを自分の経験として思い出しているという意識である。一般に，学習成績は一夜漬けの学習効果と実力で説明されることがあるが，おおむね，前者は顕在記憶，後者は潜在記憶が基盤になっていると考えてよい。

なお，記憶理論には，長期記憶を単一の記憶表象とみなす意味ネットワーク理論などもあるが（たとえば，Anderson, 1983），これまでの認知心理学の知見を見る限り，単一の知識表象へ学習情報を記録しアクセスする（取り出す）といった単純なメカニズムでは，さまざまな記憶現象を説明することはできない（寺澤，1997, 2005）。潜在記憶と顕在記憶の特徴は極端なほど異なるため，仮に両記憶のメカニズムが同一だとしても，語学学習の成果を解釈するうえで，2つの記憶の影響を考慮することは避けられない。

潜在記憶と顕在記憶の特徴の代表的な相違点を，わかりやすくあげれば次のようになる（詳細は，Roediger & McDermott, 1993；寺澤・吉田，2006などを参照）。

①顕在記憶はすぐ消えるが，潜在記憶はずっと残る。
②顕在記憶は憶えようとしたほうが思い出しやすいが，潜在記憶は，見流す・聴き流すだけで（思い出せないが）記憶される。
③顕在記憶は知覚的情報よりも意味的情報を憶えているが，潜在記憶は意味ではなく知覚的情報を憶えている。
④顕在記憶の成績は加齢とともに低下するが，潜在記憶は年齢の影響をあまり受けない。
⑤顕在記憶は繰り返し学習するほど成績は上昇するが，潜在記憶は単純に上昇しない。

これらを見ても明らかなように，潜在記憶を基盤に語学学習を考える場合に

は，現在の記憶のイメージとは明らかに違う視点に立った議論が必要になる。以下ではまず，その必要性を理解していただけるような，記憶の常識を完全に覆す，潜在記憶の新しい事実を紹介する。

■2■ ひっくり返る記憶の常識

　潜在記憶の特徴には，上記のように，①見流す・聴き流すだけで記憶でき，②意味ではなく知覚的情報を憶え，③その情報をずっと蓄えているというものがある。これらは，一般的な記憶の常識からずれ，従来の記憶理論とも相いれない特徴である。従来の代表的な記憶理論（Atkinson & Shiffrin, 1968）でも，短期記憶に入力した情報は，意味的に符号化がなされて初めて長期記憶に転送されると仮定され，形態的符号化よりも意味的符号化のほうが記憶成績がよくなる（処理水準説；Craik & Lockhart, 1972）等といわれてきた。
　それに対して，従来の記憶の常識を根底から覆す，動かしがたい事実が明確になってきている。すなわち，意味を同定できない感覚的な刺激に対する，注意を向ける程度の学習経験の影響を，人間が数か月単位で保持していることが確実になってきた。つまり「注意を向けた程度の感覚情報に触れた瞬間に，人はその情報を体内に固定し，少なくとも数か月間保持している」といえる現象が，確実に検出できる状況が確立された。

1．間接再認手続き

　筆者らは，再認記憶テストの判断に，数か月前のわずかな経験の影響が現れてくること，つまり，人間が非常にわずかな学習経験の影響を驚くほど長期に保持していることを予測し，その影響を実験的に検出することに成功してきた（寺澤，1997, 2001；寺澤・太田，1993，その他多数）。たとえば，日本語二字熟語を2秒程度見るような学習を何回繰り返したかという，学習回数の影響が，数か月後に統計的に有意な効果として検出されている（寺澤，1997）。
　さらに，独自の記憶表象理論（寺澤，1997；Terasawa, 2005）に基づき，そのように数か月単位で保持されている情報は，意味的な情報でなく，感覚的な情報であることを予想し，意味を同定できない図1-3-1のような視覚刺激や，

図 1-3-1　長期に保持される視覚情報（寺澤他，1997）

図 1-3-2　機械的に作られた意味を同定できない聴覚刺激（上田・寺澤，2008）

　図 1-3-2 のような聴覚刺激（機械的に作られた意味のないメロディ）に遭遇した経験の影響が，少なくとも月単位で残っていることを明らかにした（寺澤・辻村・松田，1997；上田・寺澤，2008，2010）。

　最も典型的で，驚くような結果が，確実に得られるのは，意味を同定できない聴覚刺激（意味のないメロディ）を用いた実験である（上田・寺澤，2008，2010）。図 1-3-3 に最も単純なメロディ実験の手続きを示した。長期的な潜在記

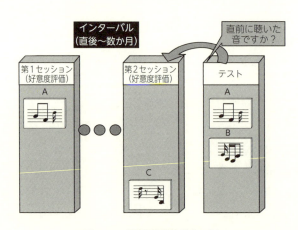

図 1-3-3　間接再認手続きの例

憶を検出する手続きは，間接再認手続き（課題）とよんでいる。実験は2つのセッションから構成され，第2セッションは代表的な再認記憶実験であり，その再認テストの成績にかなり以前の第1セッションの学習の影響が現れてくる（寺澤・太田，1993；寺澤，2001参照）。メロディの実験では，まず，第1セッションで，実験参加者に，4秒ほどの意味のないメロディを数個（A）提示し，好き嫌いの判断をしてもらう。それから長いインターバル（1か月〜数か月）をあけ，第2セッションでもう一度同じ実験参加者に来てもらう。そこでは，まず第1セッションと同様に意味のないメロディ（C）を聴いてもらい，その直後に記憶テストとして，提示されるメロディに対して，直前で聴いたメロディ（C）かどうかの再認記憶テストを課す（第1セッションで聞いたメロディについてテストをするわけでない）。その再認テストには，第1セッションで聴いたメロディ（A）と，聴いてないメロディ（B）が，ランダムに提示されるが，A，Bそれぞれのメロディごとにテストの成績（虚再認率）を算出して比較すると，驚くほど大きな差が出てくる（厳密には材料の効果を排除するカウンターバランスの手続きや統制群法を取る必要がある）。

　図1-3-4は，20人の大学院生を対象に，同様のメロディの実験を21週間のインターバルを置いて実施した結果である（未発表：カウンターバランスを実施）。注意を向けた程度の学習効果が，半年後であっても虚再認率で10%もの有意な変化を引き起こしている。常識的に考えれば，聴いた直後でも思い出せないような，意味のないメロディを聴き流した程度の経験の影響など残ってい

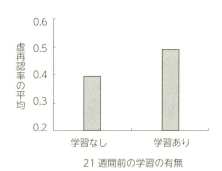

図1-3-4　5か月前に聴いた意味のないメロディを人間は憶えている

るはずもなく，数か月前に聴いたメロディと聴いてないメロディを人間が区別できるなど到底考えられない。ところが，実験を行えばほぼ確実に，劇的に大きな差が検出される。

間接再認課題を用いて検出されるプライミング効果（潜在記憶）は，通常，5〜10％程度の成績の上昇として検出されるが，メロディを用いた間接再認課題では，2，3割，多い場合は4割程度という，通常あり得ない成績の上昇が検出されることもある（寺澤，2004）。

2．感覚記憶の長期持続性

間接再認手続きで検出される感覚情報の長期持続性については，聴覚刺激を用いた実験（伊藤・安達，2012；上田・寺澤，2008，2010），意味のない視覚刺激を用いた実験（Nishiyama & Kawaguchi, 2014）等で同様の結果が報告され始めている。さらに，図1-3-5のような人の顔の線画を刺激として用い，人の顔を何度見流したかという遭遇経験の回数の影響までもが，1か月単位のインターバル後に検出されている（西山・寺澤，2013）。私たちは，日々何人もの人の顔を見ているが，それぞれの顔を見た回数の効果が月単位で確実に残っていることが明示されている。さらに，普段出会うことのない"ニオイ"刺激を用い，一般の主婦を対象にした実験では，16か月前に特定のニオイを2回嗅いだ経験の影響が有意傾向として検出される実験結果も報告されている（Terasawa, Ayabe-Kanemura, & Saito, 1995）。

これらの新事実は，さまざまなモダリティの感覚情報を人間が少なくとも数か月間保持していることを示している。一般に，感覚情報はすぐに消えてなくなると考えられており，それは現在の記憶理論においても同様である。それに

図1-3-5　長期に保持される顔刺激（西山・寺澤，2013）

対して，間接再認手続きを用いた一連の研究は，意味を同定できない感覚情報から，誰もが普段から目にしている日本語二字熟語まで，多様な情報を人間が長期に保持していることを明示している。これからすれば，初めて学習する英単語はもちろん，聴き取れず，意味がわからないネイティブのリスニング教材に触れることも，長く保持される知識の獲得に役立つといえよう。小学校時代に，聴き取ることもできないリスニング教材に触れることが，その子の中学校でのリスニングに効果を発揮することは十分考えられる。

3. 再考を促される認知理論

　感覚情報を人間が長期に保持する事実は，知識表象の理論を根底から覆す可能性をもっている。すなわち，意味ネットワーク理論に代表される現在の知識表象理論では，長期記憶は言葉（概念）を最小単位として，意味的にまとまった形で保持されると仮定されている（たとえば，Anderson, 1983）。また，外界から入る刺激情報は，短期記憶を経て，精緻化リハーサルにより意味的に符号化されて，初めて長期記憶に転送され保持されるといった理論（Atkinson & Shiffrin, 1968）も広く受け入れられている。新事実に基づけば，知識表象の最小単位は，感覚情報であり，意味的な符号化（転送）の必要はなく，入力する感覚情報は，入力した瞬間に体内に固定され，知識として影響力を発揮し続けると考えざるを得ない。

　遭遇した瞬間に消えていくと考えられてきた感覚記憶が，月単位で保持される事実は，語学学習に限らず，さまざまな研究分野にインパクトを与えることになる。

　たとえば，新事実は，一般によく知られているサヴァン症候群と同様の，驚異的な記憶能力を健常者が有していることを意味している。健常者が普段その記憶を取り出せない理由は，健常者は過去に獲得した膨大な感覚情報から記憶を"生成"しているため，原理的に一つのエピソードを思い出す（取り出す）ことができない（Terasawa, 2005）。対してサヴァン症候群は，記憶を統合するメカニズムに問題があり，一つのエピソードが飛び出てきてしまうという解釈が可能になる（寺澤，2013）。

　また，既存の理論では，英語教育における，手振り身振りからリズムやイン

トネーション，ニュアンス，語調など，言葉に表せない体験的に習得される情報は，これまで「知識」として扱えなかった。上記の研究結果は，それらが「知識」として長期にわたり活用できることを示している。新事実により，体験や活動を重視する教育の営みが再評価されることや，思考のメカニズムの再考につながることなどが考えられる（寺澤，2013 参照）。

3 英語教育に対する教育ビッグデータのインパクト

1. 意識にのぼらない潜在記憶レベルの学習効果の積み重ね

　教育場面では，「どのような方法で憶えたら効率的に憶えられるのか」といった視点で，学習法や指導法が議論されることが多い。しかし，前節で紹介したように，人間は実際のところ，対象に出会った瞬間，憶えようとしなくても，その情報を記憶し，少なくとも数か月単位で保持している。「憶えられない」という感覚は実は誤っており，蓄えられている情報を意識できないでいる状態にあると考えるべきである。

　前述したメロディ実験を実施すると，当初はどのメロディも，同じような，聴いたことのないメロディに聴こえるが，実験者として実験を何十回も繰り返すと，ポロポロと「知っている」メロディが出てくるようになる。つまり，意味のないメロディが馴染みのあるメロディに変わってくる。

　英語の学習も，同様である。英単語の学習などは，その成果をなかなか実感できないため挫折する人が多いが，学習成果を実感できなくても，意識下では，学習した回数に応じて語彙力は着実に向上している可能性が高い。その潜在記憶レベルの語彙の習得プロセスが見えるようになれば，学習者はあきらめずに学習を継続することができるようになるはずである。また，その習得プロセスが正確に測定できれば，習得にかかる時間の予測や，実力レベルの成績の評価も可能になると考えられる。

　この考えに立ち，筆者らは，潜在記憶レベルの学習プロセスを描き出すための研究を開始した（寺澤，1998）。

2. 潜在記憶レベルの学習効果の連続測定の実現

　問題は，意識できない学習の積み重ねをいかに可視化するのか，言い換えれば，潜在記憶レベルの学習効果を測定する方法である。そもそも，従来の潜在記憶課題は，単語完成課題（"だ□ど□ろ"のような穴埋め問題）のように，一般的な教育コンテンツを使ったものはほとんどなく，学習の効果を一つのインターバルを設けて1回のテストで測定する研究がほとんどである。潜在記憶レベルで学習の積み重ねを描き出すためには次のような課題を解決する必要がある。

①一夜漬け（顕在記憶）の効果を排除する，学習とテストを融合した評価
　テストの成績には，一夜漬けの学習効果（顕在記憶）と実力レベルの学習効果（潜在記憶）が融合する形で現れてくる。両者を分離する方法は実験室的には検討されてきたが（過程分離手続き：藤田，1999を参照），その手続きを日常の学習場面に適用することはできず，それ以外の方法も提案されていない。
　最もシンプルで唯一の方法は，学習からテストまでのインターバルを十分長くすることである。しかし，語学教材を用い，顕在記憶の影響を十分排除するためには，かなり長いインターバルをあけてテストを実施する必要がある（これまでの筆者の研究に基づくと，英単語はおおむね2週間〜1か月，日本語二字熟語は2か月程度のインバーバルが必要であり，学習者の学習経験によっても異なる）。比較的インターバルが短い場合には，顕在記憶の影響が大きな誤差となるため，インターバルの影響を排除するための方法が新たに必要となる。つまり，学習とテストの両者を融合した新しい評価技術が必要となる。

②多数のコンテンツの一つひとつについて連続測定（動的テスト法）を実現
　潜在記憶は刺激の知覚的情報に敏感であるため，実力レベルの学習効果も学習内容ごとに蓄積されている可能性が高い。少なくとも，英単語のような語彙学習では，単語ごとに実力を長期にわたり測定していく必要がある。その場合，多数の学習内容を対象に，学習とテストを何度も実施できるスケジュールを考案する必要が出てくる。
　また，語学力は一度の理解で身につくものではなく，長い期間を通じて何度

も繰り返し学習することで習得される特徴をもつ。連続測定を前提とした場合には，インターバルや，どのタイミングで学習を行うのかといった条件の違い（時間次元の要因とよぶ）が，大きな誤差を生み出すため，正確な成績の測定自体が困難となる（寺澤，2015a；寺澤・吉田・太田，2007）。教育現場で継続して行われている英単語ドリルの成績をプロットしても成績の上昇が見いだせない理由の一つはこの点にある。

3．マイクロステップ計測法（スケジューリングの原理と技術）

　上記の問題を解決するため，我々は，すべての学習内容（英単語等）を対象に，その一つひとつについて，年単位で，いつどのようなタイミングでどのような学習を行い，それからどのくらいのインターバルをあけてテストを実施するのかという，無数のイベントの生起スケジュールを事前に生成し，それに対応させて反応を記録し，収集されるデータをスケジュールごとに集約することで，時系列条件がそろった膨大な縦断データを年単位で収集する方法を確立した（寺澤，2006；寺澤・吉田・太田，2007）。

　スケジュールというと馴染みがあるが，現在使われているスケジュールの定義はコンピュータの処理には馴染まず，上記の問題は解決できない。我々は，スケジュールという概念を新たに定義し，学習やテスト等の膨大なイベントの生起を統制・制御するスケジューリング原理と，それをコンピュータシステムに実装する技術を確立した（原理は，寺澤・吉田・太田，2007，2008等を，コンピュータに実装する方法は，寺澤，2006を参照）。

　我々は，この方法を活用し，一人あたり年間で何十万件という反応データを，1000人規模で収集し，さらにそのデータを解析し，学習者一人ひとりの成績の上昇を可視化し，それを頻繁に年単位で個別にフィードバックする教育支援を実現した（寺澤，2015b）。

　次節では，その方法により明らかになり始めた，潜在記憶レベルの学習プロセスの特徴を紹介する。

4　潜在記憶レベルの語彙習得のプロセス

　高校生にコンピュータを配布し，単語カード的な英単語の学習を日常的に継続してもらった実験がある（寺澤・吉田・太田，2008）。そこで描き出された，一夜漬けの学習効果を排除した実力レベルの学習効果の積み重ねを図1-3-6に示した。横軸は学習期間（月：サイクル），縦軸は成績（自己評定成績）を表す。図を一見すると，学習期間に対応して成績がきちんと上昇していく様子が見て取れる。しかし，実際はそう単純ではない。図1-3-6には一般的な記憶（顕在記憶）のイメージとは大きく異なる，潜在記憶の特徴が色濃く現れている。

1．憶えようとしなくても学習効果は積み重なる

　まず，この実験の学習は図1-3-7に説明した学習である。すなわち，まずコンピュータの画面に英単語が1つ表示される。その時点で学習者はその日本語の意味を考え，いずれかのキーを押すと，画面下に日本語の訳が表示される。学習者はその意味を見て，提示された英単語を自分がどの程度マスターしているのか（すなわち到達度）を，「まったくだめ」「だめ」「もう少し」「よい」の4段階で自己評定することが求められ，その評定がそれぞれ0，1，2，3点の

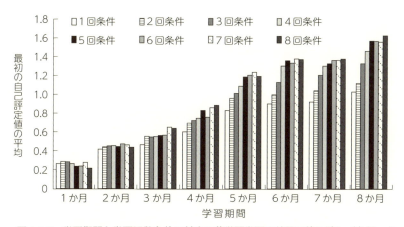

図1-3-6　学習期間と学習回数条件に対する英単語学習の効果の積み重ね（寺澤・吉田・太田，2008より）

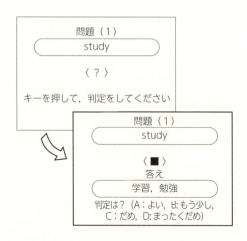

図 1-3-7　単語カード的な英単語学習の方法

自己評定得点に換算される。英単語が表示されてから評定キーを押すまでが1回の学習である。

　この実験では、このような学習が1か月のインターバルをあけ繰り返されている。つまり、すべての単語はある日に1～8回学習を受けた後、1か月をあけて再度1～8回学習が求められ、そのスケジュールが繰り返された。1か月前の学習など思い出せるはずもなく、その意味で図1-3-6は潜在記憶レベルの語彙習得プロセスを描き出している。この学習実験で学習者は「憶えること」は求められていない。それにもかかわらず成績は全体的には着実に上昇している。つまり、記銘意図がなくても学習の成績は積み重なっていくことを図1-3-6は明示している。語彙学習において、「しっかり憶えるように！」という指導は、一夜漬けの学習ではもちろん効果をもつが、実力レベルの学習には、さほど効果をもたない可能性が高い。後述（p.51）するゲームソフトを用いたある高校の実験では、高校生から「ただ英単語を4段階で判定して、それを"見流す"だけでもずい分と単語がわかるようになることに感心した。というよりは驚きました」というコメントも寄せられている。

　ところで、e-learningでは、1回の学習（自己評定）に要す時間も秒単位で記録している。その時間は、初めての学習では平均5秒程度であるが、半年す

ると半分程度に減少する。しかし，図1-3-6のように成績の上昇率の低下は見受けられない。さらに重要なことは，これまでの研究で，10人に1人の高い割合で，1回の学習に，必要以上に長い時間をかけている生徒が存在することが確認されている。一生懸命憶えないと頭に入らないと頑張っていると考えられるが，多くの場合その生徒は学習を継続できずにやめてしまう。一夜漬けのテストにはあてはまらないが，気楽に見流す程度の学習で，実力に対しては十分な学習効果が期待できると，生徒には伝える必要がある。

　なお，自己評定得点は主観が入るため正確さに欠けると当初は考えられたが，データを分析しフィードバックを繰り返すにつれ，いくつかの理由で学習成績を把握するうえでは最適な指標と考えるにいたっている。もちろん，客観テストの得点は高い相関を示すことは明らかである（寺澤・吉田・太田，2007）。

2. たった1度の学習の効果が少なくとも半年程度残り続ける

　この実験では，ある単語がある日に1〜8回提示される条件で学習を受け，どの単語もそれぞれ約1か月をあけて再度提示され，自己評定が行われるスケジュールを繰り返している（複数回反復する条件の単語は，毎日の学習で最初になされた自己評定得点を成績としている）。

　一般には，初めて見るような英単語を1度や2度憶えても，1か月後には何も思い出せず，忘れてしまったと思われる。しかし，実際は自覚できないレベルで着実に記憶として残っていることを図1-3-6は示している。記憶がどのくらい残り続けるのかは明言できないが，仮に3か月で記憶が消えてなくなるとすれば，成績のグラフは4か月目のあたりから平らになると考えられる。実際は8か月まで上昇していることからすれば，わずかな学習の記憶が少なくとも半年程度は残っていることを図1-3-6は表している。単語カードで1度見流すような学習をした効果が半年以上残る事実は，大きな教育的意義をもつと考えられる。

3. 1日あたり5回以上の英単語の反復学習は効果をもたない可能性

　図1-3-6の8か月目のグラフを見ると，1〜4回の繰り返しに対応して成績は高くなっているが，5〜8回条件の成績はほとんど変わらない。実際，この実

験では，5か月以降において，5回以上の学習の繰り返しの効果が検出されていない（寺澤・吉田・太田，2008）。

　この事実は，現在の語彙学習指導に大きな警鐘を鳴らす。現在，高校等では，英単語のテストがよく行われるが，生徒は前日にかなりの時間をかけ，1つの英単語を10回も20回も繰り返し憶えてテストに臨んでいる。翌日のテストでは100点も取れるが，それは決して実力とはいえない，顕在記憶による結果である。それに対して，同じ学習をして1か月後にテストをした場合には，1日にする5回以上の反復学習は効果をもたない可能性が非常に高い。初めて見るような英単語を5回程度学習しただけでは，次の日の語彙テストでは0点に近い点数しか取れないであろう。しかし，1つの英単語に固執して1日に何度も繰り返し学習をさせることは，学習者に無駄を強いることになりかねないといえる。逆に，従来想定しなかったほど少ない学習回数で語彙が習得できる可能性も高いといえる。なお，漢字の読みドリルについては，1日に2回以上繰り返し学習しても効果がないことが示されており（寺澤，2007），1日に行う最適な学習回数の上限は，コンテンツごとに異なることが示唆されている。

　また，図1-3-6の1〜8回という繰り返し条件は，1か月単位で1〜8回学習していることを意味しており，延べの学習回数は，6か月学習をすれば6〜48回の回数の違いに対応する。つまり，延べの学習回数の違いはかなりの差になるが，それに比べて成績の差は大きくないともいえる。それからすれば，1日の学習では，1つの英単語は固執せずに1〜4回の学習にとどめ，その分英単語の種類を多くするような学習を繰り返す方法が望ましい可能性がある。いずれにせよ，語彙学習では，単語ごとの学習頻度を長期にわたりトータルに把握し，計画的に学習していく必要があろう。

　学校現場で，Ebbinghaus（1885）の忘却曲線を引用し，「英単語は，憶えてもすぐ忘れるので，忘れないうちにがんばって繰り返し憶えるように」といった指導法を聞くことがある。これは一夜漬けの勉強にはある程度適用できる指導法であるが，潜在記憶（実力レベル）の語彙力の育成には逆効果をもつ可能性が高いといえる。なお，Ebbinghausの忘却曲線では，1か月後にも2割程度成績が残っていることが重要である。これが潜在記憶であり，この成績が繰り返しにより徐々に上がっていく様子が図1-3-6で示されたといえる。

4. 実力レベルの成績の上昇が個別に可視化される

　勉強すれば成績が上がるといわれるが，実際に，一夜漬けの学習効果を排除した実力レベルで，長期にわたる学習の繰り返し回数の効果の積み重ねまで描き出している研究はなく，さらに，長期にわたり，実力といえる成績の変化を，個人レベルで描き出している研究は皆無である。従来のテスト技術では，このような微細な学習の積み重ねの影響は原理的に可視化できない（寺澤，2015a）。マイクロステップ計測法は，スケジューリングという新たな方法により反応データの予測精度を大きく高めたといえる。

　図1-3-6は15人の高校生の平均であるが，さらに個人ごとにデータを見ても，成績の積み重ねが個別に非常にきれいに描き出されている。たとえば，マイクロステップ計測法を携帯ゲーム端末（NINTENDO DS）用に実装した英単語学習ソフト（図1-3-8の左；寺澤・太田，2007）を東京のある高校の生徒に提供し，2か月ほどの学習を継続してもらった。図1-3-8は，その実験で得られ

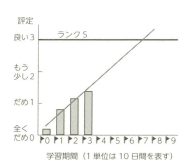
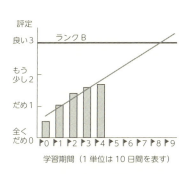
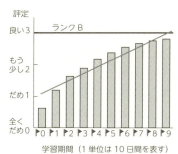

図1-3-8　マイクロステップ技術を実装した学習ソフト（左上）と3名の高校生の語彙力の変化

た3名の生徒の実力レベルの成績の上昇を示している。図は，学習してから10日間のインターバルをあけても残っている学習効果の積み重ねを可視化したものである。学習期間に対応して確実に成績が上昇していく様子が表れている。これらのデータから，まったく知らない英単語の意味を実力レベルでマスターするために必要な時間を推定すると，310の英単語について，1日数分～15分程度の学習を継続した場合で，平均で約3～4か月ほど要すことが明らかになっている。ただし，ソフトでは実力レベルになったと判定された英単語は学習から抜けていくため，1日あたりの実質的な時間は徐々に短くなっていく。図を見てもわかるとおり，習得に要す期間も個別に十分予測できる。

5. 英単語の難易度は語彙習得のスピードに影響しない

比較的易しい英単語と難しい英単語を比較すると，語彙習得のスピードは難しい英単語のほうが遅いと思う人が多いが，実際は，両者に違いがないことが明らかになっている。図1-3-9は，先のNINTENDO DS用の英単語ソフトを用いて，2つの難易度の英単語を学習者が同様のペースで継続して学習をした場合の，自己評定成績と客観テストの成績の変化を示している。2つの難易度の成績は，ほぼ平行を保ったまま上昇している。つまり，習得のスピードは難易度によって変わらない結果が実験で示されている（たとえば，寺澤・太田・吉田，2009）。

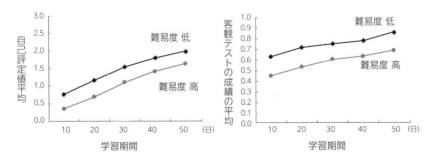

図1-3-9　英単語の難易度と学習期間に対する自己評定成績（左；寺澤・太田・吉田，2009より）と客観テスト成績（右；未発表）の変化

6. 教育支援と学術研究の融合

マイクロステップ計測法は，学習コンテンツの一つひとつについて提示スケジュールを規定し，何十万というイベントに対応して反応データを収集する技術である。したがって，テキストベースの英単語の学習に限らず，音声，画像，動画などにも適用が可能である。また，多数のコンテンツを対象に，その一つひとつについて成績を縦断的に測定できるため，コンテンツごとに成績の時系列変化が可視化できる。そのデータに基づけばコンテンツのクラスタリングなども可能になる。もちろん，個人ごとに成績のランキングを作成し，それに合わせて学習を提供する支援も実施している（三宅・寺澤，2011；寺澤，2015a）。

学校場面においては，新技術を実装した紙媒体の新型ドリルをある自治体から実費の提供を受け開始しているほか，スマートフォンやタブレット用に，新技術を実装した e-learning も提供し始めている。そこでは，学習者の学習状況や成績などを，冊子体にして個別にフィードバックしており，学習者はもちろん，教師や保護者も状況を把握できるようになっている。

大学生を対象に実施した e-learning では，膨大な学習データが，文字通りどんどん落ちてくる状況が生まれており，さらに，それを集約したビッグデータを英語教育や統計の研究者に提供し，活用してもらう体制もできつつある。今後，分野横断的な協力体制をさらに拡充することで，学習研究は大きく進化すると考えられる。

5　学習を継続しようという意識の向上

現在提供している主な学習コンテンツは，単語カード的な問題に限定されているが，我々は機械的な暗記学習を推奨する意図はない。たとえば，単語カード的な学習よりも，文脈を伴う，文や映像，コミュニケーション場面を含んだ学習のほうが語学の習得には有効であると理論的にも考えられる。しかし，無計画に，文脈を含む学習コンテンツを提供しても，習得すべき英単語の遭遇頻度の総数などが全体として計画的に配置できなければ，学習者の語彙力には必ず穴が開くことになり，それを見いだすこともこれまでの方法では不可能であ

る。そのため，我々は一般的な単語カード的な学習に限定し，学習者が学習を継続できるようにすることを主眼として研究を進めてきた。つまり，機械的語彙学習であっても，学習者自身自覚できなかった学習効果の積み重ねを見ることができれば，面白みに欠ける単語学習を継続できるようになると考えた。

　また，日々の学習の最後に，学習意欲や自己効力感，自尊感情，抑うつ傾向等の心理尺度を同時にスケジューリングし回答を収集することで，それぞれの心理尺度ごとに得点変化を個別に可視化することも可能になっている（寺澤・吉田・太田，2007）。

　それにより，個別フィードバックが子どもの自己効力感（特に，行動を継続しようという意識）を向上させる結果が複数の実験で得られている（たとえば，寺澤・吉田・太田，2007；寺澤，2007）。さらに，成績の上昇をとらえて教師が子どもを褒める指導をしたところ学習意欲が向上すること（西山・土師・寺澤，2015）など，これまで把握できなかった教師の指導の効果を客観的な指標で評価することも可能になっている。また，英語教育には関係はないが，子どもの抑うつ傾向は，ほとんどの子どもでは高値低値で安定していることや，3％未満の子どもに変動が見受けられる事実（上田・寺澤，2011；矢地・寺澤，2012）など，長期にわたるさまざまなイベントの影響を長期間で測定・検出することも可能になっている。

　我々がこれまで目指してきたのは，一人でもできるような暗記学習は自主学習に任せ，授業において，考える力や，コミュニケーションスキル，主体的な態度の育成（いわゆるアクティブラーニング）に使える時間を増やすことである。そのためには，語彙など基礎知識の習得を授業から切り離すことが必須と考えてきた。コミュニケーションスキルや主体性の育成などはまさに教師でなければできないことである。その基盤になる知識の習得を授業とは別に自立させるため，自主学習を高度化することが我々の責務と認識している。

　現在，マイクロステップ計測法を実装した学習支援が，自治体や学校などが経費を負担する形で広がり始めている。一方で社会実装を進めながら，質の高い教育ビッグデータを蓄積し，英語教育や認知心理学をはじめ，さまざまな分野の研究者に提供することで，新しい事実が次々と明らかになってくることは間違いないと考えている。

本章では，言語の基盤となる潜在記憶に関する新しい知見を紹介した。その中で，マイクロステップ計測法により描き出される潜在記憶レベルの語彙習得プロセスには，1980年代頃より実験室的に行われきた潜在記憶研究の知見がほぼあてはまるといえる。教育現場で実際に用いられているコンテンツを用い，長期にわたって，時系列条件がそろった膨大な反応データが個別に集約できる状況が確立されたことにより，学習研究は大きく進化するはずである。認知心理学と英語教育の研究者が共同することで，今後さらに多様でワクワクするような新たな事実が明らかになってくることは間違いない。

第4章

ワーキングメモリと学習活動

■1■ ワーキングメモリと短期記憶

　本章では，学習活動を支えるワーキングメモリ（working memory；作動記憶）の仕組みと働きについて，2つの観点から検討していく。第1の観点は，主として短期の情報保持に関わるもので，保持される情報のタイプや性質についての話題を取り上げる。第2の観点は，ワーキングメモリの本質的な問題である，情報の保持と処理の関係について，主として，ワーキングメモリスパン課題（working memory span task）に関する最近の研究動向を中心にして検討する。続いて，ワーキングメモリスパン課題の検討から明らかになる，領域普遍的（domain general）なワーキングメモリの機能が学習活動に与える影響について考察する。最後にまとめと今後の課題を述べる。

　ワーキングメモリとは，さまざまな課題の遂行中に一時的に必要となる記憶の機能，またその機能を実現するメカニズムやそれらを支えているシステムとして定義される（Baddeley, 2012; Miyake & Shah, 1999; 齊藤・三宅，2014）。学習や種々の教育的活動をはじめとする人間の複雑な認知活動においては，当該の活動の最中に必要となる情報を保持しておくことが，その遂行にとって不可欠であり，その意味で，この記憶機能は非常に重要である。

　一方，短期記憶（short-term memory）は，ごく短い間の保持を求める記憶課題の遂行を説明するための概念であり，想定されている機能がワーキングメモリとは異なる。しかし，記憶システムとして見たときには，いずれも短期の情報保持を担うシステムであることから，両者の基本となる構造は同じであ

第 4 章　ワーキングメモリと学習活動

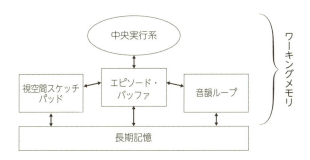

図 1-4-1　Baddeley のワーキングメモリのモデル（Baddeley, Allem, & Hitch, 2011 を改変）

り，それらが運用される状況によって働き方が異なって見えるととらえる立場がある（三宅・齊藤，2001）。また，短期記憶を仮説構成概念としての短期貯蔵庫ととらえ，ワーキングメモリの一部であると考えることもできる。たとえば，Baddeley のワーキングメモリモデルの中の音韻ループは，言語性の短期記憶の特に音韻的特徴を説明するための一つのモデルであり，短期記憶の研究によって得られた知見をワーキングメモリの理論的枠組みの中にうまく位置づけている（図 1-4-1）。

2　言語情報の短期的保持

　言語性の短期記憶と言語処理過程の密接な関係を示唆する証拠は，1960 年代から報告され（たとえば，Conrad, 1964; Ellis, 1980），現在では，かなり精緻なメカニズムまで踏み込んで検討されている（湯澤・湯澤，2013；本書 Part 1 第 5 章を参照）。言語性短期記憶と言語処理過程の関係は，音韻ループのモデルに当てはめると理解しやすい（図 1-4-2 を参照）。音韻ループは，音韻情報の貯蔵と（再）活性化をそれぞれ担う 2 つの要素から構成されている。視覚的に提示された文字を覚えるとき，まず文字情報から音韻情報を活性化し，そして文字の音韻情報を順次貯蔵する。これらの情報は（干渉か減衰によって）短時間で利用できなくなるので，それらの情報を保持しておくためには，完全に失われる前に再活性化する必要がある。貯蔵と再活性化の相互作用がリハー

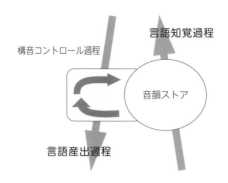

図1-4-2　音韻ループと言語産出過程および言語知覚過程の関係

サルとよばれる過程で，言語性短期記憶課題の遂行を支えている。貯蔵要素は音韻ストア（phonological store），（再）活性化要素は構音コントロール過程（articulatory control process）とよばれ，前者は言語知覚過程を支える過程，後者は言語産出過程を支える過程とそれぞれ強く結びついている。

　音韻ループの機能として重要なのは，系列情報の短期的保持である。聴覚言語情報の基本的性質はその系列性にあり，系列情報を一時的に保持するという働きが，言語情報の処理を可能にしている。そのため，言語性の短期記憶の測定には，言語材料（単語や数字）の系列再生課題が用いられることが多い。この課題では，1つずつ提示される複数の数字や単語を覚えておき，提示された順序で報告することが求められる。幼児期の子どもの言語性短期記憶の測定には，非単語反復（nonword repetition）課題が用いられることもある（Part1第5章を参照）。この課題においては，実在語ではない，言語音の無意味な系列（たとえば，「サホレ」）の反復を求められるが，これは，新規な単語に初めて接触したときにその音系列を反復できるという能力と関係している。新しい語彙の音韻形態が一時的に保持されることによって，語彙の習得（vocabulary acquisition；すなわち新しい語彙を長期的知識とすること）は達成されるので，この能力は語彙習得の基盤となるものである（Baddeley, Gathercole, & Papagno, 1998；ただし，Melby-Lervåg et al., 2012も参照のこと）。

　オリジナルの音韻ループモデルは，系列情報の保持を重視しながらも，どのように系列情報が保持されるのかについて，具体的には示していなかった。

この点については，特に，言語性短期記憶と言語処理過程に共通するメカニズムを探ることで研究が進展してきた（たとえば，Acheson & MacDonald, 2009; Nakayama & Saito, 2014; Page, Madge, Cumming, & Norris, 2007; Saito & Baddeley, 2004）。また，近年の計算機シミュレーションモデルは，系列情報保持の前提となる認知システムの概念的アーキテクチャや，そこで実際に行われる計算論的実在についての情報を提供し，長期記憶との関連も含め，系列情報の保持メカニズムについての詳細な検討を可能にしている（Burgess & Hitch, 2005; Page & Norris, 2009）。

　さらに，近年のこの分野の進展は，言語情報の短期的保持が，さまざまなタイプの知識や情報によって支えられていることを示してきた。たとえば，Logie, Della Sala, Wynn, & Baddeley（2000）は，視覚提示された単語の系列再生の成績が，単語の視覚的類似性（visual similarity）によって影響を受けることを示した。視覚的に類似した単語の系列（たとえば，FLY PLY CRY DRY TRY SHY）は，視覚的に類似していない単語の系列（たとえば，GUY THAI SIGH LIE PI RYE）と比べて，系列再生の成績が劣っていた。また，日本語の漢字を記銘材料とした研究（Saito, Logie, Morita, & Law, 2008）では，材料の視覚的類似性と音韻的類似性を同一実験内で操作し，系列情報保持の指標で評価したところ，2つの類似性の効果が同時に現れた（類似性の高い系列で成績が劣る）。これらの実験結果は，音韻情報のみでなく，視覚情報も言語材料の系列保持に寄与していることを示している。なお，視覚情報ではなく，正書法（orthographic）情報がこれらの結果に影響を与えているという最近の主張もある（Fürstenberg, Rummer, & Schweppe, 2013）。

　意味知識や語彙知識が言語性短期記憶課題の成績に影響を与えることも知られている。たとえば，実在する単語を用いた系列再生の成績は，意味のない非単語（nonword）を用いる場合よりも成績がよいし（Hulme, Maughan, & Brown, 1991），単語を用いる場合でも意味的な情報が豊富であるとされる心像性（imageability）あるいは具象性（concreteness）の高い単語を用いたほうが，低い単語を用いるよりも成績がよい（Walker & Hulme, 1999; Jefferies, Frankish, & Lambon Ralph, 2006; Ueno et al., 2014）。

　意味情報が音韻情報の保持を支えているという証拠も報告されている。意

味認知症（semantic dementia）は，脳の側頭葉前方部における萎縮によって意味知識が失われていく進行性の障害であり，言葉の意味の喪失によりさまざまな臨床的症状を示すことが知られている（Hodges, Patterson, Oxbury, & Funnell, 1992）。全般的な傾向としては，言語，非言語いずれの課題においても，また，一見すると意味情報の関与が不要であるような課題（たとえば，線画の遅延模写）においても，困難が観察される。この意味認知症の患者が，口頭で提示された複数の単語（たとえば，mint と rug）を再生する際に音韻的な間違い（rint と mug）を示すことも報告されている（Patterson, Graham, & Hodges, 1994）。この結果は，意味情報の喪失が，音韻情報の短期的保持に影響を与えることを示すとともに，翻って，我々が単語の音素系列（音の配列）を保持する際にその意味情報が重要な役割を担っていることを物語っている。上述の例では，「ミント」という言葉の意味が，聴覚提示された /m/ という音素を mint という単語に結びつけていると仮定される。このように意味情報が音素同士を束ねているという考えを，意味バインディング仮説（semantic binding hypothesis, Patterson et al., 1994）とよぶ。

　一般に，意味知識や語彙知識の影響は，系列情報の保持ではなく，各項目の情報の保持に大きく現れると考えられている（Walker & Hulme, 1999）。しかし，項目情報の保持とは，実際には，項目内の音素系列の保持を査定することによって測定されていることも事実である。意味バインディング仮説に基づいて考えてみると，その項目が実在語である場合には，語彙的／意味的な長期的知識による音素系列の束ね方が強力で，項目内の音素系列の保持は問題とならない。一方，語彙的／意味的な長期的知識の寄与が少ない場合（健常者による非単語の再生や，意味認知症患者による単語の再生）には，項目内の音素系列保持が問題となり，そのエラーは，項目エラーとみなされる。したがって，項目のエラーについても，その一部は系列情報保持の問題に起因している可能性がある。

■3■ ワーキングメモリにおける保持と処理の関係

1. ワーキングメモリスパン課題の特徴

　ワーキングメモリスパン課題は，複合スパン課題（complex span task）ともよばれ，その名が示すとおり，処理課題と保持課題の複合によって成り立っている課題である。いくつかの種類があるが，日本において最も普及しているのは，リーディングスパンテスト（reading span test：以下 RST, Daneman & Carpenter, 1980；日本語版は，苧阪・苧阪, 1994）である。この課題においては，複数の文が1つずつ提示され，それらを音読することが求められる。さらに，それぞれの文の最後の単語（日本語の場合は，アンダーラインなどで指定された文中の語）を覚えておかなければならない。この場合，音読という処理活動と，単語の保持活動の2つの課題が遂行されることになる。この課題の得点は，読みの理解や速度といった言語処理成績でなく，記銘単語の記憶成績から算出され（実施方法，ならびにスコアリングの詳細については，齊藤・三宅, 2000 を参照），この得点が読みにおけるワーキングメモリの機能を測定していると考えられている。RSTの成績が読み能力テストの成績と比較的高い相関を示すことなどが，この考えを支持している（Daneman & Merikle, 1996）。ワーキングメモリスパン課題には，その他，計数スパン（counting span, Case, Kurland, & Goldberg, 1982），演算スパン（operation span, Turner & Engle, 1989），空間スパン（spatial span, Shah & Miyake, 1996），推論スパン（reasoning span, Saito, Jarrold, & Riby, 2009）などが知られている。

2. 保持に対する処理の影響

　ワーキングメモリスパン課題と伝統的な短期記憶課題の違いは，前者における処理成分の存在にある。そのため，この処理成分が保持に対して与える影響を解明することが，ワーキングメモリの本質を理解するための手立てとなると考えられてきた。たとえば，各記銘項目が再生までにさらされるリスト内での遅延あるいは処理課題の量（Maehara & Saito, 2007; Saito, Jarrold, & Riby, 2009; Saito & Miyake, 2004; Towse, Hitch, & Hutton, 1998, 2000），あるいは，

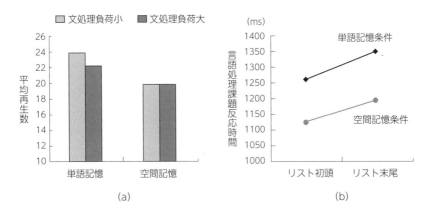

図 1-4-3　Maehara & Saito（2007）の実験 1 の結果

　記銘項目提示後に遂行される処理課題がどれだけの認知負荷を課すのかというその程度（Barrouillet & Camos, 2012）が，ワーキングメモリスパン課題の得点に影響を与えることが報告されている。

　たとえば，Maehara & Saito（2007）の実験では，ワーキングメモリスパン課題の記銘項目を単語（言語材料）とし，複数の記銘項目を提示するにあたり，それぞれの項目の前に文判断課題（たとえば，「地球は四角い」に対して，正誤判断を行う）を課した。最後の単語とその前の単語の間に，3つの文判断を連続して行う場合よりも，一つの文判断を行う場合に，記憶成績がよかった（図1-4-3a）。最後の処理期間に多くの処理を行うことで，それまでに覚えていた単語に対して多くの干渉が起こり，そのために記憶成績が低下したと考えられる。これが干渉による効果であることの証拠として，同じ処理課題（文判断課題）を用いながら，記銘項目をマトリックス内のドットの位置（視空間材料）とすると，最後の記銘材料の前の文判断課題の数は効果をもたなかった（図1-4-3a）。つまり，記銘材料と処理の材料の領域が異なると（この場合は言語と視空間），保持に対する処理の負荷の影響は見られないのである。このことは，ワーキングメモリスパン課題の中で起こる処理課題から保持への影響が，ある程度の領域固有性を備えていることを示している。

3. 処理に対する保持の影響

　これまでの多くのワーキングメモリ研究では，記憶機能そのものが検討の対象であり，処理が保持に及ぼす影響に主に焦点がしぼられてきた。一方，実際の学習場面では，処理から保持への影響のみでなく，保持が処理に与える影響も重要であり，初期の研究においては，実際にこの観点からの分析も行われている（たとえば，Hitch & Baddeley, 1976）。いくつかの近年の研究も，保持が処理に与える影響を，ワーキングメモリスパンリスト内の記憶負荷の効果として報告している。たとえば，さきに紹介した Maehara & Saito（2007）では，言語性のワーキングメモリスパン課題において，リストの最初の処理（文判断課題）と最後の処理の反応時間を比較している。最初の処理は，記銘項目を提示される前に処理するため，記憶の負荷はかかっていないが，最後の処理は，それまでに提示された項目を覚えながらの処理となり，記憶負荷の影響が想定される。図1-4-3bに示されるとおり，最後の処理は最初の処理よりも時間がかかる（正答率に差はない）。また，この記憶負荷の効果は，記銘材料が単語であってもドットの位置という空間性のものであっても見られた。つまり，記銘材料の性質（言語か空間か）にかかわらず，その記憶情報量の増加が同時に行われる処理の速度を低下させたのである。

　この例に示されているように，処理に及ぼす保持の影響は，多くの場合，処理の正答率ではなく，反応時間に現れることが知られている（たとえば，Baddeley & Hitch, 1974 も参照）。素朴に考えた場合，記憶に負荷がかかっているときに，処理に必要となる情報が失われ，処理のエラーが多くなるのであれば納得できるが，実際にはそうではない。正答しながらも処理速度が低下するという現象に関するメカニズムについては議論の余地がある。この点について，有望な説明を提供する理論は時分割型リソース共有モデル（time-based resource sharing model，以下 TBRS モデル，Barrouillet, Portrat, & Camos, 2011）である。

　ワーキングメモリスパン課題の成績を説明する TBRS モデルは，以下の仮定から成る（Barrouillet & Camos, 2012）。まず，ワーキングメモリにおける処理と保持は，注意という単一の限界容量によって支えられ，記銘項目の情報は，そこから注意がそれるとすぐに時間的減衰（temporal decay）にさらされる。

処理活動も保持活動も，注意を必要とする制御的な認知活動であるため，同時には行われず，一度に一方しか取り扱われない。

　TBRSモデルによれば，記銘項目は符合化された後，処理活動が行われている間は注意を向けられず時間的減衰にさらされるが，完全に忘却されてしまう前に注意を向けることで再活性化する。この再活性化（保持活動）は，処理の期間であっても，処理活動の合間になされることがあり，記憶成績は，処理の期間（すなわち保持期間）の，どの程度の割合を再活性化に利用できるか，逆に言うと，処理期間全体の時間のうち，どれだけの時間，処理に注意をとられるのかによって規定される。このモデルにおいては，単位時間あたりに処理に注意を奪われる割合を認知負荷（cognitive load: CL）として定義し，この認知負荷と記憶成績の関係を定式化している（Barrouillet et al., 2011；認知負荷と記憶成績の関係についての詳細は，齊藤・三宅，2014を参照）。ちなみに，Barrouillet, De Paepe, & Langerock（2012）は，認知負荷ゼロの場合が短期記憶課題の状況であるとして，短期記憶とワーキングメモリを連続した概念としてとらえることを提案している。

　このTBRSモデルによれば，記銘項目が多くなれば，その記憶負荷のもとで行われる処理期間中に，再活性化によって中断される時間が長くなる。処理が中断される時間が長くなるため，結果的に処理に要する時間が見かけ上長くなるのである。また，彼らの想定する再活性化に必要とされるリソースは，領域普遍であるとされており，先に紹介した，Maehara & Saito（2007）によって示された記憶負荷効果の領域普遍性とも整合する。このように，TBRSモデルは，ワーキングメモリにおける保持の処理への影響を説明できる（TBRSモデルについてのその他の考察は，齊藤・三宅，2014を参照）。

4. ワーキングメモリにおける領域普遍的な制御機能

　TBRSモデルに見られるような，領域普遍的な（すなわちあらゆるタイプの情報に対処できる）制御機能を想定するワーキングメモリのモデルは多い。よく知られたBaddeley（2012）の複数成分モデル（multicomponent model）も，領域固有の保持システムを備えながらも，領域普遍の中央実行系（central executive）が設定されているし，注意制御（controlled attention）を中心概

念とする Engle, Kane, & Tuholski（1999）のモデルも同様である。もちろん，それぞれのモデルが想定する領域普遍の制御機能は，それが単体のものであるのか（Barrouillet & Camos, 2012），複数の制御機能から複合的に構成されているのか（Baddeley, 2012），また，そうした注意制御機能がどの程度の運用範囲をもつのか（Unsworth & Engle, 2007; Unsworth, McMillan, Brewer, & Spillers, 2012）などについて，相違点がある。しかしながら，領域普遍的な制御機能を重視する傾向は，ワーキングメモリ研究全体に見られ，そのような機能を想定しないで関連現象を説明することは困難であると考えられる。

4　学習活動におけるワーキングメモリの役割

1．ワーキングメモリと課題目標の保持

どのような学習課題においても，学習者は当該の課題に集中し，その課題関連情報に持続的に注意を向けておく必要がある。そのためには，今の課題が何であるのかという課題目標（task goal）を保持し，その目標に照らして，注意を制御しなければならない。課題目標の保持は，あらゆる合目的行動の遂行に必要不可欠であるが（たとえば，Miyake et al., 2000），これこそがワーキングメモリの重要な機能の一つである。そして，課題目標の保持と，その情報に支えられた注意制御の不全が，以下に述べるような課題無関連思考の生起要因の一つであると考えられている。

2．ワーキングメモリと課題無関連思考

学習活動中にその課題に集中できず，思考が逸脱してしまうことがある。こうした思考は，課題無関連思考（task unrelated thought）とよばれ，ワーキングメモリとの関係が指摘されてきている。

たとえば，McVay & Kane（2012）による最近の研究は，ワーキングメモリスパン課題の成績と読み理解の関係が，課題無関連思考によって媒介されている可能性があることを示している。彼らは，3つのワーキングメモリスパン課題，7つの読み理解課題，そして3つの注意制御課題を大学生の実験参加者に行わせた。また，いくつかの読み課題と注意制御課題の遂行中に，経験サンプ

リング法（experience sampling method）を用いて，課題無関連思考の生起を調べた。経験サンプリング法は，日常生活で観察される課題無関連思考を検討するために，Kane et al. (2007) によって用いられた方法であり（詳細は，齊藤，2011 を参照），被験者が実際に何かの活動を行っているときに，ランダムなタイミングで，そのときに何を考えていたのかを質問する。McVay & Kane (2012) では，ストループ課題を含む注意制御課題あるいは読みの課題の合間に，こうした質問がなされ，現在遂行中の課題ではなく，過去や未来のことを考えていた場合に，課題無関連思考が生起していたとみなされた。課題無関連思考の生起頻度は，ワーキングメモリスパン課題の得点が高い個人ほど少ないことが明らかとなった。また，ワーキングメモリの成績と読み理解の成績の間の相関が，部分的に課題無関連思考によって媒介されていることが示され，ワーキングメモリ容量が思考を制御する能力と関わっている可能性が示された。つまり，ワーキングメモリによる課題目標保持（の不全）が課題無関連思考の生起に影響を与え，そのことが読み成績の低下に影響を与えると考えられるのである（Kane & McVay, 2012）。

3. 課題無関連思考と学習活動

上記のような課題無関連思考の認知活動への影響は，実際の教育場面においても学習活動への影響という形で指摘されている。たとえば，Risko, Anderson, Sarwal, Engelhart, & Kingstone (2012) は，ビデオ提示された大学の講義を利用し，この 60 分の授業中に，開始から 5 分後，25 分後，40 分後，55 分後に課題無関連思考を査定するための質問を提示した。課題無関連思考の生起頻度は授業の後半で多く，講義内容についての記憶成績は授業の後半で低下した。課題無関連思考の生起と授業内容の記憶のこのような関係は，個人差を分析した場合にも見られ，課題無関連思考を多く報告した個人は講義内容についての記憶得点が低くなることが報告された。

4. ワーキングメモリと課題セット

先に，学習活動における課題目標の保持の重要性を指摘し，その働きはワーキングメモリによって支えられていることを述べた。とりわけ，当該の課題に

関連した情報に持続的に注意を向けるということが，課題目標保持の重要な役割であると述べたが，実際には，課題目標の役割はそれだけではない。実験室での例を考えてみる。よく利用されるストループ課題（Stroop task；展望はMacLeod, 1991）では，実験参加者は「あか」や「あお」といった色単語を文字で視覚的に提示される。これら色単語は，赤色や青色のインクで提示されるが，色単語とインクの色が一致する場合も不一致の場合もある。多くの場合，実験参加者の課題は，インクの色を命名すること（color naming）で，色単語がインクの色と不一致の場合に，反応時間が長くなりエラー率も高い。これをストループ効果とよぶ。この現象は，色単語を読むほうが，インクの色を命名するよりも習慣化しており自然な反応であることから，色命名時に色単語が干渉してくることによって起こる（Miller & Cohen, 2001 を参照）。また，「インク色の命名」という課題目標を一時的にでも利用できなくなると，単語を読んでしまうというエラー反応が起こる。これを目標無視とよぶ（Kane & Engle, 2003）。

課題目標が利用可能な状態では，我々は，自身の認知処理が，その目標に照らして効率的に機能するように準備状態を作る。この準備状態を課題セット（task set）とよぶが，課題に対する「構え」であると考えてよい。文字情報ではなく，インクの色に注目するように注意を制御し，さらに，侵入してくる文字情報を抑制して，色の名前を口頭で出力する。この一連の過程がスムーズに進むためには，刺激が提示される前から，認知システムをこの過程に向かって準備しておく必要がある。この場合，文字と色の競合を解消するという過程だけでなく，課題に特有の情報もまた準備される。たとえば，反応には色名が用いられ，数字や他の単語で反応することはない。したがって，反応の選択肢には，色だけを準備し，他の反応が起こらないようにしている。つまり，ストループ課題を遂行するためには，我々は，提示された刺激の色に注目することだけを行えばよいのではなく，一連の処理すべてが課題目標に向かって整えられている必要がある。このような課題セット（または構え）の存在は，タスクスイッチング（task switching）の研究から示され，特にその構築には，実行機能（executive function）が関わっていると考えられている（Monsell, 2003）。

ワーキングメモリによって支えられている課題目標保持は，当該の課題のた

めの課題セット，構えの構築に役立っている。そのような課題セットの生成と維持，運用が，実際の学習場面でどのように機能するのかについて検討することが，学習場面におけるワーキングメモリの役割を検討するうえで今後重要となってくると考えられる。

5 まとめ

　本章では，まず，言語情報の短期的保持に関わる最近の動向を紹介した。言語性の短期記憶は，音韻情報だけでなく，語彙的／意味的情報が関与していること，さらに視空間的な情報もまた，言語情報の短期的保持に関わっていることを示した。言語の短期記憶を考えるときには，少なくともこれらの情報の相互協調的な役割について考えておく必要があるだろう。

　さらにこうした短期的な情報保持が，何らかの処理課題の中で機能する場合，保持が処理から干渉を受けること，そうした干渉には，領域固有の側面があることも明らかとなっている。このことは，たとえば，教授学習場面における，認知負荷理論（cognitive load theory）のモダリティ効果（modality effect, Moreno & Park, 2010）などの実証的基盤となる。ここでいうモダリティ効果とは，相互に関連する複数の情報を同時に提示する場合には，単一のモダリティ（たとえば，画像提示と文字提示）を用いるよりも，2つのモダリティ（たとえば，画像提示と音声提示）を用いるほうが，ワーキングメモリの独立した2つのサブシステムを使用できるため，学習に利用できるワーキングメモリ容量が増大する，という効果である。

　処理活動もまた記憶負荷にさらされるということ，そしてその記憶負荷の影響は，領域普遍の注意制御と関わっていることが示された（Barrouillet & Camos, 2012）。こうした領域普遍の注意制御機能は，Kaneらの考える注意制御（Kane & Engle, 2003）と同等のものであり，ワーキングメモリの働きを根幹から支えるものである。課題目標の保持や，課題セットの構築，そしてそれらと関わる課題無関連思考がこの領域普遍の注意制御と関わっている。ただし，課題目標の保持，課題セットの構築も，そしてまた，課題無関連思考についても，ある状況では，言語領域固有のワーキングメモリが支えるという報告もあ

る。どのような情報がどのようにして課題目標の保持や課題セットの構築を可能にしているのか，またそのメカニズムはどのような仕組みになっているのかについての研究が今後発展していくことが期待される。

第5章

言語的短期記憶と英語の音韻学習

■1■ 言語的短期記憶と語彙獲得

1. 言葉の獲得と言語的短期記憶

　子どもが音声を聞き，その音声を正確に反復するといったごくシンプルな行為が，言葉の学習に重要な役割を果たしている。音声を反復することは，一時的に音声情報を保持する役割を担う言語的短期記憶に支えられている。実際，年少児の言語的短期記憶を測定する課題としてしばしば用いられるのが，非単語反復である。非単語反復とは，ある言語の典型的な音韻から構成された非単語（実際には存在しない単語様の音韻系列：たとえば，日本語の場合，「ヌメラケ」）を子どもに聴覚提示し，即時に口頭で反復させる課題である。単語ではなく非単語を用いることで，参加者の知識の差が課題に反映されにくく，言語的短期記憶を純粋に測定でき，加えて，課題自体の容易さから，小さな子どもでも負担を感じずに取り組める課題である。

　非単語反復の成績は，その子どもの母語における語彙習得や第二言語の語彙獲得と密接に関連していることが多くの研究から明らかになっている（Baddeley, Gathercole, Papagno, 1998; Gathercole, 2006）。3歳から6歳を対象に，非単語反復の成績と母語の語彙量との関連を調べた複数の研究によると，非言語的な能力を統制しても高い相関が見られた（偏相関はそれぞれおよそ.40から.60ほど）（Baddeley et al., 1998）。また，Gathercole, Willis, Emslie, & Baddeley（1992）は，4歳から8歳まで非単語反復と語彙の関連について縦断的な調査を行った。その結果，4歳の非単語反復の成績が1年後の語彙量を有

意に予測するが（月齢と非言語能力を統制した偏相関：.38），逆に，4歳の語彙量は，1年後の非単語反復の成績を有意に予測しなかった（偏相関：.14）。さらに，5歳児を対象に非単語反復課題ならびに人形に新奇な名前（たとえば，Pyemass）と既知の名前（たとえば，Peeter）をつけ，その名前を記憶するよう求める課題を行った研究では（Gathercole & Baddeley, 1990），非単語反復の成績の低い子どもは，高い子どもよりも，新奇な名前の学習で有意に劣っていたが，既知の名前の学習に関して両者に違いは見られなかった。同様に，Gathercole, Hitch, Service, & Martin（1997）は，5歳児に言語的短期記憶課題として非単語反復課題と数唱スパン課題を実施し，既知の単語ペア（たとえば，table-rabbit）と既知－未知の単語ペア（たとえば，fairly-bleximus）について単語を記憶するよう求めた課題を行った。その結果，言語的短期記憶の成績は，既知の単語ペアの学習との関連が低かったが（$r=.23$），既知－未知の単語ペアとの関連が高かった（$r=.63$）。つまり，非単語反復の成績は，ある発達段階の語彙量を予測し，新奇に与えられた音声情報の習得と関連することが示されている。

2. 言語的短期記憶と音韻認識

　非単語反復と密接に関連している技能が，音韻認識（phonological awareness）である。音韻認識とは，ある言語の音声の構造を分析し，音素や音節を認識し，操作することである。音韻認識の技能は，単語の音を比較し，語頭や末尾の音によって単語を分類したり，単語を音素や音節に分解したり，逆に，音素や音節から単語を混成したり，単語の特定の音素を操作したりする課題によって測定される。たとえば，「パイナップル」の語頭音は「パ」であり，語尾音は「ル」であることを認識できることである。

　音韻認識は，非単語反復と密接に関連している（Bowey, 2001; de Jong, Seveke, & van Veen, 2000）。「パイナップル」の語頭音を同定するためには，「パイナップル」の音声情報全体を言語的短期記憶に保持しながら，単語の語頭音を分析する必要があるため，音韻認識は，非単語反復と同様，言語的短期記憶に支えられているからである。音韻認識の技能は，非単語反復と同様，その言語の語彙の知識や新しい単語の習得と関連し（Bowey, 2001; de Jong et al.,

2000; Metsala, 1999），また，その言語の文字の読解能力を予測することが示されている（Castles & Coltheart, 2004）。

ただし，音韻認識は，非単語反復と関連はしているものの，別の技能であることが示唆されている（Alloway, Gathercole, Willis, & Adams, 2004）。Alloway et al.（2004）は，4歳から6歳の633名の幼児を対象に，言語的短期記憶課題(数唱スパン，単語スパン，非単語反復)，言語性ワーキングメモリ課題，非言語課題，文反復課題，そして，言語的短期記憶にかかる負荷をできるだけ減じ，音韻認識の側面のみを測定できるよう工夫した音韻認識課題（語頭子音の分析，脚韻による選択）を行い，課題間の関係について共分散構造分析を行った。その結果，非単語反復と音韻認識は，関連しているものの，異なった要素として区別したモデルが最もよくデータを説明した。

音韻認識，言語的短期記憶（非単語反復），語彙習得の関係について，Gathercole（2006）は，2つの仮説を対比しながら，それぞれの関係を説明している。一方の仮説は，音韻的敏感性仮説（Metsala, 1999），他方の仮説は，音韻的貯蔵仮説である（Baddeley et al., 1998; Gathercole, 2006）。音韻的敏感性仮説によると，ある言語における語彙の増加は，その言語の音声構造を分析する技能を発達させる。その結果，新しい単語の表象や学習が促進されるというものである。他方，音韻的貯蔵仮説によると，音韻認識または非単語反復の技能が高い者は，音声を言語的短期記憶に明瞭に保持することができる。言語的短期記憶に音声情報が正確に表象されることで，その情報はリハーサルされ，長期記憶へ転送される可能性が高まる。そのため，新しい単語の学習を効果的に行うことができると仮定する。Gathercole(2006)は，関連する研究をレビューし，音韻的貯蔵仮説のほうが有利であると示唆している。

3. 言語的短期記憶における音声の保持および音韻知識とプロソディの役割

非単語反復におけるに情報処理には，図1-5-1のような4つの段階を想定することができる（Gathercole, 2006）。第1に，提示された非単語は，聴覚器官においてその音響情報が受容され，処理される（聴覚処理）。第2に，個人の音韻認識に基づいて，非単語の音韻構造が分析され，同定される（音韻分析）。第3に，音韻貯蔵庫内で非単語の音韻表象が保持される（音韻貯蔵）。第4に，

第 5 章　言語的短期記憶と英語の音韻学習

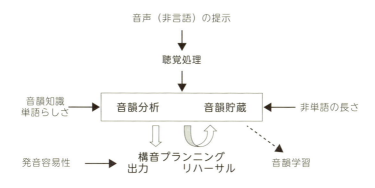

図 1-5-1　非単語反復の処理プロセス（Gathercole, 2006 に基づいて作成）

構音的なプランニングを経て，音韻貯蔵された音韻表象が発声または内的にリハーサルされる（構音プランニング）。

　第 2 の音韻分析，第 3 の音韻貯蔵，第 4 の構音プランニングは，必ずしもこの順番で進むのではなく，並列的に行われると考えられる。音韻貯蔵庫には，知覚された音声がいったん直接入力され，音韻分析を通して，非単語が認識される。同時に，構音プランニングによって発声またはリハーサルされ，音韻貯蔵庫の音韻表象は再活性化される。そして，音韻貯蔵庫に繰り返し正確に表象された音韻情報は，学習され，長期記憶に転送され，音韻知識の一部となる。

　これらの情報処理に影響を及ぼす要因が幾つかある。まず，非単語の単語らしさである。同じ非単語であっても，単語らしいものと単語らしくないものがある。たとえば，「ロサ」「ゼム」などの非単語は，「ギピ」「ゾピ」などの非単語よりも単語らしさが高く（湯澤，2010），また，日本語の新聞の言語資料を分析した調査では，それらの文字列の出現頻度が高くなっている（Tamaoka & Makioka, 2004）。出現頻度の高い音韻から構成され，単語らしさの高い非単語は，単語らしさの低い非単語よりも，反復成績が高くなる傾向がある（たとえば，Gathercole, Willis, Emslie, & Baddeley, 1991; Munson, Kurtz, &, Windsor, 2005; Vitevitch & Luce, 2005; Yuzawa & Saito, 2006）。日常生活場面において出現頻度の高い音韻は，それを含む豊富な語彙知識と精緻化された音韻知識に支えられ，非単語反復の処理における以下のプロセスに影響を及ぼす。

第1に，音韻分析である。豊富な語彙知識と精緻化された音韻知識に関連づけられた非単語（新奇語）は，より速く認識され，正確に表象される。逆に，外国語のように，対応する音韻知識のない音声を正確に認識し，表象することは難しい。第2に，構音プランニングである。豊富な語彙知識と精緻化された音韻知識に関連づけられた非単語（新奇語）は，音韻貯蔵から一部の情報が減衰してしまっても，減衰した情報を音韻知識によって補い，発声することができる。つまり，出力時に断片的な音声の記憶表象を長期記憶によって補う再構成化（redintegration）が行われる（Thorn, Gathercole, & Frankish, 1999）。

次に，非単語反復の処理プロセスに影響を及ぼす要因として，非単語のプロソディがある。プロソディは，強勢，音の高低，ポーズ，速さ，リズム，イントネーションなどの音声に付随する情報である。非単語のプロソディの特徴が反復成績に影響を及ぼすことが示されている（Chiat & Roy, 2007; Roy & Chiat, 2004; 湯澤，2002; Yuzawa & Saito, 2006; Yuzawa, Saito, Gathercole, Yuzawa, & Sekiguchi, 2011）。たとえば，Yuzawa et al.（2011）は，「ロサ」などの単語らしさの高い2文字非単語と，「ギピ」などの単語らしさの低い2文字非単語を幼児に聴覚提示し，反復させた。その際，2文字の間に，ポーズを挿入する条件とそうでない条件を設けた。その結果，ポーズの挿入は，非単語の反復を促した。また，ポーズがないと，単語らしさの高い非単語の反復成績が，低い単語のそれよりも高かったが，ポーズが挿入されると，そのような単語らしさの効果がなくなった。つまり，ポーズを入れることで音声情報が日本語として際立ち，そのことが，非単語を言語的短期記憶に保持しやすくしたといえる。

■2■ 日本語母語話者による英語の音声知覚

1．言語的短期記憶と外国語の音韻学習

前節で述べたように，子どもが音声を聞いたとき，短い時間，心にとめておきながら，繰り返すことができるといった言語的短期記憶は，母語の言葉の学習においてのみならず，外国語の言葉の学習においても，重要な役割を果たしている。外国語の非単語反復課題がその外国語の語彙習得を予測すること

(Gathercole, 2006; Masoura & Gathercole, 1999, 2005; Service, 1992) を示した研究はそれを支持する。

たとえば，聴覚提示された英語非単語 (hampent /hæm.pənt/) を子どもが正しく反復できたとする。このことは，その子どもがその音声情報をリハーサルによって言語的短期記憶の維持に成功し，結果，長期記憶へ情報を容易に転送することができたことを意味している。他方，聴覚提示された別の英語非単語 (defermication /diː.fɚː.mɪ.kéɪ.ʃn/) の一部または全部を反復できないと，その音声情報を言語的短期記憶に維持することができず，そのまま音声情報は減衰し，語彙として獲得することが困難となる。

非単語反復は，個人の言語的短期記憶の容量に制約され，defermication は，hampent よりも長いため，反復することが難しい。加えて，非単語反復は，既有の音韻知識の影響も受ける。たとえば，第二言語の非単語反復は，母語の非単語反復より難しいが，それは，第二言語の音韻知識の支えがないだけではない。母語の音韻知識が第二言語の非単語の反復を制約することがあるからである（これについては，後に詳しく述べる）。しかし，いったん，言語の語彙知識をある程度獲得すると，その知識を利用して，さらに加速的にその言語の語彙を増やすことができる。Masoura & Gathercole (2005) は，学校で第二言語として英語を平均3年間学んだギリシャ人の子ども（平均11歳）を対象に，非単語反復課題と，英語の語彙テストを行い，さらに，英語の未知の単語と絵をペアにした対連合学習課題を行った。その結果，非単語反復の成績は，英語の語彙量と密接に関連していたが，英語の新しい単語を学習するスピードは，非単語反復の成績ではなく，既存の英語の語彙量に強く影響を受けた。言語的短期記憶を通して獲得された語彙の豊かさがさらなる語彙の習得を促すといえ，言語的短期記憶が外国語の音韻学習に果たす役割は大きい。

2. 日本語母語幼児と中国語母語幼児における英語音韻習得能力

非単語反復は，言語的短期記憶に当該言語の音声情報を正確に表象し，発声する能力，すなわち当該言語の音韻習得能力を反映している (Baddeley et al., 1998; Gathercole, 2006)。このことを踏まえて，湯澤・湯澤・関口・李 (2012) は，日本語母語幼児と中国語母語幼児における英語音韻習得能力を比較するた

めに，両母語話者の幼児に対して 2 ～ 5 音節の英語非単語反復課題（Gathercole & Baddeley, 1996）を行った。その結果，日本語母語幼児では，誤反応や無反応が多く，中国語母語幼児に比べると，すべての音節を正確に反復できた完全正答数が非常に少なかった。2 ～ 5 音節各 10 個の非単語のうち，中国語母語幼児の完全正答数の平均が 3.81, 1.81, 0.71, 0.97 であるのに対して，日本語母語幼児のそれは，0.80, 0.43, 0.17, 0.11 にとどまった。このことは，中国語母語幼児に比べ，日本語母語幼児は，英語の音声情報を言語的短期記憶に正確に表象し，発声する能力が劣っていることを示唆する。

　では，なぜ日本語母語幼児は，英語の音声反復が困難なのであろうか。湯澤他（2012）は，1 非単語あたり，正しく反復できた音節の数（音節再生数）を調べた。音節再生数は，一度に，言語的短期記憶に正確に表象し，発声できた音節の数を示しているが，通常，非単語の音節の増加に伴い，音節再生数も増加する。図 1-5-2 に，日本語母語幼児と中国語母語幼児における平均音節再生数を示した。中国語母語幼児では，非単語の音節数の増加とともに，英語母語話者と同様，音節再生数が増加した。一方，日本語母語幼児の音節再生数は，中国語母語幼児のそれより一貫して少なく，しかも 3 音節で頭打ちとなった。これらのことは，日本語母語幼児が，英語の非単語反復により多くの負荷をかけるような処理を行っていることを示唆する。

　一つの可能性として日本語母語幼児が英語音声の反復に困難を示すことは，

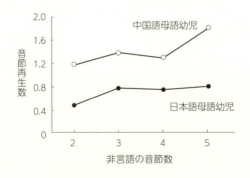

図 1-5-2　**日本語母語幼児と中国語母語幼児における英語非単語の平均音節再生数**（湯澤他，2012）

英語音声を構成する音韻が日本語のそれと異なっているため（たとえば，日本語では，/l/ と /r/ の区別がない），英語の特定の音韻を知覚・発声することに起因することが考えられる。そこで，湯澤・関口・李・湯澤（2011）は，英語の音声を構成する主要な音素を，CV という単純な音韻構造で幼児に聴覚提示し，反復再生させた。その結果，/vɪ/，/ðɪ/，/zɪ/，/lɪ/ の刺激に含まれる頭子音の反復が難しかったが，少なくとも 2 割程度の子どもが，正しく反復することができた。また，CV 音韻構造での各音素の正反応率を用いて，1 音節英単語反復の正反応率を予測したところ，1 音節英単語反復の正反応率のばらつきが説明されたのは 18% であった。このことから，英語の構成音素を知覚・発声することの難しさは，日本語母語幼児が英単語の音声を聞き取り，発声することの難しさの一部であることは確かであるが，それ以外の要因を考える必要がある。

3. 日本語の韻律が英語音声の分節化に及ぼす影響

言語には，固有のリズムがあり，英語はストレス，フランス語や中国語は音節，日本語はモーラ（拍）をリズムの単位としている。それぞれの言語の母語話者は，それらのリズムに基づいて連続的音声を分節化し，言葉として知覚する（Cutler & Norris, 1988; Cutler & Otake, 1994; Otake, Hatano, & Yoneyama, 1996）。母語の韻律的特徴は外国語の音声知覚にも影響し，日本語母語話者は，モーラ（拍）リズムによって英語などの音声を知覚することが示唆されている（Cutler & Otake, 1994; Otake et al., 1996）。

前項で述べた日本語母語幼児における英語非単語反復の困難の主要な要因として，水口・湯澤（2012），水口・湯澤・李（2013a, 2013b）は，モーラ（拍）リズムによる分節化の影響を指摘する。たとえば，1 音節英単語である help /help/ を処理する際，英語母語話者や中国語母語話者は 1 つの音のまとまりとして知覚するが，日本語母語話者は，"ヘルプ（/helupu/ または /he_l_p/ _ は間隔を示す）"のように，モーラのリズムで 3 つのまとまりに分解したうえで認識する。すると，同じ音を 1 つのまとまりとして認識するよりも，3 つのまとまりとして認識するほうが，情報量が増えてしまい，言語的短期記憶に負荷がかかる。そのため，日本語母語幼児は，複雑な音韻構造の英単語や複数の

音節構造の英単語の場合，個々の音素を認識し，それらを発声する間，短期記憶から音韻痕跡が消失してしまうのではないかと考えられる（李・湯澤・関口，2009；湯澤他，2012）。

このことを検証するために，水口・湯澤（2012），水口他（2013a, 2013b）は，日本語母語幼児，日本語母語大学生，中国語母語幼児，中国語母語大学生（中国語モノリンガル話者）に，音韻構造の異なる5つの英単語（CV，CVC，CVCV，CVCC，CVCVC：Cは子音，Vは母音）を用いた記憶スパン課題を行った。長い単語は，より大きな記憶負荷がかかり，記憶スパンが短くなるが（語長効果），表1-5-1に示すように，聞き手がモーラで分節化するか，音節で分節化するかのいずれかによって，語長効果による記憶スパンが5つの英単語で異なることが予想される。たとえば，モーラで分節化した場合，CVCとCVCVは，2つのまとまりとなるのに対して，CVCCとCVCVCは，3つのまとまりとなるため，後者のほうがより記憶負荷がかかり，記憶スパンが短くなる。結果は，表1-5-1に示したように，英語を学習していない日本語母語幼児だけでなく，6年以上英語を学習した大学生であっても，CVCCとCVCVCで構成される英単語の成績は低くなり，モーラで分節化した場合に予想されたパターンと一致した。他方で，中国語母語幼児，中国語母語大学生の場合，モーラで分節化したときのパターン，音節で分節化したときのパターンいずれとも一致せず，1音節と2音節の英単語音声を一つのまとまりで認識していることが示唆された。

表1-5-1 5種類の音韻構造の英単語における分節化数と平均記憶スパン（水口・湯澤，2012；水口他，2013a, 2013bに基づいて作成）

	CV	CVC	CVCV	CVCC	CVCVC
音素単位	2	3	4	4	5
音節単位	1	1	2	1	2
モーラ単位	1	2	2	3	3
日本語母語幼児	2.4	1.9	2.2	1.1	1.2
日本語母語大学生	3.4	2.8	2.8	2.4	2.4
中国語母語幼児	2.7	2.2	2.4	1.8	2.2
中国語母語大学生	3.4	2.6	2.6	2.5	2.5

■3■ 日本語母語幼児による英語の音韻学習

1. 多感覚音韻認識プログラム

　ここでは，前節で示した日本語母語者の英語音韻処理の特徴と課題を踏まえた年少児向けの英語音韻習得方法（多感覚音韻認識プログラムとよぶ）を実施した研究（湯澤・湯澤・関口・李・齊藤，2010）を紹介する。

　多感覚音韻認識プログラムでは，多感覚（視覚，聴覚，動作）を使い，子どもに英語の音韻を多様な方法で表現させ，子どもの音韻認識を向上させることで，英語の音韻習得能力を高めることをねらいとした。具体的に，多感覚音韻認識プログラムは，英語の音声を構成する主要な42音素について，以下の学習と活動を繰り返すことから構成される。(A) 英語の音素を文字，絵，動作に対応づけて子どもに学習させる。(B) 学習した文字，絵，動作を用いて，英語の音声（単語）を音素へ分析する活動(B-1)と，逆に，音素の系列を英語の音声（単語）へ統合（ブレンディング）する活動(B-2)を行う。音声の分析と音素の統合（ブレンディング）は，先に述べた音韻認識の技能の一部である。このような学習と活動は，知覚した音声情報（たとえば，/glɑːs/）を言語的短期記憶に保持し，長期記憶に転送するといった音韻処理プロセス（図1-5-1）において，以下の3点で有益である。(A) 英語の個々の音素（/g/, /l/, /ɑː/, /s/）を正確に発声し，認識する力の向上につながる。(B-1) /glɑːs/ に含まれる音声情報を分析し，個々の音素を正確に認識できれば，/glɑːs/ を /grɑːs/ などと明瞭に区別して短期記憶に表象し，保持することが可能になる。(B-2) /g//l//ɑː//s/ の音素から，/glɑːs/ へ素早く統合できれば，言語的短期記憶内で保持すべき情報量が減じるとともに反復（リハーサル）にかかる時間も短縮され，短くなるため，反復（リハーサル）が成功しやすくなる。このことが，音声情報をより正確に短期記憶に維持し，長期記憶へ転送しやすくなる。

　次に，多感覚音韻認識プログラムにおける上記の利点は，日本語母語幼児における英語音韻処理の以下の特徴と課題に対応している。第1に，英語の音韻の中に，日本語母語幼児にとって正しい発声が容易でないものがある。たとえば，子音の中で，/v/, /ð/, /z/, /l/, /r/ については，正しく発声できた割

合が比較的低い（湯澤他, 2011）。ただし, 少なくとも2～3割程度の子どもが, 英語母語話者が同じ音と判断するくらいに, 真似して発声することができ, 英語の音声を知覚し, 発声する基本的な能力が日本語母語幼児にあると考えられる。そのため,（A）で個々の音素を単独で発声練習すること, また,（B-1）で, 単語における他の音素とのさまざまな関係で変化する個々の音素（異音）を同一のものとして認識し, 発声練習することは, 言語的短期記憶における英語の音声の正確な表象の形成を促し, 音韻習得能力を高めることが期待される。

　第2に, 前節で示したように, 日本語母語幼児は, 英語の音声をより細かなまとまりとして知覚するため, 短期記憶に負荷がかかり, 長い英単語や複雑な音韻構造の英単語の反復が難しいことである。たとえば, 日本語母語幼児は, モーラのリズムによって, 1音節英単語 glass/glaːs/ を /gulaːsu/ または, /g_laːs_/（_ は, 間隔を示す）のように認識する。すると, /gu/（/g/）, /laː/, /su/（/s/）の3つのまとまりは, 1つのまとまりの /glaːs/ に比べて, 短期記憶に負荷がかかり, 日本語母語幼児は, 発声に失敗する。そのため, 日本語母語幼児の課題は, CCVC や CVCC のような, より複雑な音韻構造の単語を1つのまとまりとして発声する力を伸ばすことである。たとえば, 1音節英単語 glass を, 1つのまとまりである /glaːs/ と発声することである。ところが, 日本語母語幼児の場合, いったん短期記憶内に入った音声情報（/glaːs/）を, 日本語の音韻知識（"グ [gɯ]" "ラ [ra]" "ス [sɯ]"）によって再構成するため, 発声に時間がかかり, その間, 言語的短期記憶内の音声情報が減衰してしまう。そこで, /glaːs/ の発声を練習するためには, 減衰を何らかの方法で補う必要がある。そのための方法として, /glaːs/ を構成する音素（/g/, /l/, /aː/, /s/）を文字や絵などで表現し, それらの視覚的な手がかりを見せながら, 発声を練習することが, 上記の（B-2）の方法である。

2. 多感覚音韻認識プログラムの方法とその効果

　多感覚音韻認識プログラムの効果を確認するために, 幼児を対象に, 以下のようなグループを設定した。第1の多感覚認識Ⅰの子どもは, 多感覚音韻認識プログラムに基づいた活動（表1-5-2）を週1回約6か月にわたって行った。第2の音声体験の子どもは, 同じ6か月間, DVD を用いて, 英語の音素や単

表 1-5-2　多感覚音韻認識プログラムの基本活動（s, a, t に関する活動の事例）（湯澤他，2010）

区分	時間	活動内容
導入	2分	英語の歌と踊り（Hokey Pokey）
音素と絵，動作の関連づけ	15分	s の音素と絵，動作を関連づける（a, t も 1～5 の活動を行う） 1. ヘビの絵を前方の画面に投射し，英語教師がヘビのように腕をくねらせ，sss sss と発声する。一緒にヘビの真似をするように促す。 2. 幼児5人が前に出て，ヘビのお面をかぶり，腕をくねらせて，sss sss と発声し，ヘビの真似をする。他の幼児も真似をするように促す。 3. "sss, sss, snake, sss" と発声する英語母語者の女性の顔を，音声とともに，プロジェクターで幼児の前方の画面に投射する。 4. 画面の女性を真似して，全員で s の発声を行い，同時に，ヘビのように腕をくねらせる。3回繰り返す。 5. 画面のヘビの絵とともに，s の歌（Jolly songs）を流す。sss, sss のか所で，一緒に，腕をくねらせる。3回繰り返す。
音素と文字の関連づけ	12分	s の音素と文字を関連づける（a, t も 1～4 の活動を行う） 1. 英語教師が前方のホワイトボードに s の文字の書き方を示す。 2. 英語教師が，人差し指で，前方に，s の動きを大きく示す（空書）。 3. 幼児は，英語教師を真似て，s の空書を行う。 4. ワークシートの s の大きな文字を人差し指で1回なぞり，次に，小さい文字3つを色ペンでなぞる。
音声の分析	6分	音声から s, a, t を抽出する 1. 幼児は，個人用ファイルから，3枚のカードを取り出す。3枚のカードには，それぞれ，表裏に，s, a, t の文字と絵が描かれている。 2. 英語教師は，s, a, t のいずれかの音素を発声し，幼児は，発声された音素のカードを上げる。 3. 英語教師は，s, a, t のいずれかの音素が含まれた以下の英単語のいずれかを発声し，幼児は，含まれている音素のカードを上げる。 　　snake, ski, add, animal, ten, toy, miss, man, mint
音素の統合	10分	音素（s, a, t）を組み合わせて音声に統合する 1. 英語教師が文字と絵の描かれたカード（たとえば，s a t）を幼児に示す。カバーで隠した文字と絵を一つひとつ見せながら，幼児と一緒に，動作とともに，個々の音素を発声する（s, a, t）。最後に，全部の音素を続けて発声する（s a t）。このことを複数のカード（sa, ta, sat, tas）で繰り返す。 2. 幼児は，3～4人グループで，カードを1枚受け取る。幼児は，グループで文字と絵から個々の音素を発声し，統合した発声の仕方を見つける。発声ができたグループは，手を挙げ，英語教師が確認する。そのグループの幼児は，個人用ファイルにスタンプをもらい，時間があれば，新しいカードを受け取る。

語の発声，英語の歌の活動を行った。第3の多感覚認識Ⅱの子どもは，音声体験の活動（6か月）に続けて，多感覚音韻認識プログラムに基づいた活動（6か月）を行った。第4の統制の子どもは，どの活動にも参加しなかった。

表 1-5-3　1音節反復課題の音韻構造別平均正答数

群	n	CVC	CCVC	CVCC	VCC
多感覚認識Ⅰ	35	2.40	1.69	2.63	4.49
多感覚認識Ⅱ-1	9	2.33	3.33	3.89	5.44
多感覚認識Ⅱ-2	12	2.00	2.83	3.08	5.42
音声体験	9	1.56	1.22	1.22	4.00
統制	15	1.60	0.87	1.33	4.20

注：各6課題。Cは子音，Vは母音。たとえば，CVC: need，CCVC: dream，CVCC: help，VCC: ask。課題実施時，多感覚認識Ⅱ-1は，平均6歳6か月，多感覚認識Ⅱ-2は，平均5歳8か月。

表 1-5-4　非単語反復課題の平均完全正答数

群	n	正答数	SD
多感覚認識Ⅰ	32	1.34	1.47
多感覚認識Ⅱ-1	9	8.44	4.00
多感覚認識Ⅱ-2	11	5.73	4.41
音声体験	10	1.30	1.27
統制	37	1.43	1.57

注：2音節から5音節の非単語40課題。

　活動後，それぞれのグループの幼児に，英単語・非単語反復課題を行った。前節で述べたように，このような課題は，耳で聞いた音声を正確に知覚し，発声する能力，すなわち，英語の音韻習得能力を反映していると考えられる。表1-5-3と表1-5-4に，それぞれ，各グループにおける英語の1音節反復課題と非単語反復課題の平均正答数を示した。統制の子どもと比較して，音声体験の子どもは，まったく違いがなかった。それに対して，多感覚認識Ⅰでは，1音節の短い単語の成績が伸び，多感覚認識Ⅱ-2で，2～5音節の長い非単語の反復で成績が大きく伸びた。

3．小学校の外国語活動に対する示唆

　表1-5-3，表1-5-4の音声体験の結果が示唆するように，小学校の外国語活動で，単に英語の音に親しむだけでは，日本語母語児童の英語の音韻習得能力が伸びることは期待できない。日本語のモーラのリズムに基づいて，英語の音声に親しんでも，音声知覚そのものは変化しないと考えられるからである。その

ような音声知覚を変え，英語の音韻習得能力を伸ばすためには，多感覚音韻認識Ⅱのように，初学時に，英語の音に親しむと同時に，英語の音声の分析と統合を系統的に学習し，身につける必要があると考えられる。

母語に固有な音韻カテゴリーや韻律的特徴に基づいて音声を知覚することは，乳児期早期から発達する（たとえば，林，1999）。しかし，母語の音韻カテゴリーは，幼児期から児童期，さらに成人期にいたるまで徐々に発達し，子どもの母語における音韻カテゴリーの境界は，大人のそれと比べるとはっきりしていない（Hazen & Barret, 2000; Pursell, Swanson, Hedrick, & Nabelek, 2002; Walley & Flege, 1999）。実際，5，6歳の半数程度の日本語母語幼児は，耳で聞いた /l/ と /r/ の音声を正しく真似して発声できている（湯澤他，2011）。また，第二言語の習得開始の年齢とその言語の能力との関係を調べた研究の中には，少なくとも，音声の知覚や発音に関して，より早い時期に習得を始めた者のほうが，その言語の母語話者に近い能力を獲得することを示唆するものが多い（たとえば，Flege, Yeni-Komshian, & Liu, 1999; Tsukada et al., 2005）。これらのことを考慮すると，日本語固有の音声知覚が強固になる以前に，多感覚音韻認識プログラムなどの方法を用いて，英語の音声を英語本来のリズムでの知覚・発声の習得を促すことは，コミュニケーション場面での英語情報の知覚・発声を容易にさせ，ひいては，日本人のコミュニケーション能力の向上に貢献すると考えられる。日本語母語大学生の多くが6年以上の英語の学習にもかかわらず，英語の音声をモーラのリズムで知覚していることは（水口・湯澤，2012），日本人大学生が英語の聞き取りが苦手であり，他国に比べてTOEICの平均得点が低いといった事実と符合する。今後，小学校のより低学年の時期に合わせて，多感覚音韻認識プログラムなどの方法を取り入れたカリキュラム作りが求められている。

第6章
英語学習と脳機能

本章では，英語学習に関連する脳機能研究について，基礎的な知識から，最近の最前線の研究までを概観することを目的とする。特に外国語学習としての英語の学習は，間違いなく人間の脳が行っている側面であり，脳がどのように外国語，英語を学習しているのか，という知見を理解しておくことは，直接的には難しいかもしれないとはいえ，何らかの場面で役に立つことがあるかもしれない。本章では，できる限り脳機能研究や神経科学についての基礎知識をもたない者にもわかりやすいように，必要な専門用語は説明を加えながら，不要な専門用語は使わずに説明している。また，脳機能画像法の使用など，脳の観点から研究されている言語および言語学習に関する論文は，大半が英語の論文として報告・発表されている。よって，それらの論文を読む際の参考として，脳に関する部位名や用語については，英語での呼び方を付記してある。本章を通じて，現在までに英語学習について，脳機能研究分野ではどのような観点からの研究が行われており，どこまでが明らかになっており，どこからが未だ研究が行われていないのかについて，把握していただけると思う。

■ 1 ■ 脳の構造と機能

本節でははじめに，脳機能研究の基礎知識として，脳の全体的な構造についての知識と，言語に関わると想定される主な脳機能について概観する。

まず脳がある場所であるが，おおまかに頭の中，ということは誰でも知っていることと思う。では，頭の中の，どのあたりにどのように脳は存在するのだ

第6章　英語学習と脳機能

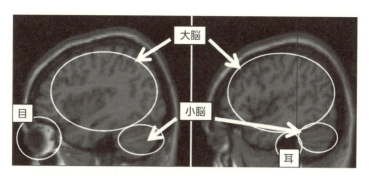

図1-6-1　脳のある場所

ろうか。答えとしては，目と耳を結んだ線の上に乗っかっている，と理解してもらえればよい（図1-6-1参照）。

　次に，脳の形態を説明する。脳のうち，人間の行動や思考，感情などの機能に関わる部分は，大脳（cerebrum）と小脳（cerebellum）である。小脳は未解明な部分が多いが，主に姿勢の調整などの運動機能の調節に関して，補足的な役割を果たすと考えられており，よって，行動や思考，感情など大部分の機能は，大脳が担っていると考えられている。また，言語に関わる機能も，大部分が大脳で行われていると考えられている（補足的に小脳も関与している可能性も示唆されている）。以下では，大脳を中心にその構造について詳しく説明する。

　大脳は，左右の半球に分かれている（図1-6-2参照）。左にある半球を左半

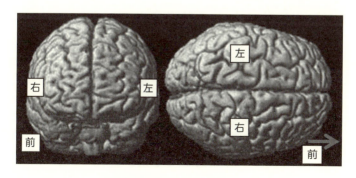

図1-6-2　大脳の全体図

球（left hemisphere），右にある半球を右半球（right hemisphere）とよぶ。図 1-6-2 の左側の図は，脳を前から見た図である。図 1-6-1 を見るとわかるように，脳の前側は目に乗っかるようになっており，目のある部分が窪んでいるような形になっている。よって，真正面から見ると，脳の後方・下側に位置する小脳が見えることになる。図 1-6-2 の右側の図は，脳を上から見た図である。きれいに左右に分かれていることがわかる。左右の大脳半球は，脳梁（corpus callosum）とよばれる神経線維の束によってつながっており，左右両半球の情報のやりとりが行われる。

　次に，各半球内の構造を説明する。左右両半球は，それぞれほぼ同じ構造をもつ。ただし，完全に同一の構造をもつわけではなく，個人差によって左右で形状が異なる場合も多い。しかし，形状は多少の差はあっても，おおまかな構造についてはほぼ同様である。以下，図 1-6-3 を参照しながら，半球内の構造の簡単な説明をする。図 1-6-3 は，左半球を左側から見た図であり，左側が前方向，右側が後ろ方向になる。図にあるように，大脳半球は大きく分けて 4 つの部分に分けられ，大脳半球の前方にあるのが，前頭葉（frontal lobe）である。その後ろ上側に位置するのが頭頂葉（parietal lobe），頭頂葉の下側，大脳半球の側面に位置するのが側頭葉（temporal lobe），一番後ろにあるのが，後頭葉（occipital lobe）である。ここでの説明は省略するが，上記 4 つの部分を物理的に決定できるランドマークが存在する。大脳の表面は大脳皮質（cerebral

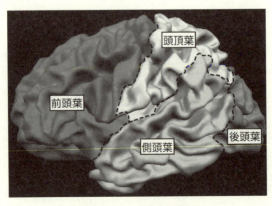

図 1-6-3　大脳半球の構造

cortex) とよばれる神経細胞群から成っており，それらは基本的に，盛り上がった部分の回(gyrus)と，へこんだ部分の溝(sulcus)からできている。この回と溝をランドマークとして，上記4つの部分を分けることができる。これらのランドマークは，多少の個人差によるばらつきはあるものの，ほぼすべての人間に対し，適用できるものになっている。

　4つの部分の分け方がわかったところで，さらに細かい脳の構造についてみて行きたい。ただし，言語に関わる基礎知識としては，脳すべての構造を理解する必要はないため，ここでは必要な部分のみを説明するにとどめる。図1-6-4では，前頭葉・側頭葉・頭頂葉のうち，言語に強い関わりがあると考えられている部位のみを四角で囲っている。脳の細かな構造は，先程説明した大脳皮質の構造と同様に，回と溝をランドマークとして位置関係からラベリングするという方法と基本的に同様である。まず前頭葉から見ていこう。図1-6-4の前頭葉には，四角で囲った部分が3つある。上から，SUP FRONTAL GYRUS, MIDDLE FRONTAL GYRUS, INF FRONTAL GYRUS とある。これらは正式には，上前頭回(superior frontal gyrus)，中前頭回(middle frontal gyrus)，下前頭回(inferior frontal gyrus)である。前頭葉にある，上側の回が上前頭回，真ん中が中前頭回，下側が下前頭回であり，それぞれの

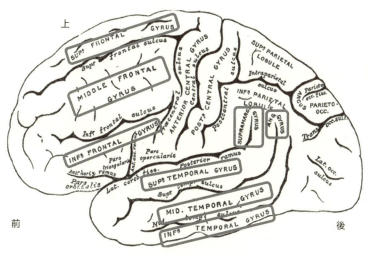

図1-6-4　大脳上の地図

間に溝がある。非常にシンプルなラベルの付け方になっている。これは側頭葉も同様である。図1-6-4の側頭葉にも3つ四角で囲った部分があり，それぞれ上から，上側頭回（superior temporal gyrus），中側頭回（middle temporal gyrus），下側頭回（inferior temporal gyrus）となる。ただ，このルール通りではない部位もある。頭頂葉にある四角で囲まれた2つの部位を見てもらいたい。前側にあるのが縁上回（supramarginal gyrus），後ろ側が角回（angular gyrus）である。

次に，大脳半球における部位のもつ機能について，基礎的な部分を説明する。現在，ほぼ間違いないと考えられている知見のうち，言語機能に関連すると考えられる部位としては，視覚情報の処理を行う視覚野，聴覚情報の処理を行う聴覚野，運動機能の制御を行う運動野がある。図1-6-5で示したように，視覚・聴覚・運動の機能は，それぞれ，脳内での局所的な部位が担当していることがわかっている。視覚野は基本的に後頭葉，聴覚野は上側頭回の上部のうちの一部分，運動野は前頭葉の後方に位置する。

脳の構造と機能についての基礎知識として最後に，古典的に言語機能が存在すると考えられてきた脳部位について紹介する。もともとは失語症の症例研究

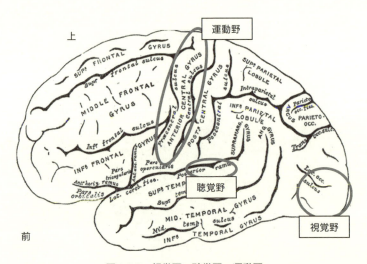

図1-6-5　視覚野・聴覚野・運動野

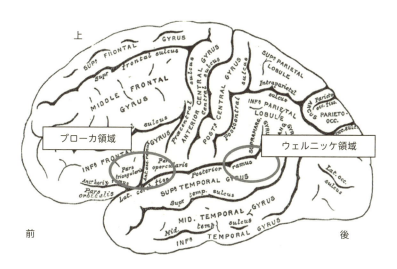

図 1-6-6 （古典的）言語野：ブローカ領域とウェルニッケ領域

にて報告されたことがきっかけで，言語機能のうちの産出に関わるとされたブローカ領域（Broca's area）と，言語理解に関わるとされたウェルニッケ領域（Wernicke's area）である。ブローカ領域は，前頭葉の中の下前頭回のうちの一部分，ウェルニッケ領域は上側頭回の後方の一部分を指す（図 1-6-6）。

　以上が基本的な脳の構造と機能についての説明となる。非常に基礎的な部分のみの説明のため，全体を詳しく説明はできなかったが，言語および言語学習に関する脳機能研究を理解するうえでの必要最低限の知識はカバーできていると思われる。

2 脳機能計測法

　本節では，次節で紹介する日本人英語学習者を対象とした脳機能研究に用いられている脳機能計測法について，簡単に説明する。

　大きく分けると，脳機能を測定する装置は 2 つに分類できる。一つは，脳波計（Electroencephalography: EEG）と脳磁図（Magnetoencephalography: MEG）といった，脳内の神経細胞が活動する際に発する電気的な信号を直接

計測する方法である。これらはどちらも，脳の外側の頭表上にセンサーを配置し，脳の外側から信号を計測する。神経活動そのものの信号を収集できるため，神経活動がいつ起こったのか，についての時間的な情報は非常に正確に測定できる。ただし，これらはどちらも脳の外，頭表上の信号をとらえることしかできないため，脳の深部の情報が得られず，神経活動が脳のどの場所で起こったのか，についての情報は正確には測定することが難しい（ただし，統計的な推定のための方法論はいくつか提案されている）。

一方，機能的磁気共鳴画像法（functional magnetic resonance imaging: fMRI）や，(Positron Emission Tomography: PET）といった，神経細胞の活動に付随して生じる血流などの代謝による脳内の信号変化をとらえる方法がある。神経細胞の活動が起こる際に，活動に必要なエネルギーを神経細胞まで運ぶために，血流などの変化が脳内で生じる。その血流の集まり具合，分散具合を信号として収集する。この方法では，血流などの変化が生じた空間的な情報を正確に特定できるため，脳のどの場所で活動が生じたのかを明らかにすることに優れている。しかしながら，神経活動そのものではなく，それに付随する血流の変化をとらえるため，神経活動が生じた時間についての情報はほとんど得ることができない。

簡単な説明ではあったが，要約すると，神経活動の時間を特定することに優れたEEG・MEGと，神経活動が生じた場所を特定することに優れたfMRI・PET，というふうに考えればよい。以上の脳機能測定法を複数組み合わせることにより，脳内での神経活動の時間的・空間的双方の情報を収集することができ，人間の言語を含む認知機能に関わる処理について，脳がいつどこで活動を生じさせているかを明らかにできる。ここでは最低限の基礎知識のみを説明するにとどめたため，興味をもった方は，言語研究に関連する脳の構造・機能や，脳機能計測法などの知識をより詳細に説明した入門書として，横山（2010）などを参照するとよい。

■ 3 ■ 日本人英語学習者を対象とした脳機能研究

本節では，ここ10年以内に行われてきた，日本語を母語とする英語学習者

に関する脳機能研究のうち，重要な知見を含むものを4つ紹介する。はじめに，母語と外国語は脳内でどの場所が使われているのか，すなわち，母語としての日本語と外国語としての英語は脳内での使われる部位が同じかどうか，を扱った論文（Yokoyama et al., 2006），2つ目に，外国語としての英語を使用中の脳は，習熟度が変わることで活動の仕方が変わるのかどうか，変わるならどう変わるのか，を扱った論文（Ojima, Nakata, & Kakigi, 2005），3つ目に，日本人の子どもの脳において，英単語の理解がどのように学習されていくのか，を扱った論文（Ojima, Matsuba-Kurita, Nakamura, Hoshino, & Hagiwara, 2011; Ojima, Nakamura, Matsuba-Kurita, Hoshino, & Hagiwara, 2011），最後に，日本人英語学習者に英文法を教える前と教えたあとでどのような脳内での変化が見られるか，を扱った論文（Yusa et al., 2011），以上4つの論文を順に説明する。

1．母語の日本語と外国語の英語は脳内での使われる部位が同じかどうか

この論文は，英語教育というよりも，バイリンガルを対象とした認知神経科学（cognitive neuroscience）の分野における研究テーマである，という背景がある。そもそも外国語学習者を含むバイリンガル研究では，子どもの頃から（年齢は未だ特定されていないが）2つの言語を習得した early bilingual の脳が特殊であるという考え方があった。実際，fMRIやPETなどの計測法では，early bilingual は，2つの言語がどれほど言語学的に異なる特徴をもつ言語であっても（たとえば，英語と中国語など），2つの言語を使っているときの脳活動は同じである，という結果が出ている（Chee et al., 1999; Wartenburger et al., 2003 など）。一方，12〜13歳あたり以降に2つ目の言語を学び始めたバイリンガルを late bilingual とよぶ。基本的に日本での英語学習者の大半は late bilingual にあてはまる。late bilingual では，母語と外国語は使っている脳部位が異なるとする結果がいくつか出ている（たとえば，Perani et al., 1998 など）。

ここでははじめに，late bilingual である日本人英語学習者（大学生）を対象に，日本語と英語の文を読んでいるときの脳活動を fMRI で撮像し，日英語を読んでいるときに活動した脳部位の違いを明らかにした論文，Yokoyama et al.（2006）を紹介する。実際には日本語・英語それぞれに能動文・受動文を用

意し，それを読んだ後，その文が意味的におかしくないかどうかを判断し，回答をボタン押しで行う課題であった。例文としては，「その少年が魚を料理した」「The boy was cooked by the fish」といった形の文である。これらの例では，前者は日本語の能動文の例で，回答としては「意味的に正しい」と判断する。後者は英語の受動文の例で，回答としては「意味的におかしい」と判断する。

　結果として，日本語と英語を読んでいるときを直接比較すると，使っている脳部位には違いがなかった。つまり，脳内では late bilingual であっても母語と外国語（ここでは日本語と英語）は，同じ脳部位が使われていることになる。この点がこの論文の一つの大きな知見であり，この論文以降，early ／ late にかかわらず，bilingual の脳内では，母語も外国語も同じ脳部位を使っている，という考え方が主流となってきた（たとえば，論文としては Crinion et al., 2006；教科書としては Traxler, 2012 などを参照）。

　一方，能動文と受動文の比較については，日本語と英語とで脳活動パターンが異なった。ここでは詳細な説明を省くが，この得られた結果から，日本語・英語は使っている脳部位自体は同じであるものの，受動文の理解を行う際には，活動の変化が生じる部位が，日本語と英語とで異なっていた。つまり，同じ脳部位が活動をしているものの，いつその活動が強まるのか，という点に関しては，日本語と英語とで異なった，ということである。

　この論文で証明されたことはここまでであるが，得られたデータの解釈・可能性については，日本語と英語の表層上の言語構造の違いが，能動・受動における脳活動の違いに現れたのではないか，と説明している。つまり，日本語は格助詞を使い，動詞が文の最後に来るのに対し，英語は語順を使い，主語と動詞で一致が生じ，動詞が主語の次に現れる，といった違いである。これらの違いが，文を理解する際の手続きにおいて異なる側面があり，その違いが脳活動に反映されている可能性がある。このような考え方は，他の実験系バイリンガル論文（たとえば，Jeong et al., 2007）や，文理解モデル（Bornkessel & Schlesewsky, 2006, Yokoyama, Yoshimoto, & Kawashima, 2012 など）においても一致する見解が示されてきつつある。

2. 習熟度が変わることで脳活動も変わるか，変わるならどう変わるか

　外国語としての英語を扱う場合，最も重要な観点のうちの一つとして，習熟度，という側面がある。ある意味，英語教育に関連する研究は，基本的に習熟度を効果的にあげるには，どうすればよいか，ということを常に考えることになると思われる。そういう意味で習熟度は，脳機能測定法を用いた英語学習研究の最も重要なテーマであるといえる。そのような背景の中，Ojima et al. (2005) は，脳波計を用いた event-related potential という生理学的な指標を用いて，英語ネイティブスピーカー，日本人上級英語学習者，日本人中級英語学習者の3群に対して，文理解における文法判断課題と意味判断課題を行い，3群間での脳内での反応に違いがあるかどうかを調べた。

　結果として，意味判断課題については，英語ネイティブ・上級者・中級者ともに，刺激提示時から400ms（ミリ秒）後に陰性波として検出されるN400という成分が検出された。このN400とは，母語の文理解において意味処理に関係するという報告が多数あるものである。ただしこの論文で見られたN400は，現れる時間について，3群で違いが見られた。一方，文法判断課題では，英語ネイティブには left anterior negativity (LAN) とよばれる，左半球側に現れる陰性波と，P600とよばれる，刺激提示後600ms後に現れる陽性波が検出された。上級者では，left anterior negativity が見られたものの，P600 は見られなかった。中級者では，上記の2つとも見られなかった。このLANとP600という成分は，母語の文理解において文法的な処理を行う際に現れるものとして報告されている。

　得られた結果，および先行研究で報告されている結果と合わせて考えると，日本人の英語文理解において，意味は中級・上級およびネイティブのどの群も同じN400成分が見られたことから，脳内で行われている認知処理としてはほぼ同じものが存在しているのではないか，といえる。一方，文法の処理については，中級ではネイティブで観察されたLANとP600が見られなかったことから，ネイティブで行われているはずの文法処理は中級レベルでは行われていない，つまりは，脳内では異なる認知処理が行われている可能性が高い。また，上級ではLANが観察されたものの，P600が見られなかったことから，LANに反映される文法処理はネイティブと同じ処理を行えている一方，P600に反

映される文法処理は行うことができていない、ということになると思われる。これらの結果より、習熟度の違いが、脳内で行うことができる認知処理の違いと関係しており、それが脳反応として計測できる、ということが明らかになったことになる。

3. 子どもの英語学習

近年，日本では小学校から英語学習を始めたほうがよい，ということから，小学校での英語教育導入が始まってきている。しかし実は，外国語を早くから学習したほうがよい，ということに対して，特に日本人の英語教育に対しては，科学的な方法論による実証的なデータは存在しなかった。よって，なぜ小学校からの英語教育を導入しよう，という話になってきたのかは明らかではないが，最近，日本でも大規模な科学的研究がやっと行われた。その成果が，Ojima, Nakamura et al.（2011）および Ojima, Matsuba-Kurita et al.（2011）の論文で報告されている。

まず Ojima, Nakamura et al.（2010）では，小学生の児童322人を対象に，英単語の学習・習熟過程を3年間追った実験研究である。行った実験は，脳波計を用いて，絵と英単語のペアが，意味的に正しい組み合わせであるかどうかを判断させた課題中の脳活動を測定するものであった。結果として，習熟度が上がっていくに従って，N400 や late positive comonent といった，母語の単語理解で観察される成分が観察されるようになってくる，という結果となった。また，英単語の学習に関しては，母語での単語の習熟過程と同じ順序での習熟過程を辿る，ということも明らかになった。

次に Ojima, Matsuba-Kurita et al.（2011）であるが，この論文は非常に早期英語教育に対する意味のある結果を提示している。この論文では，350人の小学生の児童を対象に，Ojima, Nakamura et al.（2010）と同様に英単語学習の習熟過程を実証的に調べた研究であるが，「英語に触れる時間」と「英語に触れ始めた年齢」，という2つの要素が，英単語学習にどのように影響を及ぼすか，ということを，脳波計による脳活動の測定によって検証した。結果として，「英語に触れる時間」は，大方の予想通り，より長く「英語に触れた」ほうが習熟度もより上昇し，かつ，英単語理解時の脳活動も，N400 の成分の強さが強まる，

という結果となった。これは，長く英語に触れるほうがよりよい，ということを証明したものである。一方，「英語に触れ始める年齢」については，年齢が遅いほど，習熟度がより上昇し，N400の強さも強くなる，という結果となった。つまり，「日本人の英語学習における英単語学習に限れば，英語に触れる年齢は遅いほうが，より習熟度が高まり，脳内での英単語処理もより適切なものになる」ということを証明したことになる。ただし，上記で述べたように，この結果は英単語学習についてのみの結果である。よって，文法や音韻など，別の側面についての研究は，別途結果を待つ必要がある。しかしながら，少なくとも，英語学習は早ければ早いほうがよい，という意見に対し，すべてが早ければよい，というわけではない，という実証的データを報告したという点で，本論文は今後早期英語教育に対して大きな影響をもつ可能性がある。

4. 日本人英語学習者への文法教育効果

最後に，日本人大学生に英語の文法を直接教えたことによる効果に対し，fMRIによって脳活動の撮像を行った実験研究を紹介する。Yusa et al. (2011) では，日本人の大学生が知らないと思われる英語の文法 (Negative Inversion: NI) を，直接大学生に教える直前と直後の脳活動の比較を行い，その教育効果を検証したものである。NIとは，否定の副詞を強調する際に，たとえばI will never eat suchi という文を強調する際にneverを文頭にもってくると，必ず疑問文的な語順，つまり，Never will I eat sushi，というように，willなどの助動詞がneverの後ろに置かれる語順になる，というものである。さらに実験上，NIを含む単文のみを用いた文法教育を行った一方，fMRIによる実験では，NIを含む単文（上述した例のような文）と関係節を飛び越える形でのNIを含む複文（たとえば，Never are those students who are very smart silent in class）の両方を用いた実験刺激を用いた。つまり，関係節を飛び越える形のNIについては，直接は教育を行っていないことになり，そのような場合にも，短文レベルでの教育効果が見られるか，教えた以上の文法項目を学習者が学習できるか，という側面も検証している（詳しい説明はYusa et al., 2011を参照）。実験では被験者群を2群に分けて，一方を教育を行った群，もう一方を教育をまったく行わなかった群，として，その群間比較も行った。そ

の結果明らかになったことは，教育を行った群は単文での教育効果があり，かつ複文においても学習効果が見られた，ということであった。一方，教育を行わなかった群では，NIに関する学習効果は見られなかった。また，教育効果に対応する脳活動の変化としては，文法の処理や習得に関わるとされるブローカ領域内で2か所活動の変化が見られた領域が特定された。一方では単文処理課題において，教育後に教育した群のみ活動が下がり，かつ複文処理課題において教育後に教育した群のみ活動が上がった（脳内の座標における-46, 16, 24の位置）。もう一方では，単文時には変化がなかったものの，複文時にのみ活動が上がった（脳内の座標における-48, 18, 18の位置）。

結果から言えることは，文法項目を教育した場合，教えた項目だけでなく，教えた以上の項目も学習できる可能性がある，ということ，および，その学習効果は，脳内でのブローカ領域において，活動の変化として観察される，ということである。このような教育による介入効果を，教育の前後で脳機能データによって評価する，という実験方法は，言語教育における脳機能計測法の応用という面で，今後研究が進んでいく分野であると思われる。

■4■ 結語

本章では，現時点までで得られている，脳機能計測法を用いた英語教育関連の重要な知見について紹介した。ただし，ここで紹介した以外の実験研究も複数存在しており，すべてを網羅できたわけではない。しかし，現状で得られている認知神経科学からの日本での英語教育に対する知見は，基本的にここで紹介した知見と矛盾したものはない。逆に言えば，現時点で日本人に対する英語教育において，信用できる認知神経科学からの知見としては，ここで紹介した内容以上のものは，ほぼ存在しないと言っても過言ではない。英語教育の教材開発において，たとえば外国語は母語と同じような環境で学習することにより，脳内で英語脳が鍛えられる，といった仮説や，外国語は子どものうちから学習させることで，英語脳を育てることができる，といった仮説を信じて作成されたものがあったりするが，それらは実証的なデータをもっているものではないことが多い。もしくは，海外では研究があるのかもしれないが，日本人の英語

教育に対する実証的なデータは存在しないことが多いと思われる。なぜなら，脳の観点から研究された知見は，本章で紹介したものがほとんどであるからである。さまざまな情報が氾濫してしまっている現代では，適切な情報の取捨選択という意味で，教育側も学習側も，見る目を養う必要があると思われる。

Part 2

英語教育学（外国語習得）の諸研究

Part 2 はじめに

認知心理学の理論的枠組みに基づく英語教育学の研究

　ここでは，Part 1 の認知心理学の理論研究を応用すべく英語教育学の立場で日本人の英語学習者に調査を行い，その科学的データに基づく研究を紹介している。章の配列としては，小学生（低学年）から大学生までの順番で認知発達段階に即した流れとなっている。

　第1章では，小学校での外国語（英語）活動を経験している全学年児童を対象にワーキングメモリ内のメカニズムの特徴を調査している。一般的に小学校英語の研究は，高学年を対象に「英語の音声に慣れ親しむ」ことを前提としていることから，情意面に焦点を当てたものが多い中にあって，本研究は認知心理学のミクロな視点から多様な言語処理の特徴を明らかにし，認知発達段階を配慮した指導の重要性を紹介している。

　第2章は，小学校で外国語（英語）活動を経験した小学5年生から中学3年生を対象に，ワーキングメモリ内の実行機能に焦点を当て，母語（日本語）および外国語（英語）の注意力および言語習得の自動化を，ストループおよび逆ストループテストを用い調査している。母語と外国語（英語）の認知発達段階の特徴および外国語活動の実施に伴う小学校と中学校の接続を考慮するうえで有意義であるばかりでなく，この実験デザインによる調査は前例がないことから貴重な基礎データを提供している。

　第3章は，高校生がスピーキング活動を行う際に，タスクの繰り返しに伴う学習者の注意焦点の変化を調査している。筆者（森氏）はタスクの繰り返しによって，注意を向ける3種類の特徴（流暢さ，正確さ，複雑さ）において，2つの学習集団，つまり，これら3つすべてに注意を向ける集団（全体の4分の3）と2つにのみ（流暢さ，複雑さ）に注意を向ける集団（全体の4分の1）の存在を報告している。いずれも，有限なワーキングメモリ容量における言語処理の効率化を図ることの重要性を主張しており，英語指導において練習を繰り返

す意義を意識していない教員が多い状況にあって，今回のデータの変容は非常に説得力をもっている。今後さらに重視されてくるスピーキング指導のあり方に一石を投じる興味深い研究である。

　第4章は，大学1年生を対象とした16回にわたる必修科目の英語の授業において，指導の前後で学習成果に関連が深いとされる学習観・動機づけ・学習方略について個人差を把握するとともに，学習を促進させる介入について調査を行っている。筆者（前田氏）は，調査後の課題として，学習者が学校の英語教育の中で過去6年以上もの間に培われた学習観・動機づけ・学習方略への本調査の介入の程度が限定的で，介入期間も短いと指摘しているが，1回のみの実証的研究が多い現状にあって，一定の期間の指導に基づく英語習熟度や英語学習に関する個人差の変容を詳細に探っている点は，英語指導のあり方を考慮するうえできわめて貴重であり，注目に値する。

　第5章は，大学生が英語のリスニングを行う際にいだく不安とその対処方略の指導プログラムの提案を行っている。筆者（野呂氏）は，リスニング不安の影響に関する長年のデータ研究に基づき，リスニングにおける不安の対処方法の重要性として特に次の2つを提案している。(1) リスニング方略の開発と指導を行い，自動化を図ることで有限なワーキングメモリ容量内での言語処理の効率化を目指す。(2)リスニングにおける学習者の不安を回避するのではなく，学習者に適度な不安を経験させ，不安耐性を強化することで対処方略を促す。いずれも負の要因をプラスに転じる点でたいへん興味深い。

　第6章は，大学生に対しフォーカス・オン・フォームに関してインプット中心（インプット群）およびアウトプット中心（アウトプット群）の2条件がもたらす言語学習ならびに内容理解への効果を調査している。筆者（鈴木氏・板垣氏）は，言語学習への効果に関して指導後の受動態の伸びは両群ともに差がなく，インプットやアウトプットの回数の重要性を主張している。また，内容理解への効果に関してアウトプット群がインプット群よりも読解内容の理解が低い結果となった解釈として，アウトプット課題は言語（文法）と内容（意味）の両方に十分な注意を払うことができない注意容量の限界仮説をあげている。これらの言語学習と内容理解のトレードオフは先行研究が少ないだけにたいへん興味深い結果である。

第7章は，大学生の英単語学習過程における「記銘（覚える）」と「想起（思い出す）」のそれぞれの有効な方略として，記銘過程および想起過程において2種類（「リスト」と「文脈」）の条件に基づく4通りの実験条件で設定し，想起に際し直後テストと2週間後の遅延テストを4つの同条件で比較検討している。筆者（板垣氏たち）は，記銘方略に関して直後テストではリスト記銘が優位であり，遅延テストでは2種類の記銘に差異がなく，想起方略に関して直後および遅延テストともに文脈想起が有意と報告し，平易な英文を多読することで学習途上の単語の意味を想起し，語彙の定着につながるとの興味深い教育的示唆を主張している。

　第8章は，ワーキングメモリにおける音声言語の産出において，教科として初めて学習する中学生への指導経験や実験調査を行った大学生および大学院生の英語に関する発音の明瞭度，理解（聴解）に焦点を当てて議論している。筆者（三浦氏）は，リスニングの維持に必要な要素として，英語力，認知制御能力，L2の学習開始年齢および学習期間および普段の4技能（読む，書く，聞く，話す）の接触量との因果関係を調査するとともに，発音やリスニングの指導に関して認知心理学の視点から，その応用を提案している点が非常に興味深い。音声指導に際し学習者のワーキングメモリ内の特徴を理解して行うことの重要性を問う内容となっている。

　第9章は，大学生の英語に関する語彙処理プロセスと習熟度に関して脳磁図（MEG）を駆使した実証的研究を行っている。筆者（千葉氏）は，語彙判断課題，意味判断課題および英語習熟度テストを行い，バイリンガル語彙処理のモデルである改訂版階層モデル（Kroll & Stewart, 1994）をもとに初級学習者と上級学習者の語彙処理の違いとして，新たな視点を加えている点は高く評価できる。特に人文系の研究者が脳科学の実証的研究に取り組む困難さに筆者も触れているが，今後，複合領域の分野で協力し，脳科学の知見が英語教育の実践および言語政策の設定に対し重要な指標として展開していくことを大いに期待したい。

　以上，Part 2はPart 1の認知心理学の記憶に関する理論研究を英語教育学への慎重な応用を目指し科学的データに基づく基礎的研究を中心とするそれぞれの研究者にご執筆いただいた。さらに，それぞれの章で理論の枠組みに関係

のある認知心理学者に英語教育学へのコメントとして論評と今後の課題を述べていただいた。

　コメントは，認知心理学と英語教育学の両分野の専門家の交わりとして位置づけており，基礎研究とその応用研究調査の統合化（歩み寄り）が今後さらに盛んになることを願ってやまない次第である。

第 1 章

佐久間康之

Cognitive Features of Working Memory
in Elementary School Students Participating in Foreign Language Activities

小学校全学年の外国語活動経験者の
ワーキングメモリ内の認知的特徴

1 はじめに

　文部科学省の学習指導要領の改訂に伴い，2011年度から小学校の外国語活動が必修化となり，小学5，6年生には各学年，年間35時間，クラス担任が中心となり小学校英語を活動として実施している。この計画の目標は「コミュニケーション能力の素地づくり」を中心に「外国語を通じて，言語や文化について体験的に理解を深め，積極的にコミュニケーションを図ろうとする態度の育成を図り，外国語の音声や基本的な表現に慣れ親しませながら，コミュニケーション能力の素地を養う」（文部科学省，2008）ことである。聞くことや話すことを中心としており，読む，書くといった文字による積極的な活動を求めてはおらず，明確な言語的知識の定着も求めていない。言語（英語）自体の目標は，日常生活における基本的単語，語句および表現を使用してコミュニケーションを図ろうとする英語能力の素地を養うことにある●注1。

　外国語活動の先行研究は，リカートスケールによるアンケート調査を使用し情意的側面を調査したものが大半であり，英語熟達度の効果に焦点を当てた調査は少なく，認知メカニズムの視点から数量的データによる外国語活動の影響に関する研究はほとんどないに等しい。このような調査の現状は，外国語活動が前述のとおり，英語の音声に慣れ親しむにすぎず，明示的な言語知識の習得といった意識的学習を求められていないことに大きく起因している。外国語活

動における言語的刺激は，基本的かつ日常生活で頻度の高い語彙を音声入力される程度で，この言語的知識を意識的に正確に記憶する行為を求めているわけではない。外国語活動は，英語とはいえ，中学校以上の教科としての英語指導とは「似て非なるもの」である。このことから，外国語活動自体による英語習得への直接的な影響力はきわめて小さいといえる。したがって，外国語活動の影響に関する調査として，高頻度で普段の学校生活で意識的または無意識的に接触する言語刺激に基づく音声の聴き取りや基本的語彙の処理に関する微視的レベルの基礎的データを収集することが妥当といえる。さらに，小学生の認知能力は成人学習者とは異なり，大きな認知発達の段階にあることから，認知メカニズムの特徴を踏まえた調査研究ならびにそれに基づく指導を実施することがきわめて重要である。

　本稿では，外国語活動に参加している小学生の全学年を対象に，言語習得に必要不可欠な記憶メカニズムであるワーキングメモリ（working memory：以下 WM）のモデル（Baddeley, Allen, & Hitch, 2011）に基づき，英語リスニング能力および母語（日本語）と英語（外国語）の認知能力の特徴について調査した Sakuma（2011）のデータをもとに新たな考察を加えていく。紙幅の制限から記述統計を示すにとどめるので，考察で触れられる詳細なデータは Sakuma（2011）を参照していただきたい。

2　外国語活動における WM モデル（2011）の役割

　音声言語情報の理解は，情報を時系列的に受け取り，以前の情報は後続の情報に取って代わられ瞬時に旧情報となるが，前出の情報を一時的に貯蔵しておくことで，後続の情報の塊を理解することが可能となる。図 2-1-1 の WM のモデル（Baddeley et al., 2011）はこの言語理解のプロセスを示している。WM は，私たちがある特定の情報を瞬時に処理する際に，新たな情報を単純に一時的に保持するだけでなく，長期記憶（long-term memory: LTM）に貯蔵されているさまざまな情報（統語構造，音韻構造，ロジック，視覚的意味等）を有効に検索利用することで，効率的な情報処理を可能にしている。私たちは言語を聴く際に，未知の単語，句，表現もしくはトピックに遭遇すると，LTM か

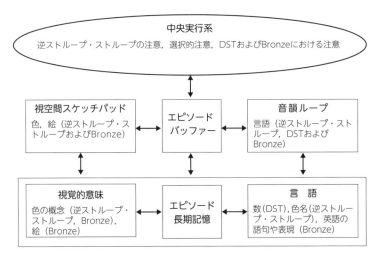

図 2-1-1　WM モデル（Baddeley et al., 2011）に基づく本研究のテストの位置づけ

注：各名称の下の情報は本調査で使用したテストの刺激の位置づけを著者が示したものである。なお，Sakuma（2011）に掲載の WM モデルは Baddeley（2000）に基づくものであるが，本稿では Baddeley et al.（2011）のモデルをもとに示していく。基本的に本調査のテストの位置づけが変わるものではない。Baddeley（2000）と Baddeley et al.（2011）の違いは，2つのサブシステム（音韻ループおよび視空間スケッチパッド）の機能が中央実行系といかにリンクするかである。Baddeley（2000）は，これらの2つの機能が中央実行系と直接的にリンクすると想定していたが，Baddeley et al.（2011）では，これらのサブシステムの中央実行系との直接的リンクが排除され，これら2つの機能の意識的なアクセスはエピソード・バッファーを介在してのみ可能と想定されている。

ら既存の知識を総合的に検索し意味を推測していく作業を行っている。「中央実行系（central executive: CE）」は注意を統制し，貯蔵と心的処理との円滑な調整に関与してあらゆる精神活動に関わっており，WM の中でもとても重要な構成要素であり（Gathercole & Alloway, 2008），特に，情報を意識的に抑制する働きは記憶の適切な機能にとって必要不可欠である（齊藤，2009）。言語的短期記憶（verbal short-term memory: verbal STM）として知られている音韻ループ（phonological loop）は，言語習得や数字，単語や文のような言葉で表現され得る情報の貯蔵に重要な役割を果たしている。言語的短期記憶には2つの構成要素，すなわち「音韻的貯蔵（phonological store）」と「構音制

御（articulatory control）」があると想定されている。前者は記憶痕跡が消失する前に数秒間での音韻情報の保持に関わっており，後者は貯蔵から引き続き検索され，構音により復元される構音リハーサルプロセスである（Pickering, 2006）。WM の3つの主要な機能である言語的短期記憶（verbal STM），中央実行系（CE）および視空間的短期記憶（visuo-spatial short-term memory: visuo-spatial STM）は5～11歳の間に急速に増加し，15歳まで緩やかではあるが有意に増加し，成人レベルに到達する（Gathercole & Alloway, 2008）と指摘されている。

1. WM モデルにおけるリスニング能力と認知能力の位置づけ

本調査では，前述（1節）のとおり，聴解と語彙の測定に使用されるテストの刺激（言語）は，高頻度で，普段の学校生活での言葉のやりとりで意識的または無意識的に習得され得るものを含んでいる。使用した3つのテストの言語情報の特徴は次のとおりである。児童英検●注2 ブロンズ（Bronze）は小学生の英語リスニング能力を測定するテストで3種類ある「児童英検」のうちで最も基礎的レベルである。言語材料は基本的語（句）や表現に焦点が当てられている。デジット・スパン・テスト（DST）は基数（1～9と0）である。ストループ・テスト（ST）や逆ストループ・テスト（R-ST）は5種類の色名（日本語版では平仮名で「あか」「あお」「みどり」「きいろ」「くろ」と表記，英語版ではアルファベットで "blue" "red" "green" "yellow" "black" と表記）である。これらのテストの語彙および形式は，活動として英語に親しんでいる児童にとって，馴染みのある基本的なレベルのものであり，WM モデル内の LTM に既存するものであり，情報の検索や処理において適切なものと判断した。

①児童英検ブロンズ（Bronze）

児童英検のブロンズは小学生のリスニング能力を測定するためのもので，解答は絵を含む多肢選択である。このテストは主に（1）語と句（words and phrases: W&P），（2）会話（conversations: C），（3）文（sentences: Ss）といった3つのセクションから構成されている。これらのテストを処理する際に関わる WM の構成要素として，言語習得に関わる「音韻ループ」，情報への

注意に関わる「中央実行系」，LTM 内の言語情報，さらに多肢選択項目に含まれる絵を認識するプロセスにおいて「視空間スケッチパッド（visuo-spatial sketchpad）」や LTM 内の「視覚的意味（visual semantics）」も非常に重要であると考えられる。児童英検は全項目が必ずしも外国語活動で取り扱う既習事項とは限らないが，文法を正確に理解できていなくても英語の語句の聴き取りができれば解答しやすい問題で，小学校英語のテストとしては受験生が多いため，他の小学生との比較もしやすい利点も兼ね備えている。

②デジット・スパン・テスト（DST）の日本語版（J-DST）と英語版（E-DST）の順唱●注3

　DST（順唱）は音韻的短期記憶を測定し，言語の音韻的知識によって支えられている機能である（Thorn & Gathercole, 1999）。このテストは，音韻情報を貯蔵する WM の言語的短期記憶容量●注4 を測定している。両言語版の DST ともに著者が作成したものを使用した。このテストは両言語版ともに 0 ～ 9 の数字が 1 つずつ無作為に 1 秒間隔で示される。参加者は日本語および英語の数字を音声で提示される一定の桁数の情報を聞いた直後に，提示された順番通りに数字の再生が求められるもので，各桁数ともに 2 セットで構成されている。これらの数字はきわめて親密度が高いため，LTM がこの課題遂行の役割を果たしているとされており（Pickering, 2006），本調査の児童にとっては両言語ともに馴染みのあるものである。この数字の配列を繰り返す言語的短期記憶容量は有限であるが，その得点は加齢に伴う認知発達により増加するもので，この容量の増加は処理効率の高さに起因するものである（Gathercole & Alloway, 2008）。各個人が認知発達段階に合わせた記憶ストラテジーを各個人が使用することで，有限な記憶容量の効率化を図るものである。実際に単語等を記憶するにあたり，学習者の半数以上は 7 歳頃に自発的リハーサルを始め（Flavell, Beach, & Chinsky, 1966），大半はおよそ 10 歳もしくは 11 歳で体制化ストラテジー（organization strategies）を使用し（Moely, Olson, Halwes, & Flavell, 1969），精緻化ストラテジー（elaboration strategies）に関わる心的努力（mental effort）は小学 6 年生から大学生に進むにつれて減少する（Kee & Davies, 1988）と言われている。これらは，認知発達段階に伴い，より複雑

な記憶ストラテジーの効率的使用を示していることから，DSTにおいても，個人により使用する記憶ストラテジーは異なり，有限な心的資源の効率化がスパンの増加に反映されていると解釈される。

③ストループテストの日本語版と英語版（J-ST，E-ST）および逆ストループテストの日本語版と英語版（J-R-ST，E-R-ST）●注5

　ストループテスト（ST）は，語彙情報に如何にアクセスし貯蔵しているのかを調査するために使用されている。たとえば，blueインクで示される"red"のように，色を示す単語（red）が不一致なインクの色（blue）で提示される場合，その色名語自体（red）を無視し，その色名語が印刷されているインクの色名（blue）を言わなければならない。この課題は色付けされたパッチのインクの色名を答えるよりもはるかに難しい。色名語と不一致なインクの色を回答する課題と色パッチのインクの色を回答する課題との反応時間の違いは，「ストループ干渉（Stroop interference: STI）」と言われている（Stroop, 1935）。色名語が示すインクの色を無視して，単語を回答する干渉は「逆ストループ干渉（reverse-Stroop interference: R-STI）」と言われている。ストループ干渉の発達変化は言語習得の自動化（MacLeod, 1991）や抑制機能の指標とみなされてきた。

　言語習得機能に関して，ストループ干渉（STI）は言語処理が高度に自動化されている母国語（L1）のみならず，習得が進んでいる第二言語（L2）や外国語（FL）においても大学生を対象とした調査で認められている（苧阪，1993，1994）。また，抑制機能に関して，子どもや高齢者のストループ干渉（STI）が強まる原因は抑制機能の未発達（La Heij & Boelens, 2011）や加齢による低下（Mathis, Schunck, Erb, Namer, & Luthringer, 2009）によるものと指摘されている。さらに，ストループ干渉（STI）の生起は刺激と反応の連合強度（Blais & Besner, 2006）によるとの説明もある。刺激の連合強度の弱いものは，連合強度の強い処理から干渉を受けるとしている。たとえば，赤インクで「みどり」の言語情報が提示され，そのインク名を答える場合，言語自体に注視し回答をしがちである。これは，色の名前（インク名）を読む行為は頻度が低いため，その強度は弱く，一方，言語を読む行為は日常生活の中で頻繁に行われているため強度

が強く，連合強度の強い言語（みどり）から干渉を受けるとの解釈である。

　ストループ干渉（STI）は抑制と選択的注意を要求されると考えられている（Pickering, 2006）。このような課題を処理する際にWM容量の個人差はストループの遂行を予測し，中央実行系や選択的注意を維持する重要性を示している（Kane & Engle, 2003）。また，言語情報に注意する能力と英語熟達度との有意な正の相関は，箱田・佐々木（1990）の日本語版のストループテストおよび逆ストループテストによる調査から明確である（箱田・平井・椎名・柳井, 2002）。箱田他（2002）は，日本語版である箱田・佐々木（1990）を使用した結果，特に課題2の正答数や逆ストループ干渉（R-STI）（少ないこと）が英語の成績と有意な相関があり，英語の成績は言語的情報への注意力との関係があると指摘している。これらの課題の遂行は，WMモデルの「音韻ループ」や長期記憶に符号化される言語との一連のやりとり（一時的保持，処理，検索や5色の色の確認）と同様に「中央実行系」による注意統制が関与していると解釈される。また，「視空間スケッチパッド」や長期記憶内の「視覚的意味」は，ストループテストや逆ストループテストで要求される色の概念を認識するプロセスにおいて非常に重要な役割を果たしている。

　本調査では，各クラスで最大限の多くのデータを集めるために，集団測定が可能なマッチング反応形式で作成された日本語版である「新ストループ検査Ⅱ（日本語版検査Ⅱ）」（箱田・渡辺, 2005）と英語版である「Stroop and Reverse-Stroop Test（英語版検査Ⅱ）」（Hakoda, Watanabe, & Matsumoto, 2007）を使用した。これらは，いずれも集団測定用に作成されたテストで，逆ストループ干渉（R-STI）とストループ干渉（STI）の両方を測定できるものである。両言語版ともに，逆ストループ干渉（R-STI）は言語への選択的注意力を，ストループ干渉（STI）は色への選択的注意力を調査するものである。両テストは，言語（日本語もしくは英語）の違い以外，まったく同一で，各テストに4種類の課題（課題1～4）が含まれている。課題1は逆ストループ統制課題で，黒インク1色で色名を示している単語（日本語版は平仮名で「あか」「あお」「みどり」「きいろ」「くろ」と表記，英語版ではアルファベットで"red""blue""green""yellow""black"と表記）の意味に対応する5色の色パッチのうちから1つ選択するものである。課題2は逆ストループ課題で，課

題1の色名を示す単語が色名とは異なる色（例：緑のインクで「くろ」と表示）で示され，インクの色を無視して言語の意味に対応する色パッチを5つのうちから1つ（前出の例に従うと，黒の色パッチ）を選択するものである。逆ストループテストにおける課題1と課題2は注意力を評価し，書かれた単語に焦点を当てるものである。課題1と課題2に関する逆ストループ干渉（R-STI）のスコアは言語に関する選択的注意力を反映している。課題3はストループ統制課題で，色パッチ自体に対応する色名を黒のインクで示された単語5つのうちから1つ選択するものである。課題4はストループ課題で，色名を示す単語が色名とは異なるインク（例：緑のインクで「くろ」と表示）で示されており，インクの色に該当する黒インクで色名を示している5つの単語うちから1つ（前出の例に従うと，「みどり」と表示）を選択するものである。ストループテストにおける課題3と課題4は注意力を測定するもので，色への注意に焦点を当てている。課題3と課題4のストループ干渉（STI）のスコアは，色に関する選択的注意力を評価しているものである。

2. 目的

本調査で使用されている DST，ST，R-ST および Bronze で使用されている刺激（言語情報，色の概念や絵）は基本的な言語情報（単語や表現）および色に関する視覚情報であり，学校内外の日常生活で意識的もしくは無意識的に頻繁に知覚し検索されている情報であると予想される。この点で，児童期から青年期前期にかけて，L1 の場合，言語的短期記憶，中央実行系，視覚的短期記憶に関わる WM の成績が伸びている（Gathercole & Alloway, 2008）ことを考慮すると，頻度の高い情報であれば，L1 のみならず外国語としての英語（English as a foreign language: EFL）においても学年が上がるに従い WM 成績の向上，つまりは情報処理の効率化が図られると予想される。さらに DST，ST および R-ST の L1（日本語）版に示される刺激は，EFL で示される同一の刺激よりも，インプット，インテイク，アウトプットの一連の言語処理，検索のルートの頻度が圧倒的に高いことから判断して，きわめて容易に知覚し長期記憶から検索されるであろう。本調査では，活動として英語に触れている小学生全学年の児童を対象に，英語の接触量および認知発達の影響について以下の

目的で調査を行った。

目的1：言語的短期記憶容量（DST）は全学年ともに母語（日本語）のほうが外国語（英語）よりも高いのか。
目的2：言語や色に対する注意力（課題1, 2や課題3, 4）は，全学年ともに母語（日本語）のほうが外国語（英語）よりも高いのか。
目的3：言語や色に対する選択的注意力（逆ストループ干渉率やストループ干渉率）は，全学年ともに母語（日本語）のほうが外国語（英語）よりも高いのか。
目的4：高学年のリスニング能力や認知能力（言語的短期記憶容量，注意力および選択的注意力）は低中学年よりも高いのか。
目的5：リスニング能力に影響を及ぼす認知能力は何か。

3 方法

1. 参加者

本調査は外国語活動が必修化になる以前の3年間にわたり山間部の町で実施された「小学校英語活動推進事業」プロジェクトにおいて基幹校の小学校の協力に基づくもので，プロジェクト3年目に調査を実施した。英語活動はクラス担任とこの地域の教育委員会が雇用している語学指導助手（assistant language teacher: ALT）とのティーム・ティーチング（team teaching: TT）で実施している。児童の大半は学校以外で英語に触れる機会はなく，海外留学経験者も皆無である。この学校の目標やカリキュラムは，現在の文部科学省の学習指導要領にほぼ一致した内容である。本稿では「英語活動」と「外国語活動」は同義として使用する。本調査に協力頂いた学校の年間の英語活動時間数（1時間あたり45分）は，低学年が20時間，中学年および高学年が35時間で，英語活動へ参加した児童数およびカリキュラム上の総合時間数は，小学1年生は22名で20時間，小学2年生は23名で40時間，小学3年生は33名で75時間，小学4年生は40名で90時間，小学5年生は28名で105時間，小学6年

生は 35 名で小学 5 年生同様 105 時間であった。

　参加者数は上記のすべてのテストを適切に受験した人数であり，学校に在籍する児童数ではない。また，各学年の英語活動の時間数は学校の年間時数を単純に計算したものにすぎず，データ収集時点で児童が英語活動に参加した総時間数ではない。

2. 教材と手順

　Bronze は，筆者が放送室から各クラスへ英語の音声情報を全校一斉に流して実施した。各教室の音量は各クラス担任と筆者であらかじめ調整を図った。

　DST は 2 種類（L1 である日本語版と FL である英語版）を一人ひとりに筆者および調査スタッフで手分けをして複数の静かな教室で実施した。調査スタッフは筆者の所属する大学の学生の中から希望者を募り，筆者が作成したDST の実施方法マニュアルに基づき調査スタッフとしてトレーニングを積んで均質な調査体制のもと調査を実施した。二言語版の実施順序についてはカウンターバランスを取った。デジットの刺激および指示はミニディスクレコーダ（MD）に録音されており，デジット 1 つあたり 1 秒で編集した。日本語版のデジット刺激および二言語版における日本語での指示は執筆者の声を，英語版のデジット刺激は，日本で長年教鞭をとっているアメリカ人男性の大学教員の声を録音した。児童は CD プレーヤーから流れる MD の指示に従い解答した。各言語版ともに本番前にテスト方法の確認として，2 桁の練習版を実施し必要に応じて補足説明を行った。英語版については，実施前に児童が英語で 0（ゼロ），1～9 まで言えるかどうか念のために確認し，全児童ともに問題がないことを確認した。児童が同桁数の 2 試行のうち 1 つを正確に再生できない場合，その桁数の点数は 0.5 点とし，その時点で DST を終了した。

　ST と R-ST は 2 種類（日本語版と英語版）を各教室でクラス担任が一定の期間内に実施した。各課題（課題 1～4）ともに問題が 100 題あり，1 分間で正確に数多く解答するものである。これらのテストには各課題の練習問題がついており，各課題の本番に入る前に練習問題で内容を確認し，必要に応じて補足説明を行った。二言語版の実施にあたり，実施順序のカウンターバランスを取った。

4 結果と考察

1. L1とEFLの認知能力の比較：言語的短期記憶容量（DST），注意能力（課題1～4）および選択的注意力（両干渉率）

　表2-1-1は各テストの記述統計である。STおよびR-ST（注意力）およびDST（言語的短期記憶容量）のL1とEFLの比較において，効果量は顕著に大きく，L1の優位性が示された。一方，選択的注意力に関して，L1の優位性（効果量が中以上）は一貫してはいなかった。R-STI（言語への選択的注意力）におけるL1の優位性は，1学年および4～6学年に見られた。また，STI（色への選択的注意力）におけるL1の優位性は，2～5学年に見られ，6学年はEFLのほうが優位（中の効果量）であった。これらの知見は，目的1および2の言語的短期記憶容量や言語および色に関する情報処理の注意力におけるL1の顕著な優位性は，英語のインプット量（授業時数）の少なさから判断しても当然の結果といえる。これに反して，目的3に関する選択的注意力のL1の優位性に関する不安定な結果は，EFLとL1の自動化が発達途上段階であることを反映しているのかもしれない。色への選択的注意力に関して，4学年以上はL1が優位であったが，言語への選択的注意力の場合，6学年のみL1の優位性が見られなかった。6学年は最高学年であるため，4種類の注意力はL1およびEFLともに最高値で，情報（言語および色）への注意力は英語活動の接触量と認知発達による何らかの相乗効果が反映されているのかもしれないが，言語的短期記憶容量は二言語ともに全学年の中で必ずしも最高の数値を示してはいない。この点はWM内の認知能力（言語的短期記憶容量，注意力および選択的注意力）のメカニズムの相違を示しており，今後，詳細な検討の余地がある。

2. リスニング能力と認知能力の多重比較

　目的4（複数の認知能力およびリスニング能力の学年比較）に関しては，詳細は以下の①～③で触れる。全体的には，高学年の優位性として完全に確認されたのは，リスニング能力（Bronze）および日本語の注意力（日本語版課題1～4）であった。また，日本語と英語の短期記憶容量（DST）および英語の注意力（英語版課題1～4）に関しては，一部を除きほぼ上の学年の優位性

第 1 章　小学校全学年の外国語活動経験者のワーキングメモリ内の認知的特徴

表 2-1-1　各テストの記述統計

テスト	学年	N	M	SD	テスト	学年	N	M	SD	テスト	学年	N	M	SD
J-Task1	1	22	22.55	5.40	E-Task1	1	22	12.18	8.38	W & P	1	22	16.59	4.64
	2	23	27.39	5.64		2	23	11.78	7.42		2	23	16.61	2.78
	3	33	36.15	5.94		3	33	16.21	11.90		3	33	20.52	3.06
100点満点	4	40	37.33	8.01	100点満点	4	40	17.40	11.43	26点満点	4	40	21.75	2.28
	5	28	48.36	11.74		5	28	32.29	16.31		5	28	23.00	2.34
	6	35	53.94	13.24		6	35	41.51	12.46		6	35	23.46	1.88
J-Task2	1	22	21.64	6.42	E-Task2	1	22	12.50	7.68	C	1	22	5.91	2.84
	2	23	26.39	5.66		2	23	10.70	7.24		2	23	7.48	2.45
	3	33	31.55	6.03		3	33	14.36	12.08		3	33	8.39	1.98
100点満点	4	40	34.88	8.32	100点満点	4	40	19.85	11.86	11点満点	4	40	8.95	1.62
	5	28	41.46	10.53		5	28	30.29	12.56		5	28	9.61	1.66
	6	35	45.80	8.91		6	35	39.63	9.52		6	35	9.94	1.00
J-Task3	1	22	21.50	5.48	E-Task3	1	22	12.73	6.27	Ss	1	22	5.27	1.72
	2	23	24.09	7.14		2	23	12.26	8.18		2	23	6.09	1.24
	3	33	28.39	4.79		3	33	18.09	10.92		3	33	6.09	1.10
100点満点	4	40	38.20	10.35	100点満点	4	40	19.75	10.07	8点満点	4	40	6.35	0.83
	5	28	38.79	6.81		5	28	28.54	11.56		5	28	6.71	0.98
	6	35	40.57	6.33		6	35	35.51	7.54		6	35	6.94	0.94
J-Task4	1	22	16.86	5.21	E-Task4	1	22	11.23	6.34	Bronze	1	22	27.77	8.21
	2	23	21.13	6.43		2	23	12.65	6.21		2	23	30.17	5.47
	3	33	23.30	5.96		3	33	16.58	8.71		3	33	35.00	5.17
100点満点	4	40	29.05	5.65	100点満点	4	40	21.05	9.40	45点満点	4	40	37.05	3.28
	5	28	35.04	7.58		5	28	27.79	11.28		5	28	39.32	3.68
	6	35	38.20	7.02		6	35	31.69	8.32		6	35	40.34	2.81
J-R-STI	1	22	2.08	2.92	E-R-STI	1	22	-2.07	6.81	J-DST	1	22	4.02	0.84
	2	23	1.56	1.88		2	23	-4.22	6.04		2	23	4.30	0.84
	3	33	1.24	1.30		3	33	6.14	6.44		3	33	4.52	0.92
	4	40	5.33	1.89		4	40	-2.49	6.31		4	40	4.99	1.12
	5	28	1.15	2.48		5	28	-5.14	4.90		5	28	5.29	0.98
	6	35	1.36	1.17		6	35	0.76	1.91		6	35	5.06	0.79
J-STI	1	22	21.12	14.84	E-STI	1	22	16.55	40.15	E-DST	1	22	2.98	0.76
	2	23	4.86	39.41		2	23	-40.38	135.21		2	23	3.09	0.76
	3	33	17.74	17.41		3	33	-5.49	58.17		3	33	3.44	0.61
	4	40	20.55	19.27		4	40	-21.24	61.14		4	40	3.50	0.62
	5	28	9.77	10.71		5	28	-14.18	64.60		5	28	3.80	0.80
	6	35	5.56	12.29		6	35	11.34	12.44		6	35	3.33	0.64

注：
J-Task1，J-Task2：日本語版の R-ST テストにおける課題 1 と課題 2
J-Task3，J-Task4：日本語版の ST テストにおける課題 3 と課題 4
J-R-STI：日本語版の R-ST テスト干渉率（%）
J-STI：日本語版の ST テスト干渉率（%）
E-Task1，E-Task2：英語版の R-ST テストにおける課題 1 と課題 2
E-Task3，E-Task4：英語版の ST テストにおける課題 3 と課題 4
E-R-STI：英語版の R-ST テスト干渉率（%）
E-STI：英語版の ST テスト干渉率（%）
W&P：Bronze の語句に関するセクション
C：Bronze の会話に関するセクション
Ss：Bronze の文に関するセクション
R-ST 干渉率の計算公式：（Task1 − Task2）／Task1 × 100
ST 干渉率の計算公式：（Task3 − Task4）／Task3 × 100

が確認された。短期記憶容量については二言語ともに，最高学年である6学年が最大の数値を示しているわけではなかった。英語の注意力は低学年間の課題1〜3において，多少1学年の正答数のほうが高かったものの，全体的には上の学年の優位性が見られた。一方，選択的注意力に関しては両言語ともに不安定な結果となった。

①日本語版と英語版の短期記憶容量：DST

　隣接する学年との比較において，日本語（母国語）版のDSTの学年ごとのスパン得点の平均は，効果量が「無」か「小」であるものの，6学年を除き，1学年から5学年までは右肩上がりで上昇しており，6学年のスパン得点は5学年よりも低かった。このような結果は英語版においても同様で，学年の比較において2，3学年離れている場合（例：2学年と4学年）でさえ，有意差は見られなかった。1学年から5学年まではDSTのスパン得点は右肩上がりで上昇傾向にあったが，6学年のスパン得点は3学年から5学年の得点よりも低く，特に5年生との比較では，効果量が「中」とその差は顕著であった。最高学年である6学年が両言語の短期記憶容量において必ずしも最大とならなかった結果は，英語活動の非効果的指導方法に起因しているとは考え難く，学校の教育関係者との議論の結果としては，この学年に特有の偶発的傾向によるものとの解釈にいたった。この点は，今後の継続的調査課題といえる。しかしながら，総じて見て，学年の上昇に伴い，両言語の短期記憶容量が大きい傾向は，日本語や英語の接触量の増加に伴う単語の頻度および親密性の効果を示しているものと解釈される。

②日本語版と英語版の注意力および選択的注意力：STおよびR-ST

　前述のとおり，日本語版の4種類の課題の各注意力は高学年ほど高く，多重比較による効果量の大半が「中」か「大」であることから，学年間で顕著に異なっている傾向にある一方で，顕著ではない学年の組み合わせが，隣接する学年間（課題1：3学年と4学年，5学年と6学年；課題2：3学年と4学年，5学年と6学年；課題3：1学年と2学年，4学年と5学年および5学年と6学年；課題4：2学年と3学年，5学年と6学年）に見られた。この点は，課題によって刺激

と反応で要求される情報処理が異なる点や各学年の認知発達の特徴が複雑に影響しているものと推察されるが，総じて4種類の課題ともに右肩上がりで，学年が進むに従い注意力が上昇している傾向は，日本語版検査Ⅱを使用した松本・箱田・渡辺（2012）と一致している。また，課題別の各学年の特徴として，4学年（課題3＞課題1＞課題2＞課題4）を除く全学年で，回答数の高い課題の順番が，課題1＞課題2＞課題3＞課題4であることは，松本他（2012）と一致しており，干渉課題が有効に働いていることを示している。

　これに反して，日本語の選択的注意力（日本語版のSTIとR-STI）は2種類の干渉率により異なる傾向が見られた。逆ストループ干渉率は全学年ともに正の値で干渉が生起してはいるものの，全体的に大きな学年間較差がなく，効果量が「中」もしくは「大」である顕著な学年の組み合わせは，近接した学年同士の比較（2学年と3学年）および，4学年離れた児童同士の比較（2学年と6学年）のみであった。言語発達の点から考えれば，松本他（2012）の報告のように学年が進むに従い逆ストループ干渉率が高まるものと予想されたが，実際には予想に反し大きな差異はなかった。この低い逆ストループ干渉率の解釈について，低学年は言語発達の低さから，色と色命名の連合強度が弱いため色の干渉を受け難く，その一方で高学年になると言語発達が加速化することで連合強度が増すものと思われるが，低学年よりも抑制機能が発達する結果，色情報からの干渉も低いのかもしれない。つまり，全学年を通して逆ストループ干渉率は一定して低いものの，低学年と高学年ではそのプロセスに相違があるものと推察される。

　一方，ストループ干渉率は学年間の較差が顕著で，特に1，3，4学年が高く，効果量が「中」もしくは「大」である顕著な学年の組み合わせは，近接した学年同士の比較（4学年と5学年および4学年と6学年）および3学年以上離れた児童同士の比較（1学年と5学年，1学年と6学年および3学年と6学年）に示された。2学年の低い干渉率の原因は今後の課題であり推測の域を出ないが，総じて2学年を除く低中学年のストループ干渉率が高く，高学年が低い傾向は，幅広い被験者を対象にした松本他（2012）と学年のずれはあるものの全体的傾向は類似していた。この結果から，高学年のストループ干渉（STI）の低さは，課題とは無関係な言語情報への抑制機能が徐々に高まることで干渉

が減少するものと考察される。一方，2学年を除く低中学年のストループ干渉（STI）の高さは，抑制機能の未発達（La Heij & Boelens, 2011）によるもので，この機能は課題4（色名語のインクの色を認識し，インクの色に該当する言葉を選択する課題）における無関係な言語情報への抑制の低さによるものである（松本他, 2012）。刺激と反応の連合強度において，刺激が色（課題4）の場合，色の名前を読む行為は単語の読みに比べ頻繁には行われないことから，刺激と反応の連合強度が相対的に弱く，連合強度の強い言語処理から干渉を受けることになる。言語発達においても，低中学年は高学年に比べ言語能力は低いと考えられる。前述の2学年の低いストループ干渉率の起因として，テストの実施に際し学習ストラテジー（言語情報を無視してインクの色のみに注視する）を伴う指示を行ったとの影響とは考え難く，この点は今後の課題である。

英語（外国語）版の4種類の各注意力の学年比較において，効果量が「無」か「小」である結果は，L1（日本語）版よりも多く，特に低学年や中学年における比較で顕著に見受けられた。この結果は，低中学年間において言語情報および色情報から英語へ変換するルート自体の処理速度が緩慢であると解釈される。一方，4学年〜6学年における組み合わせにおいては，1つの隣接する学年の組み合わせ（英語版の課題4：5学年と6学年）を除き，4種類の各注意力において顕著な違いが見られた。この顕著な理由として，高学年における英語の短期記憶容量の大きさや英語へ接触した累積量の多さの相乗効果によるものと推察される。また，課題別の各学年の特徴として，回答数の高い課題の順番が，必ずしも課題1＞課題2＞課題3＞課題4とはならず，逆ストループ干渉（R-STI）（課題1, 2）およびストループ干渉（STI）（課題3, 4）において，課題1や課題3が干渉課題である課題2や課題4よりも回答数が低いもしくは僅差であることが顕著で，英語処理の自動化の難しさを示していると推察される。

英語（外国語）の選択的注意力（STIとR-STI）に関して，日本語から得られたデータと同様に，顕著に異なる効果量はほとんど見られなかった。また，逆ストループ干渉（R-STI）で学年間較差の効果量が「中」以上の組み合わせは皆無であった。各学年の干渉率が2つの学年（3,6学年）を除き負の値となった結果は，前述の課題1と課題2との間で逆ストループ干渉（R-STI）が生起

していないことを示している。負の値を示した学年は，課題2の色インクで示された色名英語を認識する際に，基本的に言語（英語）情報を認識することに細心の注意が払われ，無関係な色情報を処理するにいたっていないと推察される。一方，正の値を示した3学年の解釈として，前述の英語の短期記憶容量の結果から判断して，上の学年よりも短期記憶容量が顕著に大きいことに起因するとはいえない。また，後述の学年進行に伴う完全に右肩上がりのBronzeの結果から，言語（英語）が他の上級学年よりも顕著に発達しているとも判断し難い。この学年で正の干渉率となった起因は無関係な色情報への抑制が弱いことに起因するのかもしれない。また，6学年においてきわめて小さな正の値(.76)となった干渉率は，課題1と課題2の正答数が僅差によるものである。この起因について，次のように考察される。3学年を除き他学年が顕著な負の値を示していることを考慮すると，3年間にわたる英語接触量の多さが影響すると判断される言語発達（英語リスニング能力を示すBronzeの高さ）により，色と色命名の連合強度が増加し，この連合強度が増すことで色情報からの干渉が多少生起し，負の値を示した学年よりも6学年の干渉率が多少増加したのかもしれない。

　また，ストループ干渉率の学年間較差の顕著な組み合わせは，2つ（1学年と4学年および4学年と6学年）のみ効果量が「中」であり，この干渉率も2つの学年（1，6学年）を除き負の値で，課題3と課題4の間でストループ干渉（STI）が生起していなかった。負の値の学年は，課題4の色インクで示された色名英語を認識する際に，基本的に色情報を認識することに細心の注意が払われ，無関係な言語（英語）情報を処理するにいたっていないものと思われる。一方，正の値を示した1学年は，英語接触量の少なさや言語発達の未熟さから判断して，課題4の回答において，言語（英語）情報を意識的にとらえたことが，干渉の起因とは考え難い。むしろ，課題3の刺激は色パッチであるため，課題4の刺激である色インクで示された言語（英語）情報よりも瞬時の色の視認性が高く，この課題3の正答率の高さが正の干渉率につながったものと思われる。また，6学年は英語接触量の多さや言語発達に伴い，色と色命名の連合強度が増し，言語情報からの干渉が増加したものと思われる。

　いずれにしても両言語の両干渉率は効果量の大半が「無」か「小」である結

果を考慮すると，小学生の自動化は学年が進むに従い顕著に高くなるとは一概に言い難い。特に英語の両干渉率の負の値および不安定な生起は，外国語であるがゆえに言語の未発達が大きく起因し，それに伴う抑制機能の未発達や刺激と反応の連合強度に影響を及ぼしていると推察される。

③リスニング能力：Bronze の各セクション

　Bronze 全体（3つのセクションの合計）としては，上の学年ほど解答率が高く，多重比較による2学年以上離れての比較では効果量が「中」または「大」と顕著であった。セクション別の学年間の比較において，「語句」や「会話」のセクションに関する2学年以上離れての比較では効果量が「中」や「大」と顕著であった。一方，「文」のセクションで，顕著な相違（効果量が「中」以上）の組み合わせは，1学年に対する4～6学年，6学年に対する2～4学年であり，大半は3学年以上の学年差であった。前出（表2-1-1）のデータから判断して，このセクションは他の2つのセクションに比べ各学年の到達率が平均的に高く（65.9～86.8％），高学年は特に天井効果に近い傾向にあった。前者の2つのセクションの点数が上の学年ほど顕著に高い結果は，学年の上昇に伴う英語（語彙や会話文）への接触量の累積的増加が関与していると考えられるが，5，6年生の3年間の英語活動の総時間数が等しいことや認知能力のテストにおいて6年生が必ずしも優位でない結果を踏まえると，Bronze の結果の起因として他の要因も十分に考えられる。この具体的な要因の解明は今後の課題である。

3. リスニング能力と認知能力との関係

　リスニング能力（Bronze の3つのセクションの合計）と認知能力テストとの Pearson 相関分析の主な結果は次のとおりである。共通の正の相関として，1学年，2学年，4学年および5学年における Bronze と英語の DST との相関（1学年：$r=.72$, $p<.01$, 2学年：$r=.46$, $p<.05$, 4学年：$r=.32$, $p<.05$, 5学年：$r=.45$, $p<.05$）および日本語と英語の DST との相関（1学年：$r=.73$, $p<.01$, 2学年：$r=.72$, $p<.01$, 4学年：$r=.47$, $p<.01$, 5学年：$r=.72$, $p<.01$）が見られた。また，各学年の次の組み合わせにおいて有意な正の相関が見られた。1学年の Bronze と日本語の DST との相関は（$r=.80$, $p<.01$），

2学年のBronzeと日本語のストループ干渉率との相関は（$r=.60$, $p<.01$），4,5学年両方におけるBronzeと英語のストループ干渉率との相関は（4学年：$r=.37$, $p<.05$，5学年：$r=.39$, $p<.05$），Bronzeと日本語のDSTとの相関は（4学年：$r=.37$, $p<.05$，5学年：$r=.53$, $p<.01$）であった。

　さらに，リスニング能力に影響力を与える認知能力を探るために重回帰分析を行った結果，1学年は，英語リスニング能力の予測要因が日本語版DST（日本語の短期記憶容量の測定）であった。この結果は，母語処理が未熟であると同時に外国語（英語）に触れたばかりの1学年にとって，母語の短期記憶容量に依拠する点が大きいことを示唆しているのかもしれない。2学年は，予測要因が日本語のストループ干渉率（母語の自動化を測定）および英語版DST（英語の短期記憶容量を測定）であった。これらの知見は，児童のL1の能力が進歩し，小さな単位の英語音声情報を認識する能力が優れてきていることを示唆しているのかもしれない。4学年と5学年は予測要因として，日本語版DSTと英語版のストループ干渉率（英語の自動化を測定）の2つが共通に見られた。これらの結果は児童の母語の短期記憶容量のみならず外国語（英語）で使用される複雑な選択的情報処理能力の発達を反映しているのかもしれない。一方，3学年と6学年において予測要因は示されなかった。3学年はBronzeやすべての認知能力テストの得点が低学年よりも高いものの，予測因子が検出されない状況はバランスの取れた認知能力の発達に先立っての端境期にあたるのかもしれない。また，リスニング能力が最も高い6学年において予測要因のなかった理由として，最高学年の割には二言語ともにDSTが低いこと，Bronzeは5学年と僅差（「小」の効果量）で天井効果の可能性を含んでいることの2点が推察される。以上の点から，目的5（リスニング能力に影響を及ぼす認知能力）は学年によりさまざまで，年齢による認知発達の相違が起因しているといえる。

5　結論

　本研究から得られた主な特徴は次の5つである。1点目は，母語の注意力と母語の言語的短期記憶容量は外国語（英語）よりも優れていた。2点目は，6学年の母語および外国語（英語）の短期記憶容量の例外を除き，二言語ともに

注意力と言語的短期記憶容量は上の学年ほど高かった。3点目は，自動化の不安定さであった。4点目は，上の学年ほど英語のリスニング能力は優れていた。5点目は，英語リスニング能力の予測要因は学年によって異なっていた。1学年は母語の短期記憶容量，2学年は母語の自動化および外国語（英語）の短期記憶容量，そして，4学年と5学年は母語の短期記憶容量と外国語（英語）の自動化であった。

　今回の活動として英語に触れてきた児童の調査結果をもとに，今後の小学校英語の教科化の可能性を意識して，教育的示唆を考慮するには拙速かつ熟慮に欠けることは否めないが，次の3点を可能性としてあげておきたい。1点目は，認知機能の発達（学年の上昇）に伴い，2つの言語の注意力および短期記憶容量は増加している。これらの認知発達に伴い，学年が上がるにつれ児童がより多くの情報に注意を向け記憶することが可能となる。低中学年の児童に対して高学年と同様の情報量を与えることは必要以上に高い認知的負荷を与えることとなり，消化不良となるため，処理効率の点からも学年に見合った認知的負荷（英語のインプット，アウトプット）の調整が重要であろう。

　2点目は，言語処理の自動化に向けた訓練の必要性である。今回の調査結果では，逆ストループとストループの干渉率（自動化）は不安定であった。L1とEFLの両方の干渉率は，必ずしも学年が進むに従い増えていくわけではない。すべてのL1の干渉率は正の値である一方で，いくつかのEFLは負の値である。外国語処理の自動化にあたり，目標となる情報をより効果的に認識できるようにしつつ，多くの訓練を意識的かつ無意識的に行っていく必要がある。したがって，長期記憶貯蔵庫（LTM）にすでに貯蔵されている英語の情報を強化（活性化）するだけでなく，英語の新出語句や表現のインプットとアウトプットを十分に繰り返し，無意識に英語の特徴に気づくような創意工夫が必要である。また，環境作りとして，校内におけるさまざまな掲示物，（可能であれば姉妹都市や姉妹校との）異文化交流関する行事や英語活動のトピック等にまつわる他教科とのリンク等を通して，意識的だけでなく無意識的に英語のスイッチをオン（ON）にしていくことが重要である。

　3点目は，英語のリスニング能力の予測要因が，学年によって異なっている点である。前述の児童の記憶ストラテジーの特徴でも触れたとおり，英語の既

存の知識の活性化や英語を記憶する方法は，学年ごとに調整することがきわめて重要である。1学年は，認知負荷の少ない機械的学習に基づく練習を通してL1を繰り返すことがL1自体の急速な記憶を促進することとなるであろう。2学年は，機械的学習を中心とした方法を通して，英語やL1（日本語）を繰り返すことで，英語の記憶を促進し，L1の処理効率（自動化）を高めることとなるであろう。4学年や5学年では，長期記憶貯蔵庫にある既存の知識の活性化や両言語に関係する情報の分類を行うためのL1やEFLの体制化ストラテジーが，両言語の処理効率（自動化）を高めていくものとなるだろう。本調査の3学年と6学年において，重回帰分析から明確な提案はできなかったが，今回のテスト項目のデータの全体的傾向として加齢に伴う該当学年の認知発達の高さは示されていた。この点から推測すると，3学年にとって，英語における機械的学習（例：繰り返し）やL1における有意味学習（例：L1で長期記憶貯蔵庫にある既存の知識を活性化すること）はL1処理効率（自動化）を促進し，効率的なEFL処理のレディネスとなるかもしれない。また，6学年にとって，両言語での処理効率（自動化）を促進するかもしれない体制化ストラテジーと同様，ターゲットと現存している情報（アイディアやイメージ等）とを繋ぐ精緻化ストラテジーの指導が手助けとなるかもしれない。さらに，今回のさまざまな結果は，学年間のみならず，同学年内においてもWM機能に個人差があることを示していることは事実である。したがって，言語処理に求める情報の量や質およびWM機能の個人差を踏まえつつ記憶ストラテジーの種類を配慮して指導を行うことも重要である。

　最後に本調査の限界および小学校英語の教科化を見据えたうえでの課題として，3点（リスニング能力，高頻度の刺激に基づく認知能力テストおよび対象者）があげられる。1点目は，リスニング能力に関する限界として，今回使用したBronzeは高学年において天井効果が見られ，重回帰分析による予測因子の解明が不安定になった可能性も推察される。今後，レベルが1つ上の小学校英語のリスニング能力を測定する児童英検のSilverや文字も含むさらに高いレベルのGoldの実施も検討に入れるべきである。

　2点目は，使用した複数の認知能力テストにおけるモダリティの相違とDSTの再生方法についてである。逆ストループやストループは視覚モードであるの

に対し，BronzeやDSTは聴覚モードである。外国語活動は音声を中心に実施していることから判断し，普段の英語の入力（音声情報）に配慮すると，聴覚のモダリティによるテストのほうが小学校英語の証明としてはより妥当であった可能性もある。ただし，今後，小学校英語が教科となり，文字を含む言語形式を意識した指導の必要性を前提に考えると，今回使用した視覚モードのテストは，WM内のメカニズムにおける小学校英語の科学的データとしての利用価値が高まるものと思われる。また，今回のDSTの再生方法は順唱のみであったが，今後，WM内の中核をなすCE（中央実行系）を測定している逆唱を実施していくこともWM内のメカニズムを考慮するうえで重要である。

　3点目は，今回の対象者は，ある特定の地域のプロジェクトの1つの小学校の児童にすぎなかった。今後の課題として，さまざまな英語学習者（外国語活動を経験した小学生のみならず中学生および高校生等の幅広い年齢層，多様な英語熟達度，異なる指導法の影響等）を対象にさまざまな認知能力および言語能力に関するデータの収集，分析をもとにWM内の言語処理メカニズムを比較検討していく必要がある。

●注1：さらに，2013年12月に文部科学省は，2020年度から小学校英語の教科化の実施を目指す改革案を発表し，さらなる英語教育の本格実施に向け現在検討中でもある。
●注2：2015年4月より児童英検の名称が「英検Jr.」に変更となった。
●注3：DSTは順唱（刺激の提示順に再生する）と逆唱（刺激の提示順とは逆に再生する）がある。順唱は刺激（ある一定の桁数の数字）を提示順に再生するもので，WMの主に音韻ループの機能に関与していると言われ，逆唱は刺激の提示順とは逆に再生するもので，中央実行系の機能に関与していると言われている。本調査では数多くのテスト調査を短期間で集中的に行うことから，小学生への認知的負荷に配慮しDSTに関しては順唱のみを行っている。
●注4：WMは短期記憶の新しい概念との解釈もあれば，WMの中に短期記憶が存在するとの解釈もあり，本稿では後者の立場を取るものである。
●注5：詳細は次のPart 2 第2章に譲る。

第1章 佐久間論文1へのコメント

齊藤 智

　本稿は，Part 2 第1章「小学校全学年の外国語活動経験者のワーキングメモリ内の認知的特徴」（以下，佐久間論文1とする）へのコメントである。佐久間論文1による報告は，膨大なデータに基づいており，その内容に対する詳細な検討と議論は，紙幅の制限が許さない。そのため，ここではコメントの観点を少数の理論的な話題にしぼり，関連する具体的問題についてのみ議論する。
　佐久間論文1は，3年間に及ぶ児童の英語活動が，どのような学習効果をもたらすのか，言い換えるとどのような認知的変化を引き起こすのかを，ワーキングメモリ課題および実行機能課題を中心とした認知心理学の課題を用いて査定しようと試みている。小学校における実験的な介入がたいへん困難である現状を考えると，この試み自体が称賛に値し，また，得られた結果には絶対的価値があることが理解できる。
　私自身は，本書の執筆ならびにコメントを求められたときから，次のような問題意識をいだいていた。英語学習研究者／実践者が報告する結果は，英語学習のみの問題と関わるものなのか，英語学習だからこそ意味があるのか，あるいは，英語学習を題材としてはいるが，学習活動一般にあてはまるものなのだろうか。どのような領域の学習においても，領域固有性（domain specificity）と領域普遍性（domain generality）の側面が存在する。ただし，領域固有性を示しているように見える問題が，領域固有性を生み出すように仕組まれた普遍的原理から創発していることも多い。このような問題意識に則って，佐久間論文1を拝読した。具体的には，「英語学習に特化した側面」と「学習の一般的原理で説明できる側面」という2つの観点から原稿を検討した。
　実際のところ，佐久間論文1に報告されている現象の多くは，認知心理学において知られている一般的原理によって説明されるように思われる。そして，これらの現象は，英語学習の達成度を推測するために用いられている。少し具体的に検討してみる。佐久間論文1が掲げている5つの目的のうち，3つは，日本語を材料とした課題と英語を材料とした課題の成績比較に基づいている。

いずれも，母語である日本語を材料とした課題の成績のほうが，外国語である英語を材料とした課題の成績よりもよいということを予測している。これは，言語の領域に限って言えば，言語親密性効果（language familiarity effects；たとえば，Thorn, Gathercole, & Frankish, 2002）の検討である。実際に，目的1との関連では，記憶範囲（memory span）において，また，目的2との関連においては，ストループ課題のベースラインと干渉課題の素点において，同様の比較が試みられ，頑健な効果が見いだされている。これらの効果は，より普遍的な原理によって説明できる。一般に，経験頻度の高い材料を用いた課題の成績が，経験頻度の低い材料を用いた課題の成績よりも成績がよい。たとえば，単語頻度効果（word-frequency effects; Roodenrys, Hulme, Lethbridge, Hinton, & Nimmo, 2002）や音韻頻度効果（phonotactic frequency effects; Tanida, Ueno, Lambon Ralph, & Saito, 2015; Nakayama, Tanida, & Saito, in press）に見られるように，材料の出現頻度の影響は頑健である。外国語よりも母語のほうが圧倒的に経験頻度が高いことから，言語親密性効果は，頻度効果の一つの型であるととらえることができるだろう。

　目的3に関連して，ストループ効果／逆ストループ効果の干渉率における言語間での比較が試みられているが，その結果については，やや錯綜としているという結論が導かれている。結果が安定していない原因の一つは，干渉率において負の値が得られている場合に，その数値が極端に大きいことにあるようだ。この問題については，この種の干渉率の算出方法から生じるアーティファクトによるものと考えたほうがよいかもしれない。干渉率を条件Aと条件Bの得点差（A-B）を条件Aの得点で除するという方法で求める場合，干渉率の値が正となることが期待されており，その範囲内ではこの算出方法は妥当であるが，負となる場合には，その数値が不当に大きくなる場合がある。負の値をとる場合とは，Aの値がBの値よりも小さいことを意味し，その場合には，分母となる数値（A）もまた小さくなる。そのため，負の値をとる場合にのみ，干渉率の数値が極端に大きくなり得るのである（Jarrold & Citroën, 2012）。佐久間論文1においても，そうした例が見られるため，結果の解釈には十分な注意が必要である。

　このような場合には，別の方法での分析を試みることも可能であろう。研究

の目的が，課題遂行における言語による違いを検討することにあるのであれば，干渉率を算出する必要はないかもしれない。たとえば，課題1〜課題4のそれぞれについて，英語での成績が日本語での成績のどの程度の割合になるのかを算出してみると興味深いこともわかる。図は，英語の得点を日本語の得点で除した値を学年ごとに示している（ローデータを提供してくださった佐久間先生に感謝します）。この数値は，英語の遂行成績が，日本語の遂行成績のどの程度になるのかを示しており，1であれば英語は日本語と同じ遂行成績を示すことを意味し，.6であれば，英語での遂行成績は，日本語での遂行成績の6割ということになる。概念的に理解しやすい表現だと思う（以下では暫定的に，英語習熟率としておく。ストループ効果への英語学習の影響を検討したいのであれば，この英語習熟率を課題3と課題4で比較することも可能であるが，ここでは別の比較を試みる）。

　図を一見してわかるのは，この値は，高学年になると高くなること，課題3のほうが課題1よりも数値が大きくまた，その傾向は高学年において減少あるいは消失していること，また，同様の傾向が課題4と課題2に比較においても見られるということだろう。課題3と課題4は，色から単語を選択する課題である。言い換えると，参加者は意味から言語ラベルを選択する。課題1と課題2は逆に，言語ラベルから意味を選択する。図に示したデータは，言語ラベルから意味を選択するほうが，意味から言語ラベルを選択するよりも英語の習熟度が低く見積もられるということである。「言語ラベルから意味へ」と「意

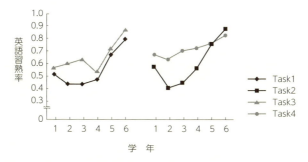

　図　課題別，学年ごとの英語習熟率（＝英語での課題得点／日本語での課題得点）（佐久間論文1のローデータをもとに齊藤が作成）

味から言語ラベルへ」という処理を達成するための計算論的表現は異なるため (Ueno, Saito, Rogers, & Lambon, 2011)，英語習得段階において，このような非対称が見られることは不思議ではない。ただし，この非対称性は，外国語習得の過程で観察されるある種の領域固有の現象なのかもしれない。さまざまな学習領域におけるこうした現象の検討こそが，新たな普遍的学習原理の発見へとつながっていくものと考えられる。英語学習研究が，学習過程に関する普遍的原理探求のための一つのパラダイムとして，認知研究に対して貢献し続けることを期待したい。

第 2 章 佐久間康之

Cognitive Developmental Features of First (Japanese) and Foreign (English) Languages in Students Participating in Elementary School Foreign Language Activities: Stroop and Reverse-Stroop Effects

外国語活動経験者の母語（日本語）および外国語（英語）におけるストループおよび逆ストループ効果：小学5年から中学3年の認知発達的特徴

1 はじめに

　前述（Part 2 第1章）のとおり，2011年度から小学5，6年生で小学校外国語活動が必修となり，中学校との連携も叫ばれ，小学校英語に関する研究が数多く報告されている。その大半は小学生や指導者の情意的側面に関するアンケート調査によるもので，外国語活動が英語熟達度に及ぼす効果に焦点を当てた調査は未だ少ないのが現状である。この背景として，外国語活動の目標が英語の音声に慣れ親しむにすぎず，言語知識の習得を目指した意識的学習を強くは求めていないことが大きな起因としてあげられる。この状況は，中学校との円滑な連携を阻んでいる一因ともいえる。記憶メカニズムの視点からとらえると，小学校外国語活動は暗示的な手がかりが大きく占めており，その一方で中学校英語は明示的な手がかりが大きく占めているといえるが，いずれも言語的手がかりが言語処理プロセスに影響を及ぼしていると考えられる。本稿では，日本の英語教育における小学校と中学校の連携を図るうえで，言語習得に必要不可欠な記憶メカニズムの一つであるワーキングメモリ（working memory：以下WM）の視点から，外国語活動を経験している小学5年生から中学3年生までを対象に被験者の既存の基礎的言語知識（5つの色を示す単語）に基づき，母語（日本語）と英語（外国語）の「注意」の認知メカニズム（逆ストループおよびストループ効果）の特徴について調査を行った佐久間（2014）を基に

考察していく。

「注意」とはWM（Baddeley, 2000; Baddeley, Allen, & Hitch, 2011）において中央実行系と直結するもので，さまざまな情報処理において必要不可欠なものである。複数の新情報に注意を向け，その情報を取捨選択しながら一時的に保持しつつ，長期記憶貯蔵庫のさまざまな知識を検索し，情報の検証，処理を行っていくプロセスにおいて，注意力や選択的注意力（逆ストループおよびストループ効果）を認知発達段階の中でとらえることは言語習得研究において重要なものと考えられる。

本研究の認知発達的特徴の指標とする「ストループ効果」とは，色つきの文字を目にするとき，文字の意味と色の2つの情報が同時に干渉しあう現象のことで，「ストループ干渉」と言われる。この現象の詳細な特徴は後述していく。

ストループ効果を測定するテストは，語彙情報に如何にアクセスし貯蔵しているのかを調査するために使用されている。そのストループ干渉の発達変化は言語機能や抑制機能の指標とみなされてきた。言語機能に関して，この干渉は言語習得における自動化を示していると解釈されている（MacLeod, 1991）。ストループ干渉は言語処理が高度に自動化されている母語のみならず，習得が進んでいる第二言語や外国語においても大学生を対象とした調査で認められている（苧阪, 1993, 1994）。また，抑制機能に関して，子どもや高齢者のストループ干渉が強まる原因は抑制機能の未発達（La Heij & Boelens, 2011）や加齢による低下（Mathis, Schunck, Erb, Namer, & Luthringer, 2009）によるものと指摘され，このテストは抑制のみならず選択的注意も要求されるものである（Pickering, 2006）。さらに，このストループ課題を処理する際にWM容量の個人差は，この課題の遂行を予測し，中央実行系や選択的注意を維持する重要性を示しており（Kane & Engle, 2003），WMの機能とストループ干渉との関わりも示している。

ストループ干渉とは，たとえば，青色（blue）のインクで示されているredのように，色を示す単語が青色のインクのように不一致な色で示される場合，その単語自体（red）を無視し，その単語自体が印刷されている色名（blue）を言わなければならない。この課題は色付けされたパッチに使用されたインクの色名を答えるよりもはるかに難しいものである。色を示す単語名とは不一致

なインクの色を回答する課題と色パッチのインクの色を回答する課題との反応時間の違いは、「ストループ干渉」と言われている（Stroop, 1935）。色名を示す単語が色名とは異なるインクの色で書かれているとき、このインクの色を無視して、単語が意味する色パッチを回答する際に生起する干渉は「逆ストループ干渉」と言われている。

しかしながら、従来の伝統的に使用されてきたテストは口頭反応によることから、ストループ干渉が生起しても、逆ストループ干渉は生起しないのが現状であった。具体的には、口頭反応の場合、視覚反応とは異なり、逆ストループ課題は単語刺激に対して語彙的な情報で反応するので変換する必要がない。このようなことから、ストループ干渉の先行研究は多いものの、逆ストループ干渉の研究はきわめて少ない現状にある。

今回使用するマッチングタイプのテストである日本語版の箱田・渡辺（2005）の「新ストループ検査Ⅱ」（以下、日本語版検査Ⅱ）と英語版の Hakoda, Watanabe, & Matsumoto（2007）の「Stroop and Reverse-Stroop Test」（以下、英語版検査Ⅱ）は視覚反応によるもので、これらは、いずれも集団測定用に作成されたテストで、ストループ干渉と逆ストループ干渉の両方を測定できるものである。ストループおよび逆ストループのテストの両言語版ともに注意力および選択的注意力を調査するもので、各言語版ともに4つの各課題は60秒で回答する設定となっている。最初に考案された新ストループ検査Ⅰ（以下、日本語版検査Ⅰ）は回答時間が40秒であったが、検査の精度をあげるために60秒間に変更し開発されたのが、日本語版および英語版の検査Ⅱである。

両言語版のテストは、言語（日本語もしくは英語）の違い以外、まったく同一の内容で、各テストに4種類の課題(課題1から4)が含まれている。課題1(逆ストループ統制課題)は黒インク一色で示されている単語（日本版は平仮名で「あか」「あお」「みどり」「きいろ」「くろ」と表記、英語版ではアルファベットで"red" "blue" "green" "yellow" "black"と表記）の意味に対応する色パッチを5つのうちから1つ選択するものである。課題2(逆ストループ干渉課題)は課題1で前述した5つの色のうちのいずれか1つのインクの色で書かれている単語のインクの色を無視して単語の意味に対応する色パッチを5つのうちから1つ選択するものである。逆ストループテストにおける課題1と課題2は注

意力を評価し，書かれた単語に焦点を当てるものである。課題1と課題2に関する逆ストループ干渉率は言語に関する選択的注意力を反映している。課題3（ストループ統制課題）は色パッチ自体に対応する色名を黒のインクで示された単語5つのうちから1つ選択するものである。課題4（ストループ干渉課題）は5色のインクのいずれかで示されている単語のインクの色に該当する色名を黒インクで示している5つの単語のうちから1つ選択するものである。ストループテストにおける課題3と課題4は注意力を測定するもので，色への注意に焦点を当てている。課題3と課題4のストループ干渉のスコアは，色に関する選択的注意力を評価しているものである。

図2-2-1は，箱田・佐々木（1991）による2つの干渉の説明で，緑のインクで「あか」が呈示される場合，両干渉がどのように生起するのかを示している。逆ストループの場合，緑のインクで示された「あか」に対し，インクの色（緑）自体を無視して，5つの色パッチの選択肢から「あか」の色パッチを選択して回答しなければならないので，インクの色（緑）が干渉することになる。一方，ストループの場合，緑のインクで示された「あか」に対し，語（あか）の意味自体を無視して，示されているインクの色（みどり）に該当する黒インクで色名を平仮名で表記した5つの選択肢の中から選択して回答しなければならないので，語（あか）の意味自体が干渉することになる。

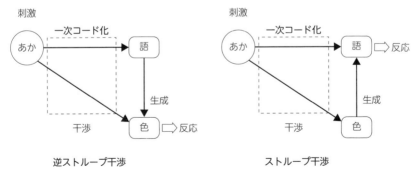

図 2-2-1　ストループ干渉・逆ストループ干渉の説明モデル（箱田・佐々木, 1991）

2 日本語版および英語版の検査Ⅱに関する先行研究

　逆ストループ干渉およびストループ干渉を測定するために，伝統的な口頭反応によるテストとマッチング反応形式による視覚反応を伴うテストが用いられてきた。この2つのテストにはモダリティの違いがあるが，いずれも言語習得プロセスにおける認知機能の重要な指標とされる。ここでは，本調査で使用される日本語版および英語版の検査Ⅱに関する逆ストループ干渉とストループ干渉に関わる先行研究の一部を簡単に紹介するにとどめる（検査Ⅰを含む詳細な先行研究は，佐久間，2014を参照）。

　日本語版検査Ⅱを使用した松本・箱田・渡辺（2012）は7歳から86歳の男女の有効なデータを分析している。正答数は，全課題に共通して，7～8歳群が最も少なく，18～19歳群がピークに向けて増加し続け，20～29歳群以上の年齢群では減少傾向にあり，検査Ⅰを使用した渡辺・箱田・松本（2011）と類似し，山形カーブを描く傾向にあった。逆ストループ干渉は9～10歳群から生起し，11～12歳群まで直線的に上昇，青年期までほぼ同じ水準を保った後，老年期にかけて緩やかに減少しており，全体的には山形カーブを描いていた。一方，ストループ干渉は最も大きい時期が7～8歳群，8～9歳群（小学2，3年）および老年期（60～69歳群，70～86歳群）で急激に増加しU字型の変化を示していた。この両干渉の発達の変化の解釈として，抑制機能の発達，児童の言語発達（Schadler & Thissen, 1981; Schiller, 1966）および刺激と反応の連合強度（Blais & Besner, 2006）を取り上げている。連合強度は，刺激と反応の連合強度の処理が弱い場合，連合処理の強い処理から干渉を受けるというものである。ストループ干渉が，小学2，3年に高く生起する理由として，課題における抑制は無関係の全情報ではなく言語情報のみに限定されるとし，子どもの抑制機能の未発達を指摘している。また，刺激と反応の連合強度に関して，刺激が単語の場合，読む行為は日常的に頻繁に行われるので，刺激と反応の連合強度が強い状況にあるが，刺激が色の場合，色の名前を読む行為はさほど頻繁には行われないので刺激と反応の連合強度が相対的に弱く，連合強度の強い処理から干渉を受けると指摘している。さらに，言語発達において，読み能力の低い小学校就学前後の児童は文字からの干渉を受けないため，ストループ干渉

はほとんど生起しないが，読む能力の発達が始まる7，8歳になると干渉が最大となり，これ以降，読む能力の発達に伴い言語をコントロールする能力が高まり，同干渉が弱くなると指摘している。一方，逆ストループ干渉が，小学2，3年生で生起していない（負の干渉率）理由として，無関係な色情報への抑制が強いのではなく，抑制が不要であるほど無関係の色情報に対し処理がなされていないことをあげている。また，小学2，3年生は色と色命名の連合強度が非常に弱いため，単語が示す色のポインティングが干渉しない可能性があるとしている。

　この研究報告は，ストループ干渉率と逆ストループ干渉率は異なる発達変化を示しており，両干渉は異なる認知機能を反映している。

　二言語版（日本語版と英語版）の検査Ⅱを使用した先行研究として，英語に活動として触れている日本人小学生の高学年を対象にした調査（Sakuma, 2010）および全学年を対象として調査（Sakuma, 2011：Part 2 第1章で紹介）がある。Sakuma（2010）は高学年を一括りにして英語リスニング能力テストの一つである児童英検ブロンズに基づき，英語リスニング能力の上位群と下位群に分けて二言語版の検査Ⅱを分析し次のとおり報告している。4つの課題の各正答数に関して，両群ともに両言語において課題1から課題4に向けて下降していく傾向にあり，両群ともにそれぞれ両言語間でL1の正答数が高かった。また，両群間の各課題の比較では，4つの課題において両言語ともに上位群の正答数が高かった。また，干渉率に関して，上位群は両言語版の両干渉ともに正の値で，両言語ともに逆ストループ干渉率のほうがストループ干渉率よりも高い傾向にあった。一方，下位群は日本語版において両干渉ともに正の値で，ストループ干渉率のほうが逆ストループ干渉率よりも高い傾向にあったが，英語版では両干渉率とも負の数値で両干渉とも生起していなかった。さらに，両群間の各干渉率の比較において差は見られなかった。この調査結果から，注意力は，両群ともに母語が優位で，英語リスニング力の高さ（上位群）は日本語および英語の注意力にも優位に反映されている（日本語版：課題1〜3, $p<.001$；課題4, $p<.01$，英語版：課題1〜4, $p<.001$）。一方，選択的注意力に関しては，両群間で両言語ともに有意差はなかった。また，両群ともに日本語版の両干渉率から自動化は見られるが，英語処理に関しては両群ともに自動

化は難しく，特に下位群に顕著であると報告している。また，Sakuma（2011）は，Part 2 第1章で述べたとおり，英語活動に参加している小学生の全学年を対象に二言語版の検査Ⅱの調査を行った結果，注意力を示す4つの課題については，母語（日本語）のほうが優れており，両言語ともに高学年のほうが優れていた。その一方，自動化を示す干渉率に関しては，母語（日本語）のほうが一概に優れているわけではなく，学年が進むに従い顕著に高くなるとも一概に言い難かった。特に英語の両干渉率の負の値および不安定な生起は，外国語であるがゆえに言語の未発達が大きく起因し，それに伴う抑制機能の未発達や刺激と反応の連合強度に影響を及ぼしていると推察している。

3 本調査研究

1. 目的

前節の記述のとおり，母語である日本語版の検査Ⅱを使用した先行研究はあるが，英語版を実施した研究は少なく，主に小学生を対象にしている（Sakuma, 2010, 2011）。したがって，外国語活動に参加している小学校の高学年およびこの学習経験のある中学校の全学年を対象に両言語版を調査しているデータは見当たらないものと思われる。そこで，本調査では，英語学習における小学校と中学校の連携のための基礎的研究のデータの収集を目的に，外国語活動が必修化（2011年度）となって以来，外国語活動に参加している小学校高学年および外国語活動の移行期間（2009年度）からこの活動に参加し，英語を教科として学習している中学生を対象に母語および外国語としての英語に関する注意力，選択的注意力，抑制機能および言語の自動化の特徴について認知発達段階も踏まえて考察していく。

2. 仮説

逆ストループおよびストループで使用されている5色に関する刺激材料（言語情報，色の概念）は学校内外の日常生活で意識的もしくは無意識的に頻繁に知覚し長期記憶貯蔵庫から検索されていることが予想される。両言語版ともに検査Ⅱを回答する際に，実験参加者は刺激情報を処理する際に長期記憶内のさ

まざまな情報を活性化し，必要な情報にのみ注意を向け，不要な情報には抑制をかけ効率的に処理していることが予想される。年齢の増加（児童期から青年期前期）に伴いWMの機能も高くなり（Gathercole & Alloway, 2008），小学校高学年の英語リスニング力の高い群は低い群よりも日本語と英語の注意力において効果量「中」以上の顕著な高さを示し（Sakuma, 2010），小学校全学年において両言語ともに高学年のほうが優れている（Sakuma, 2011）ことから仮定すると，これらの色に関する単語や色の概念の情報が処理における注意力（課題1から4）は，両言語版ともに学年が上がるに従って大体増加することが予想される。その一方で，選択的注意力（逆ストループおよびストループ干渉率）は，干渉率の種類により言語または色への注意が異なることから，言語発達や抑制機能の違いにより結果は異なると思われる。

　逆ストループ干渉の場合，言語刺激へ注意の焦点を当てるため，提示刺激を言語として如何に強く認知するかといった言語発達が強く関与するものと思われる。日本語版においては，小学5年よりも小学6年が高く，中学3年間は小学5年よりも高い水準で大体同程度を保っていること（松本他，2012）ことが予想される。また，英語版においては，学年の上昇に伴い，活動および教科による英語の累積的接触量が増加する現状から判断して，母語ほど顕著ではないにしても同様の傾向が予想される。

　ストループ干渉の場合，言語発達に伴い言語との連合強度が強くなる中で，インクの色を優先的に認識する際に言語情報を如何に抑制するかが重要と思われる。日本語版においては，学年が進むに従い読む能力が発達し，言語をコントロールする能力が高まることで同干渉も弱まるものと思われる。また，英語版においても母語ほど顕著ではないにしても同様の傾向が予想される。

　本研究は，注意力（課題1から4）と選択的注意力（両干渉率）に関して，次の6つの仮説をもとに調査を行った。

仮説1：学年が上がるにつれて課題1から4の数値（注意力）は二言語ともに高いであろう。

仮説2：課題1から4の数値（注意力）の二言語間における相関は学年が上がるに従い高くなるであろう。

仮説3：逆ストループ干渉率（言語への選択的注意力）は両言語ともに小学5年よりも小学6年以降は高く，中学生の3年間は大体同程度の水準を保っているであろう。

仮説4：逆ストループ干渉率（言語への選択的注意力）の二言語間における相関は学年が上がるに従い高くなるであろう。

仮説5：ストループ干渉率（色への選択的注意力）は，両言語ともに小学校の高学年のほうが中学1年から3年よりも高く，中学生の後半から下降していくであろう。

仮説6：ストループ干渉率（色への選択的注意力）の二言語間における相関は学年が上がるに従い高くなるであろう。

4 方法

1. 参加者

本研究の調査対象者は某国立大学附属小学校および同中学校の児童・生徒である。対象の小学5，6年生は，2011年度の必修化に伴い年間35コマの外国語活動を実施している。この小学生のほぼ全員が同大学の附属中学校へ進学する。また，中学生は全学年ともに約1割は他の公立小学校出身者であるが，対象の中学生全員が小学校で外国語活動を経験している。

本調査の小学校の外国語活動はクラス担任が定期的（約年間時数の3分の1）に語学指導助手（assistant language teacher: ALT）とのティーム・ティーチング（team teaching: TT）も実施している。本調査に協力頂いた児童・生徒の英語への接触時間数は，1回の授業時数を1時間と表記するが，小学校の1時間は45分，中学校は50分の授業である。小学校の外国語活動は週1時間，中学校の英語は週4時間でそれぞれ年間35週である。このことから，学年別の英語接触時間数は，小学5年生が35時間，小学6年生は70時間，中学1年生は210時間（小学校での年間35時間×2年間＋中学1年の週4時間×35週），中学2年生は350時間（小学校での年間35時間×2年間＋週4時間×35週×2年間），中学3年生は490時間（小学校での年間35時間×2年間＋週4時

× 35 週 × 3 年間）である。なお，本調査の対象者である小学 5, 6 年生が学校以外（塾や家庭学習等）で英語に触れている児童の割合は，それぞれ 69.0%，75.3% と学年が上がるに従い増加する傾向にあり，事前のデータ確認として両者（学校以外での英語への接触の有無）の二言語版の各課題および両干渉率にほとんど差はなかったことから，学校以外での英語学習の有無を区別することなく，学年ごとのデータとして取り扱っていく。

調査データ数に関しては，上記のすべてのテストを適切に受験し，なおかつ右利きの学習者のみを神経心理学の脳機能の立場（Knecht et al., 2000）から取り扱っているので，学校に在籍している児童および生徒の総数ではない。また，各学年の小学校外国語活動および中学校英語の授業時数は学校の年間時数を単純に計算したものにすぎず，データ収集時点で児童や生徒が英語の授業に参加した総時間数ではない。

2. マテリアル

前述の日本語版と英語版の検査 II を使用した。各課題（課題 1 から 4）ともに問題が 100 題あり，1 分間で正確に数多く解答するものである。これらのテストには各課題の練習問題がついている。

3. 手順

日本語版と英語版の検査 II は各クラスでクラス担任が一定の期間内に実施した。各課題の本番に入る前に練習問題で内容を確認し，必要に応じて補足説明を行った。2 つの言語版を実施するにあたり，日本語版と英語版の実施順番において学年ごとにカウンターバランスを取った。

5 結果と考察

1. 結果

①日本語（母語）と英語（外国語）の注意力（課題 1 から課題 4 の正答数）

二言語（日本語および英語）版の各学年の 4 つの課題の正答数の結果は，表 2-1-1, 図 2-2-2 および図 2-2-3 のとおりである。全体的に両言語版の各課題と

第2章 外国語活動経験者の母語（日本語）および外国語（英語）におけるストループおよび逆ストループ効果

表 2-2-1　記述統計：日本語版と英語版における課題1〜4の正答数と各干渉率

学年 (年齢)	グループ N	J-Task1 M	J-Task1 SD	J-Task2 M	J-Task2 SD	J-Task3 M	J-Task3 SD	J-Task4 M	J-Task4 SD	J-R-STI M	J-R-STI SD	J-STI M	J-STI SD
5(10-11)	89	51.37	8.20	43.17	7.42	39.83	6.06	34.11	7.23	15.50	10.86	14.48	12.74
6(11-12)	91	58.80	10.50	49.58	10.75	45.65	8.10	40.35	7.07	15.51	10.60	11.29	9.63
7(12-13)	125	62.08	8.48	49.00	10.20	44.16	7.31	38.88	7.99	21.20	12.19	11.77	12.72
8(13-14)	120	65.54	9.18	54.55	8.83	47.90	6.99	43.43	9.02	16.63	8.96	9.49	13.51
9(14-15)	141	68.31	9.23	54.82	10.42	49.19	7.57	45.82	8.23	19.71	11.78	6.09	14.28
Total	566	62.16	10.71	50.80	10.50	45.77	7.90	41.06	8.92	18.05	11.21	10.22	13.13

学年 (年齢)	グループ N	E-Task1 M	E-Task1 SD	E-Task2 M	E-Task2 SD	E-Task3 M	E-Task3 SD	E-Task4 M	E-Task4 SD	E-R-STI M	E-R-STI SD	E-STI M	E-STI SD
5(10-11)	89	44.71	10.36	39.34	8.30	36.78	6.34	31.42	7.03	10.74	12.04	14.58	12.52
6(11-12)	91	54.06	12.29	46.02	8.73	40.60	6.02	35.32	6.55	13.44	10.90	12.64	12.97
7(12-13)	125	61.02	10.48	47.29	9.67	41.36	6.92	35.47	8.35	20.94	20.87	14.21	14.38
8(13-14)	120	64.22	9.92	52.22	9.73	45.90	6.97	39.96	8.45	18.07	15.87	13.04	13.04
9(14-15)	141	67.12	9.25	53.23	10.56	46.81	7.18	43.01	7.61	20.10	14.56	6.84	21.89
Total	566	59.53	12.88	48.36	10.68	42.84	7.65	37.64	8.69	17.31	16.03	11.93	16.13

注：
J-Task1，J-Task2：日本語版のR-STテストにおける課題1と課題2
J-Task3，J-Task4：日本語版のSTテストにおける課題3と課題4
J-R-STI：日本語版のR-STテスト干渉率（％）
J-STI：日本語版のSTテスト干渉率（％）
E-Task1，E-Task2：英語版のR-STテストにおける課題1と課題2
E-Task3，E-Task4：英語版のSTテストにおける課題3と課題4
E-R-STI：英語版のR-STテスト干渉率（％）
E-STI：英語版のSTテスト干渉率（％）
逆ストループ干渉率の計算公式：（課題1－課題2）／課題1 × 100
ストループ干渉率の計算公式：（課題3－課題4）／課題3 × 100

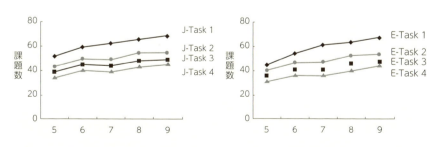

図 2-2-2　日本語版の課題1〜4の正答数　　図 2-2-3　英語版の課題1〜4の正答数

　もに（J-Task2〜4の6学年＞7学年を除く）上の学年が高い傾向にあった。
　日本語版および英語版のそれぞれの正答数について，5（学年：実験参加者

間要因）×4（課題条件：実験参加者内要因）の二元配置分散分析を行った。Mauchly 検定で球面性が満たされない場合は，Greenhouse-Geisser 法により自由度を修正して検定を行った。

　日本語版の正答数に関する二元配置分散分析の結果，学年の主効果（F (4, 561) = 46.36, η^2 = .25, p < .001），課題条件の主効果（F (2.41, 1350.26) = 1580.11, η^2 = .74, p < .001），学年×課題条件の交互作用（F (9.63, 1350.26) = 8.69, η^2 = .06, p < .001）が有意であった。交互作用の下位検定として，学年別に課題条件の単純主効果を検定した結果，すべての学年において課題条件の単純主効果が有意（いずれも p < .001）であった。さらに，Bonferroni 法を用いた多重比較の結果，5つの学年すべてにおいて課題条件の組み合わせ間に有意差があり，正答数の多い順に，課題1，課題2，課題3，課題4であった（いずれも p < .001）。また，課題条件別に学年の単純主効果の検定を行った結果，すべての課題条件において学年の単純主効果が有意であった（いずれも p < .001）。さらに，Bonferroni 法を用いて行った多重比較にて，隣り合う学年間の有意差を分析した結果は次のとおりである。4つの課題条件ともに特定の学年の組み合わせのみ有意差があったが（小学5年と小学6年：4つの課題条件ともに p < .001，中学1年と中学2年：課題1は p < .05，課題2から4は p < .001），各正答数は小学5年が最も少なく，中学3年の最高値に向けて増加し続ける右肩上がりの傾向が，一部（小学6年の課題2〜4の正答数は中学1年よりも若干高い）を除き見られた。

　英語版の正答数に関する二元配置分散分析の結果，学年の主効果（F (4, 561) = 65.99, η^2 = .32, p < .001），課題条件の主効果（F (2.46, 1381.14) = 1422.34, η^2 = .72, p < .001），学年×課題条件の交互作用（F (9.85, 1381.14) = 19.80, η^2 = .12, p < .001）が有意であった。交互作用の下位検定として，学年別に課題条件の単純主効果を検定した結果，すべての学年において課題条件の単純主効果が有意であった（いずれも p < .001）。さらに，Bonferroni 法を用いた多重比較の結果，日本語版と同様に英語版も，5つの学年すべてにおいて課題条件の組み合わせ間に有意差があり，正答数の多い順に，課題1，課題2，課題3，課題4であった（いずれも p < .001）また，課題条件別に学年の単純主効果を検定したところ，すべての課題条件において学年の単純主効果が有意（いずれも

表 2-2-2　日本語版と英語版の各課題の Pearson の相関係数

学年 (年齢)	グループ N	Task1 r	Task2 r	Task3 r	Task4 r
5 (10-11)	89	.31 **	.48 ***	.69 ***	.68 ***
6 (11-12)	91	.43 ***	.49 ***	.51 ***	.58 ***
7 (12-13)	125	.57 ***	.64 ***	.75 ***	.72 ***
8 (13-14)	120	.46 ***	.61 ***	.77 ***	.78 ***
9 (14-15)	141	.51 ***	.53 ***	.69 ***	.68 ***

**$p<.01$,　***$p<.001$

$p<.001$）であった。さらに，Bonferroni 法を用いて行った多重比較にて，隣り合う学年間の有意差を分析したところ，有意差のあった学年の組み合わせは課題条件によって異なっていたが（小学 5 年と小学 6 年：課題 1 と課題 2 は $p<.001$, 課題 3 と課題 4 は $p<.01$, 小学 6 年と中学 1 年：課題 1 は $p<.001$, 中学 1 年と中学 2 年：課題 2〜4 は $p<.001$, 中学 2 年と中学 3 年：課題 4 は $p<.05$), いずれの課題についても小学 5 年が最も少なく，学年を追うごとに右肩上がりで，中学 3 年の数値が高く，すべての課題条件に共通していた。

日本語版と英語版の各課題の正答数の相関は表 2-2-2 のとおりである。全体的傾向としては，言語自体の意味表象に関わる課題 1 や課題 2 に比べ，色の意味表象が重要な関わりをもつ課題 3 や課題 4 の相関が高い傾向にあった。

② 日本語（母語）と英語（外国語）の選択的注意力（逆ストループ干渉率・ストループ干渉率）

二言語（日本語および英語）版の各学年の逆ストループおよびストループの

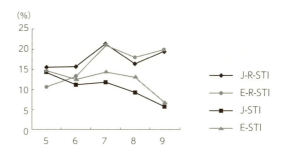

図 2-2-4　二言語版の逆ストループ干渉率（R-STI）およびストループ干渉率（STI）

干渉率は表2-2-1および図2-2-4のとおりである。両言語ともに学年間の両干渉率の全体的動向は類似していた。逆ストループ干渉は中学生が小学生よりも高く，その一方でストループ干渉は中学生のほうが低い傾向にあった。

　日本語版および英語版のそれぞれの干渉率について，5（年齢群：実験参加者間要因）×2（干渉条件：実験参加者内要因）の二元配置分散分析を行った。

　その結果，日本語版の干渉率に関して学年の主効果（F (4, 561) = 3.91, η^2 = .03, p < .01），干渉条件の主効果（F (1, 561) = 98.97, η^2 = .15, p < .001），学年×干渉条件の交互作用（F (4, 561) = 9.37, η^2 = .06, p < .001）が有意であった。交互作用の下位検定として，学年別に干渉条件の単純主効果を検定した結果，小学5年では干渉条件の単純主効果は有意でなく，逆ストループ干渉率とストループ干渉率には有意差がなかった（p = .564）。その一方で，小学6年から中学3年の各学年では干渉条件の単純主効果が有意であり，ストループ干渉率よりも逆ストループ干渉率のほうが有意に高かった（いずれも p < .01）。さらに，干渉条件別に学年の単純主効果を検定したところ，逆ストループ干渉条件およびストループ干渉条件の両方において学年の単純主効果は有意であった（いずれも p < .001）。

　この学年の単純主効果について，Bonferroni法による多重比較を行ったところ，次の学年の組み合わせが学年間で有意差を示した。逆ストループ干渉率に関しては，小学5年と中学1年（d = .49, p < .01），小学5年と中学3年（d = .37, p < .05），小学6年と中学1年（d = .49, p < .01），小学6年と中学3年（d = .37, p < .05）および中学1年と中学2年（d = .43, p < .05）で有意差があった。5つの学年の中で中学1年の逆ストループ干渉率が最も高く，小学5, 6年はほぼ同じ干渉率で，中学1年から3年の全学年ともに小学5, 6年よりも高い干渉率にあった。また，中学生の学年間では中学2年が低い数値であった。ストループ干渉率に関して有意差があった学年の組み合わせは，小学5年と中学3年（d = .61, p < .001），小学6年と中学3年（d = .41, p < .05）および中学1年と中学3年（d = .42, p < .01）であった。5つの学年の中で小学5年のストループ干渉率が最も高く，小学6年と中学1年はほぼ同じで数値で，全体的には学年が上がるに従い干渉率は低くなる傾向を示した。

　また，英語版の干渉率について，5（年齢群：実験参加者間要因）×2（干

渉条件：実験参加者内要因）の二元配置分散分析の結果，学年の主効果（$F(4, 561) = 3.84$, $\eta^2=.03$, $p<.01$），干渉条件の主効果（$F(1, 561) = 21.77$, $\eta^2=.04$, $p<.001$），学年×干渉条件の交互作用（$F(4, 561) = 9.51$, $\eta^2=.06$, $p<.001$）が有意であった。交互作用の下位検定として，学年別に干渉条件の単純主効果を英語版に関して検定した結果，小学5年および小学6年は干渉条件の単純主効果が有意でなく，逆ストループとストループの干渉率には有意差がなかった（小学5年：$p=.100$，小学6年：$p=.729$）。その一方で，中学1年から中学3年の各学年においては干渉条件の単純主効果が有意であり，ストループ干渉率よりも逆ストループ干渉率のほうが有意に高かった（中学1年：$p=.001$，中学2年：$p=.013$，中学3年：$p<.001$）。次に干渉条件別に学年の単純主効果を検定したところ，逆ストループ干渉条件（$p<.001$）とストループ干渉条件（$p=.001$）のいずれにおいても学年の単純主効果が有意であった。

この学年の単純主効果について，Bonferroni法による多重比較を行ったところ，逆ストループ干渉率に関して有意差があった学年の組み合わせは，小学5年と中学生の全学年（中学1年：$d=.57$, $p<.001$，中学2年：$d=.51$, $p<.01$，中学3年：$d=.69$, $p<.001$），小学6年と中学1年（$d=.43$, $p<.01$）および小学6年と中学3年（$d=.50$, $p<.05$）であった。全体的傾向は日本語版の逆ストループ干渉率と酷似しており，5つの学年の中で中学1年の逆ストループ干渉率が最も高く，中学1年から3年の全学年ともに小学5，6年よりも高い干渉率にある中で，中学生の学年間では中学2年が低い数値であった。また，ストループ干渉率に関して有意差があった学年の組み合わせは，小学5年と中学3年（$d=.41$, $p<.01$），中学1年と中学3年（$d=.39$, $p<.01$）および中学2年と中学3年（$d=.34$, $p<.05$）で，この結果は中学3年のみが顕著に低いことに起因していた。全体的傾向は5つの学年の中で小学5年のストループ干渉率が中学1年と僅差ではあるが最も高かった。中学生は学年が上がるに従い干渉率が低くなる傾向を示した点は日本語版のストループ干渉率と同じであった。

また，各干渉率について学年ごとに日本語版と英語版との間でPearsonの相関分析を行ったところ，次のような結果が得られた。逆ストループ干渉率に関しては，小学生の高学年は相関がなかったが，中学生では学年を追うごとに少しずつ相関が高くなる傾向にあり，中学2年，3年では弱い相関が見られ

た（中学1年：$r=.18, p=.051$，中学2年：$r=.28, p=.002$，中学3年：$r=.33, p<.001$）。一方，ストループ干渉率に関しては，小学5年では相関がなく，小学6年と中学1年では弱い相関（小学6年：$r=.29, p=.006$，中学1年：$r=.23, p=.011$）があり，中学2年ではより顕著な相関（$r=.60, p<.001$）となったものの，中学3年では相関がなく（$r=.08, p=.338$），一貫した傾向は見られなかった。

2. 考察

本研究では日本語版と英語版の逆ストループテストおよびストループテストを小学5年生から中学3年生を対象に4種類の課題の正答数，二言語版それぞれの2種類の干渉率を分析した。

4種類の正答数は，日本語版の一部（小学6年の課題2，課題3，課題4の正答数は中学1年よりも若干高い）を除き，各課題条件の二言語ともに小学5年から中学3年まで右肩上がりのパターンを示していた。この両言語版における各課題の年齢群の比較において上昇する傾向が見られたことから，仮説1（学年の上昇に伴う課題1から課題4の注意能力は二言語ともに高いであろう）は支持されたといえる。今回の調査における年齢群（小学5年から中学3年）の学年の上昇に伴う注意力の増加は，検査Ⅱの日本語版を使用した松本他（2012）や検査Ⅱの日本語版と英語版を使用したSakuma（2011）と酷似しており，認知発達段階に伴い，二言語の注意力は上昇しているといえる。また，両言語間の各課題の相関は，言語への注意を要求される課題1および課題2に関しては，総じて小学生よりも中学生のほうが高い傾向にあるものの，色への注意を要求される課題3および課題4は，小学5年は，中学1，2年よりも低いものの，小学6年よりも高く，中学3年とはほぼ同じであった。この結果から，仮説2（二言語間の注意力の相関は学年が上がるに従い高くなるであろう）は強く支持されるとはいえないが，言語への注意（課題1および課題2）については，一定の傾向の可能性が見られたといえる。また，色の意味表象に関わる課題3と課題4の相関が，言語自体の意味表象に関わる課題1や課題2よりも高い結果は，二言語に共通の意味の概念化を示唆している可能性がある。この点に関して，今後，学習者の英語熟達度の相違による相関についても調査していく必要がある。さらに，今回の調査は刺激および反応の言語は同一であり，言

語内干渉を測定したが，今後，新たな組み合わせとして，日本語刺激に対する英語反応やその逆のパターンである言語間干渉も含め比較検討していくことが必要である。

　各干渉の二言語の結果に関して，先行研究の議論を踏まえて主に3つの視点（抑制機能，言語発達，刺激と反応の連合強度）から考察していく。

　逆ストループ干渉の日本語版に関して，小学5，6年の干渉率は，ほぼ同じ数値で中学生の全学年よりも低く，中学生のほうが高い干渉率となった結果は松本他（2012）と類似している。また，逆ストループ干渉の英語版に関しては，中学1年から中学3年の数値の違いは多少あるものの有意差はなく，一方，小学5年と中学生の全学年間および小学6年と中学1年，中学3年との比較においては有意差があった。総じて，中学生の全学年は小学5年よりも干渉率が大きい点は，日本語版の松本他（2012）および本調査の日本語版と類似している。以上の点から，仮説3（両言語ともに逆ストループ干渉率は小学5年よりも小学6年以降は高く，中学生の3年間は大体同じ水準を保っているであろう）はほぼ支持されたといえる。

　逆ストループ干渉の日本語版に関して，中学生のほうが高い干渉率は，中学生が小学生よりも無関係の色情報に対して色への抑制機能が非常に弱いとの理由によるものとは考え難く，むしろ言語発達に伴い色と色命名の連合強度が増加し，連合強度が増すことで色情報からの干渉が増加したもの（Blais & Besner, 2006）と思われる。また，逆ストループ干渉の英語版に関しても，日本語版の結果と同様に中学生のほうが高い干渉率であり，中学生が小学生よりも無関係の色情報に対して色への抑制機能が非常に弱いとの理由よりは，むしろ英語の発達に伴い色と色命名の連合強度が増加し，連合強度が増すことで色情報からの干渉が増加した可能性があると思われる。しかし，その一方で，日本語版と英語版のこの干渉率に関する相関が弱いことは，二言語の自動化の発達の相違（日本語と比較して英語の自動化の低さ）を示唆していると推察される。以上の結果から，仮説4（日本語版と英語版の相関は学年が上がる従い高くなるであろう）が支持されなかったが，中学生の学年が上がるごとに低い相関ではあるものの，その数値が少しずつ高くなる傾向を考慮すると，言語に関与する認知能力の発達が影響している可能性も残されている。小学5年から中

学3年の調査対象者の英語への接触の仕方（小学校英語の単なる活動として音声に慣れ親しむことが要求される言語処理水準の浅さ，中学校英語の教科として言語の正確な理解および産出が求められる言語処理水準の深さ）や接触量（小学校英語に比べ中学校英語の時間数の多さ）の相違を考慮すると，日本語同様に英語における微視的レベルでの自動化の発達を示唆している可能性があるのかもしれない。

　ストループ干渉の日本語版に関しては，小学5年の干渉率が最も大きく，中学3年が最小の傾向にあった。この傾向は，小学6年の干渉率が最大であった松本他（2012）の結果とは若干異なるものの全体的には大差はなく，特に中学3年の干渉率が最小であることは渡辺他（2011）や松本他（2012）とも類似していた。また，ストループ干渉の英語版に関しては，日本語版と同様に小学5年が最も大きく，中学3年が最小の傾向にあり，渡辺他（2011）や松本他（2012）とも類似していた。学年間の比較では，中学3年を除き有意差がなかった。干渉率が最も低い中学3年との他学年間の比較では，小学6年との比較のみ有意差がなく，それ以外の学年とはそれぞれ中学3年が有意に低かった。上記の二言語版ともに中学3年でストループ干渉率が激減している結果から判断し，仮説5（両言語ともにストループ干渉率は，小学校の高学年のほうが中学1年から3年よりも高く，中学生の後半から下降していくであろう）は支持されたといえる。また，前述のとおり，ストループ干渉率に関する両言語間の相関は学年の上昇に伴い一貫した上昇は見られなかったことから，仮説6（日本語版と英語版の相関は学年が上がるに従い高くなるであろう）は支持されなかった。

　ストループ干渉の日本語版の結果の解釈として，子どものストループ干渉が強まるのは，抑制機能の未発達（La Heij & Boelens, 2011）によるもので，この機能は課題に無関係の言語情報のみの抑制に限定されている（松本他, 2012）。刺激と反応の連合強度において，刺激が色の場合，色の名前を読む行為は単語の読みに比べ頻繁には行われないことから，刺激と反応の連合強度が相対的に弱く，連合強度の強い言語処理から干渉を受けることになる。言語発達においても，小学5, 6年生は中学生に比べ言語能力は低いと考えられる。以上の点から，小学5, 6年生が中学生に比べストループ干渉率が高い理由は，小学5, 6年生の読みの能力が中学生よりも低く，刺激と反応の適切な連合強

度は弱く，不要な情報を抑制する能力も低いことから言語をコントロールする能力が劣ることによるものと考えられる。

　ストループ干渉の英語版の結果の解釈は日本語版と同様で，子どものストループ干渉の強さは抑制機能の未発達と関連し，英語の場合，色の名前を読む行為が日本語よりも少なく，刺激と反応の連合強度はさらに弱くなり連合強度の強い言語処理から干渉を受けることになる。以上の点から，英語版においても，日本語版と同様，小学5，6年生が中学生に比べストループ干渉率が高い理由は，小学5，6年生の読みの能力が中学生よりも低く，不要な情報を抑制する能力も低いことから言語をコントロールする能力も劣るものと考えられる。今回の英語の結果が，母語（日本語）と類似した傾向が見られる点では，言語処理の類似した認知発達的特徴を示唆しているのかもしれない。しかし，その一方で，この干渉の両言語間での相関が，小学6年や中学1年では弱く，中学2年では顕著で，中学3年では見られない結果は，逆ストループ干渉とは多少異なる傾向を示している。この特徴は前掲の図2-2-1で示したように両干渉の異なる生起プロセスにおいて作用する言語能力や抑制過程の相違を示唆しているものと推察される。

6 おわりに

　今回の調査では，日本語版と英語版におけるそれぞれの4つの課題，逆ストループ干渉率およびストループ干渉率をもとに小学校外国語活動に参加している小学校高学年の児童およびその経験をもつ中学校全学年の生徒の認知的特徴を探った。小学校外国語活動で触れる英語は基本的な語彙に限られていることを考慮すると，今回刺激材料として使用したわずか5色の言語に関する複数の注意力や選択的注意力の調査は限定的ではあるが，二言語の認知機能の特徴（抑制機能，自動化および連合強度）を引き出す指標といえる。

　今後，小学校英語の教科化の動き（文部科学省，2013）に伴い，小学校，中学校，高等学校および大学との連携が叫ばれる昨今において，4技能に関する言語能力だけでなく，言語習得の根幹を成すWM内の実行機能に関する認知発達的特徴の視点から，日本語および英語の処理の数多くの基礎的研究データをもと

に英語の指導方法（インプット，インテイク，アウトプット）を探ることも重要といえる。今後の課題として，小学生から大学生までを射程に入れ，英語接触量（時間数）および接触方法（処理の深さや指導方法）の相違による注意力（4つの課題）や言語および色への選択的注意力（逆ストループ干渉およびストループ干渉）の特徴について，母語（日本語）および英語（外国語）の比較検討を行っていきたい。

[謝辞]

　本研究の調査に全面的な支援を頂いた某国立大学附属小学校ならびに附属中学校の児童，生徒，教職員および関係者の方々に深謝の意を表する。また，本研究の大半は，科研費（課題番号 25370615）および，一部は福島大学プロジェクト研究推進経費「プロジェクト・タスクフォース」の助成に基づいている。

第2章　佐久間論文2へのコメント

箱田裕司・松本亜紀

　佐久間論文は，ストループ効果および逆ストループ効果を同時に測定可能な新ストループ検査Ⅱの日本語版と英語版を用いて，小学高学年生から中学生までの注意の発達過程を調べたものである。

　これまで，外国語（英語）教育が本格的に導入される年齢層について日本語ならびに英語の両言語によるストループ効果，逆ストループ効果について，広範に調べた研究はない。佐久間論文の興味深い点は，すでに数多くの研究がなされているストループ効果に加えて，逆ストループ効果をも日本語，英語版の2つを用いて調べたところにある。

　最近，ストループ干渉と逆ストループ干渉の機序の違いを示唆する研究が相次いでいる。一つは注意に障害をもつADHDの子どもたちを対象にした研究である。ADHD，とりわけ注意障害が主症状のADHD-I（ADD）の中国人の子どもを対象に中国語版新ストループ検査Ⅱを実施したところ，ストループ干渉率については，ADHD群，健常対照群に差がなく，逆ストループ干渉についてのみ，ADHD群は健常対照群よりも有意に高い干渉率を示すことがわかった（Song & Hakoda, 2011）。

　また，fMRIを用いた脳機能研究において，前帯状皮質（Anterior cingulate cortex: ACC）の活動は，語と色が食い違う単語の色名呼称（ストループ課題）よりも語の読み課題（逆ストループ課題）でより強く高まることが知られている（Ruff, Woodward, Laurens, & Liddle, 2001）が，これは反応方法として口頭反応を用いた研究である。最近，我々は，ストループ検査Ⅱと同じ形式のマッチング反応を用いてfMRI研究を行った。ストループ統制課題，ストループ干渉課題，逆ストループ統制課題，逆ストループ干渉課題を実施中の脳活動領域を調べた。その結果，ストループ干渉課題実施中は両側の中前頭回において，対照的に逆ストループ干渉課題実施中は両側の中前頭回だけでなく，内側前頭回，帯状回が有意な活動を示した。このことは両干渉では脳活動に違いがあることを示しており，背景機序が異なることを示唆するものである（Song

& Hakoda, 2015)。

　さて，佐久間の過去の論文（Sakuma, 2010, 2011）においても興味深い結果が得られている。日本語版検査では，英語リスニング能力にかかわらず両干渉が生じている一方，英語版ではリスニング下位群で両干渉が生じていない。このことは両干渉が言語発達の指標になることを示している。

　さらに，この佐久間論文では，ストループと逆ストループの干渉率の発達変化は英語版と日本語版で基本的に同じパターンで推移しながら，ストループ干渉と逆ストループ干渉がそれぞれ異なる発達傾向を示すという結果が得られている。このことは本稿の前半に述べた脳研究と同様に，両干渉の背景機序が異なることを示唆するものである。今後，本検査はADHDなどの発達障害の評価ツールとしてだけでなく，注意機能診断のツールとして広く教育現場で使える可能性があることを示している。

第3章　森　敏行

Influences of Task Repetition
on the Oral Production of Japanese EFL High School Students

タスクの繰り返しが日本人高校生のスピーキングに与える注意焦点の変化

1 研究背景：タスクに基づく言語指導の問題点

　タスクに基づく言語指導（task-based language teaching: TBLT）は第二言語習得の分野で世界的に注目されている（Long & Robinson, 1998; Willis, 1996; Doughty & Williams, 1998; Skehan, 1996; Ellis, 2003）。TBLT では，学習者はタスクを通して意味に焦点を当てると同時に言語形式を処理することができるためである。TBLT の賛同者はタスクが意味と形式の統合を助けることができると主張するが，Ellis（2005）は，TBLT の主要な問題は，その理論的根拠に比べ，実証不足にあると述べている。筆者も含め，多くの教育者や研究者がタスクの影響について懐疑的である理由もそこにある。学習者が実際の授業で行っていることは，研究者が予測していることと大きな違いがあるとの批判も多い（Foster, 1998）。その中でも主要な問題は，学習者はタスクの完成を優先するために言語形式には注意を向けることをしないということである。研究者間において，言語使用を伸ばすには，学習者が意味と同時に言語形式に注意を向ける必要があることに異論はない。それゆえ，現場の教師が TBLT を受け入れるためには，タスクの使用や使用方法により，意味と形式を統合できるという実証が求められる。本研究では日本人学習者は蓄えている言語知識の量にかかわらず，それらの知識を利用することができないといわれていることから，言語使用へのタスクの影響に焦点を当てることにする。

Bygate (1996, 2001) はタスクを繰り返し行うことでその統合を促すことができると提案する。タスクの繰り返しは文字通り学習者に同じまたは似たようなタスクを繰り返し行わせることである。彼は容量の限界とスピーキング処理モデルから，タスクの繰り返しの理論的根拠を示した。

2 理論的背景

1. 容量の限界とスピーキング処理モデル

人々は十分な言語知識があるにもかかわらず，なぜ不適切な語や形式を使ってしまうのか。L2 学習者なら，誰でもそのような経験をしたことがあるに違いない。L2 を話そうとすると，その場では適した表現を思い出すことができず，簡単で慣れた語句を選択することしかできない。より適した表現を思い出すのは会話が終わった後である。認知心理学において，その原因と考えられているのは容量の限界である。容量の限界とは，人間が一度に処理できる情報量には限界があるということである。一般的に，この処理の限界に重要な役割を果たしているのがワーキングメモリ（working memory）である。

ワーキングメモリ（以下 WM）とは，作業記憶，作動記憶ともよばれる。その機能を簡単に言えば，さまざまな認知活動を行うために必要な情報を操作，保持しておくことである。基本的に WM は容量制限があると考えられている（Baddeley, 2007）。

スピーキングは人間にとって最も複雑な認知活動の一つと考えられている。Levelt (1989) によれば，言語は概念化，言語化，音声化の 3 つのステージを通して産出される。概念化とは意図やメッセージを創造することであり，言語化とは創造した内容を言語の形に当てはめることで，最後に言語化されたものを音声のつながりとして発話することが音声化である。話者はこの 3 ステージをほとんど同時に行わなければならない。このスピーキングの認知活動がWM 容量を超えてしまうと適切な言語を産出することが困難になるのである。

2. L1 と L2 話者における違いは何か

L1 産出においては，概念化でのメッセージを創造することには WM 容量を

要するが，言語化や音声化はほとんど自動化されているため WM 容量を必要としないと言われている。そのため，L1 は一般的に負荷なくスムーズに話すことができる。一方，L2 話者は，L1 と異なり，言語化，音声化は自動化されておらず，すべてのステージで WM 容量を必要とする。よって，L2 では，言いたいことがあっても，概念化と同時に言語化や音声化もしなければならないために，WM 容量をオーバーしてしまい言い間違いや誤った選択をしてしまうのである。

3. WM 容量制限をオーバーすると第二言語学習者は何をするか

　Skehan（1998）は，L2 話者が言語を産出するシステムとして，「ルールをもとにしたシステム（rule-based system）」と「記憶をもとにしたシステム（exemplar-based system）」の 2 つを示した。前者は，コンパクトにまとめられたルールをもとに言語作成するシステムで，生成的，分析的な特徴をもつ。このシステムによって，さまざまな表現を作成することができるが，この作業にはかなりの認知負荷が要求される。一方，後者は，記憶された表現，例文をもとに言語を作成するシステムである。記憶された限られた表現しか生成できないが，認知負荷がかからず，すばやく産出することができる。

　実際のコミュニケーションにおいては，人々は意味の伝達を優先する傾向がある。そのため，L2 学習者が言語を産出するときに WM 容量の欠如が起こると，意味の伝達にその容量を消費し，形式に注意をむけることができなくなる。結果として，認知負荷のかからない記憶をもとにしたシステムで自動化された語句や，不完全な表現等を使用してしまう訳である。限られた WM 容量の中では，L2 学習者は一度きりのタスクでは意味と形式の統合は難しいといえる。タスクの使用方法を理解せずに授業に取り入れると，形式に注意を向ける機会を生徒はもつことはできず，言語使用の向上には結びつかないのである。授業でタスクを単に取り入れても生徒の英語力が伸びないといわれる原因もこの点にあると思われる。

　言語使用力を伸ばすためには，意味のある活動をしながら，認知負荷のかかる知識に対して注意を向け，それらを徐々に負荷のかからない知識に変化させていくことが必要である。たとえば，言語使用技術を伸ばすにはルールをもと

に作成している表現に何度も繰り返しアクセスすることにより，認知負荷がなく作成できるようにすることが必要なのである．それゆえ，タスクを授業で行うときも，学習者に WM 容量を十分に確保させつつ，内容に対して適する言語を使い慣れた表現ではなく $i+1$ のレベルで作成することに注意を払わせることが必要なのである．この意味と形式の統合を促す方法として提案されているのがタスクの繰り返し（Task Repetition）である．

4. WM 容量におけるタスクの繰り返しの役割

Bygate（1996）によれば，私たちがタスクを行うとき，はじめは内容の伝達に焦点を当てる．一度タスクを経験することによって，その内容や関連する言語への親近性を構築することができる．この親近性によって WM 容量に余裕ができ，注意を適切な語句の選択や言語の修正に向けることができる．タスクを繰り返すことによってはじめて，学習者は流暢さ，正確さ，複雑さを統合することが可能になる．この流暢さ，正確さ，複雑さとは Skehan（1996, 1998）が提案した発話に関する3つの言語面の尺度である．これらに注意を向けることによって，内容だけでなく言語形式にも注意を向けているということができる．

スピーキングでは，限られた WM 容量の中で L2 学習者は概念化，言語化，音声化と多くのことを同時に処理しなければいけない．Bygate はこの不都合さを補うために，学習者に繰り返しタスクを行わせる機会を与えることで WM 容量への負荷を軽減した後に，再度同じタスクを行わせることによって学習者は言語形式や負荷のかかる知識を利用できるのではないかと考えたのである．この繰り返しによって，学習者は初回の不十分な表現や不適格な語句を修正し，流暢さ，正確さ，複雑さに注意を向けることができるようになり，言語使用力が伸びていくと考えられる．

5. WM 容量と学習者のスタイルの関係

学習者はタスクの繰り返しによって得られた WM 容量を自分たちの好みや適性にあった分野に配分すると考えられる．適性と指導方法をマッチさせるという方法はあまり教育の場ではとられていなかったが，学校現場では適性を考

慮してこそ指導方法が効果的になるのである。よって，指導方法の一般的有効性だけでなく，もしその一般化にあてはまらない学習者が存在するならば，そのことを理解しておくことも現場の教師には求められる。たとえば，WM容量に余裕があるとき，意味と形式の両方に注意を払う学習者もいれば，タスクの完成のみに関心を示す学習者もいると思われる。学習者の好みやスタイルでいくつかのグループに分類されると考えられる。

6．問題提起と仮説

このタスクの繰り返しの影響は理論通り，日本人高校生の発話に対しても効果的な影響を与えるのであろうか。また，その発話における注意焦点はどのように変化するのであろうか。さらに，タスクの繰り返しで得られた容量をどのように配分するのかは学習者間で違いがあるのだろうか。

上記のことをもとに本研究では次の2つの仮説を立てる。

仮説1：日本人高校生は1回目よりもそれ以降で，WM容量に余裕ができるため，自分で言語面に注意を払うことができる
仮説2：日本人高校生は個々の好みやスタイルによって，いくつかのグループに分類できる

3 実験

1．実験1

仮説1を調べるために，同じタスクを何度か日本人高校生に行わせ，その発話を流暢さ，正確さ，複雑さの尺度で客観的に分析する。

①参加者と材料

参加者は80名の高校3年生の日本人英語学習者（男性23名，女性57名）である。TOEIC Bridgeを受験し，150点以上の生徒と100点以下の生徒を除き，参加者の数は64名（男性16名，女性48名）とした。結果として，彼らの英

語習熟度レベルはほとんど同じであると考えられる（参加者の平均値は132）。

タスクは英検の準1級の絵描写タスクを使用した。このタスクは一連の4コマの絵から構成されている。

②データ収集と分析

すべての参加者に同じタスクを3回行わせた。そのすべての発話データをヘッドセットを通して録音した。その後，録音した発話のすべてを書き起こした。最後にアンケートを実施した。

書き起こした発話データは，流暢さ，正確さ，複雑さに関わる8つの尺度で分析した（Bygate, 1996, 2001; Foster, Tonkyn, & Wigglesworth, 2000; Kawauchi, 2005; Ellis & Barkhuizen, 2005)。流暢さに関しては，タスクの完成に要する時間に関わるスピーチレイト，ポーズ（休止）の合計数の2つの尺度を用いた。正確さに関しては，一般的正確さの尺度としてエラーのない AS-unit のパーセンテージ，特定の正確さの尺度としてエラーのない過去形のパーセンテージを用いた。複雑さに関しては，統語的複雑さとして AS-unit の数，従属節の数，AS-unit における語数の割合を，語彙的複雑さとして異語数を採用した。統計分析には統計ソフト SPSS15.0 を使用した。

アンケートでは，4つの質問を行った。質問1は，タスクの最中に注意を向けたのは，内容を伝えることなのか英語（語彙，文法，発音）なのかである。質問2は，英文を作る際，よく知っている表現語句を利用したのか，または文法やルールを考えたのかである。質問3は，英語での言い方がわからなかったときは，あきらめたのか，または挑戦したのかである。質問4は，自分のパフォーマンスに満足しているかどうかである。

③結果

書き起こした各回の発話データを用いて，流暢さ，正確さ，複雑さの8つの尺度で分散分析とボンフェローニ（Bonferroni）の多重比較を行った（表2-3-1)。流暢さに関しては，スピーチレイトとポーズの合計数において，1回目と2回目，2回目と3回目で有意差が見られた。正確さに関して，エラーのない AS-unit のパーセンテージは1回目と3回目では有意差が見られたが，1回目

表 2-3-1　各回の平均値と標準偏差

尺度	1回目		2回目		3回目	
	M	SD	M	SD	M	SD
スピーチレイト	0.88	0.31	1.17	0.35	1.37	0.41
ポーズ合計数	16.78	11.72	7.58	6.21	3.52	2.98
エラーのない AS-unit の %	31.86	12.92	36.22	17.84	40.64	16.43
エラーのない過去形の %	38.53	27.09	49.56	29.86	56.40	29.23
従属節の数	1.72	0.98	2.13	1.07	2.36	1.20
AS-unit における語数	8.24	1.82	8.47	1.56	8.49	1.37
AS-unit の数	6.58	2.21	7.27	1.81	7.88	1.88
異語数	21.44	4.71	23.55	4.02	25.16	3.87

と2回目では有意差は見られなかった。エラーのない過去形のパーセンテージでは，1回目と2回目，2回目と3回目で有意差が見られた。複雑さでは，AS-unit 数は1回目と2回目，2回目と3回目で有意差が見られた。従属節数では，有意差は1回目と2回目に見られたが，2回目と3回目では見られなかった。異語数は，1回目と2回目，2回目と3回目で有意差が見られた。AS-unit における語彙数に関しては，有意差は見られなかった。

　アンケートの回答はカイ二乗（χ^2）検定によって分析し，発話データの客観的分析の結果をサポートするために利用した。質問1では，英語に注意を向けた参加者のタスクの回数においても1回目と3回目で有意差が見られた。質問2では，よく知っている語句をもとに文を作成した参加者は1回目と3回目で，文法規則を考えて文を作成した参加者は1回目と3回目で有意差が見られた。質問3では，各回で有意差は見られなかった。質問4は1回目と3回目で有意差が見られた。

④考察

　それぞれの回における発話の特徴を考察する。

　1回目：参加者は絵の描写を何とかして行おうとするが，スピードは遅く，作成した英文の数も少なく，間違いも多い。また，よく知っている語句を使用する。内容の概念化に多くの WM 容量を費やしたため

に，言語形式には注意を配分することが困難だったためと思われる。アンケート結果がこのことをサポートしている。質問1によると，たった14％の参加者だけが文法等の言語形式について関心を払っており，80％の参加者は内容を伝えることに注意を向けていた。質問2ではよく知っている語句を使用した参加者が75％であり，文法規則やルールを考えて文を作成した参加者はたった20％であった。つまり，1回目では，参加者の多くは，WM容量を意味や内容に配分し，言語形式には注意を向けることは難しいということである。やはり，授業内で1回行わせただけでは，言語使用の向上にはあまり役に立たないと考えられる。

2回目：2回目は，1回目と比べ，参加者はより多くの注意を言語面に向けることができたようである。参加者はタスクを一度経験することで，その描写する内容の土台が構築され，1回目より多くのWM容量を言語面に向けることができたと考えられる。

たとえば，複雑さの尺度を示すAS-unit数，従属節数，異語数が増えたことから，内容をより詳しく描写しようとし，1回目より複雑な文を作成したと思われる。2つの流暢さの尺度でも，参加者は素早くメッセージを伝えることに成功している。しかし，正確さに関しては，過去形のような目立つ文法項目には注意を示し始めるが，まだ全体には注意を向けることができないようである。アンケートの結果をみると，文法ルールを考えて文を作成した参加者の数は13名から29名に上昇していることから，学習者が言語面に注意を向けたことをサポートしている。つまり，2回目では，参加者は初回では向けることができなかった異なる言語面に注意を向け始めているといえる。

3回目：より多くの参加者が注意を流暢さ，正確さ，複雑さに向けたようである。タスクへの親近性により，参加者は使用する言語を分析することができるWM容量を獲得し，言語形式に多くの注意を配分することができたと考えられる。参加者はより多くの異なる語彙にアクセスし，ルールを考えて文を作成し，素早く意味を伝えようと試

みている。さらに，2回目と3回目の間の大きな違いは正確さの尺度に見られる。エラーのないAS-unitのパーセンテージはまだ低い数値ではあるが，統計的な違いが1回目と3回目では見られた。このことは，学習者が正確さに注意して話すにはかなりのWM容量を必要とすることを示している。参加者は3回目でもAS-unitにおける語彙数には注意を向けることができなかった。しかし，短く簡単な文が話し言葉の特徴の一つであると言うことを考慮すると，参加者は余分な容量を他の面に配分したものと考えられる。

　アンケートへの回答はこれらの考察をサポートする。内容に注意を払った参加者はまだ半数以上いるが，言語に注意を払った参加者は9名から25名に増えた。加えて，文法を考えて文を作成した生徒は58％になり，よく知っている語句を使用した参加者の数は減少した。このことは参加者が言語使用力の向上に必要な負荷のある語句や文法にアクセスし，前に算出した英文を修正しようとしていると考えられる。つまり，3回目では，参加者はWM容量を多くの言語面に配分できたということである。

⑤実験1の結論

　タスクを繰り返し行うことによって，参加者の発話は大きく変化した。タスクへ慣れることによって，WM容量に余裕ができ，自分自身で言語をモニターでき，まだ容易に使用することができない言語知識へアクセスする多くの機会を得たといえる。言いたい表現に気づき，その表現に適した言語知識に対してアクセスを促すことが言語使用の向上に重要であるが，その機会を提供しているといえる(Schmidt, 2001)。仮説1の結論として，タスクの繰り返しによって，日本人高校生は自分で言語面に注意を向けることができたといえる。

2. 実験2

　実験2の目的はタスクの繰り返しによって得られたWM容量の使用の仕方と学習者のスタイル間の関係を探求することである。実験1は学習者の注意焦点がタスクの繰り返しで変化することを示した。しかし，Skehanが指摘して

いるとおり，学習者はお互いに異なり，分析的または記憶的な各自の学習傾向をもっている。このことを考慮すると，実験1での注意変化は一般的なパターンで，参加者の優先順位や学習スタイルによって，違ったパターンをもつ参加者がいるとも考えられる。

①手順と方法

この調査するために，実験1のデータを用いてクラスタ分析を使用した。クラスタ分析とは異なる性質のものが混ざりあっている集団の中から互いに似たものを集めて集落（クラスタ）を作り，対象を分類しようという方法である。このクラスタ分析を用いると客観的基準に従って科学的に分類できる。次にクラスタごとに実験1と同じように分散分析と多重比較を用いて，どの尺度で違いがあるかを調べた。アンケートはカイ二乗検定を行い，発話の客観的データの解釈をサポートすることに利用する。

②クラスタ分析

本研究は階層クラスタ分析を用いた。階層クラスタ分析を行うと，デンドログラム（樹形図）が出力される。図の下のほうで結合すればするほど近い関係にあるといえる。変数として実験1の8つの尺度を用いた。

③結果と考察

クラスタ分析の結果，参加者は2つのグループに分かれた。クラスタ1は18名，クラスタ2は46名である。2つの流暢さの尺度では，両方のクラスタで有意差を示した。両クラスタの参加者ともに流暢さに注意を向けることができたということである。正確さの尺度では，クラスタ2では有意差が見られたが，クラスタ1では見られなかった。この結果はクラスタ2の参加者が正確さに注意を向けたのに対して，クラスタ1の参加者は正確さには注意を向けなかったことを示している。複雑さに関しては，AS-unitにおける語数以外の尺度では有意差が見られた。話し言葉の特徴を考慮すれば，両クラスタともに，統語的，語彙的複雑さへの注意を向けることができたことを示している。

アンケートからは，クラスタ2では質問2と質問4で有意差が見られたが，

クラスタ1では差は見られなかった。クラスタ2の参加者は1回目は簡単な語句を使用したが，3回目では文法規則を考えて文を作成した参加者のほうが多くなった。一方，クラスタ1の参加者は英語には注意を向けず，継続してよく知っている語句をもとに英文を作成している。

したがって各クラスタの特徴を次のようにまとめる。

クラスタ1：この集団は参加者の約25％に当たる。彼らはタスクの繰り返しにおいて，WM容量に余裕ができると，正確さよりは流暢さと複雑さに注意を向ける傾向がある。内容に適した複雑な英文を作ろうと努力するが，正確さはあまり気にしない。また容量に余裕ができても，文法を考えて作成するよりは，よく知っている語句を用いる。

クラスタ2：この集団は参加者の75％に当たる。このグループはタスクを繰り返すと流暢さ，正確さ，複雑さに注意を払う傾向がある。彼らはWM容量に余裕ができると，正確さにも注意して，内容に適したより複雑な文を作ろうと努力する。また，初回では慣れた語句を使用するが，容量に余裕ができると文法を考えて発話しようとする。

④実験2の結論

実験2では，仮説2に対して重要な発見が2点示された。第1に，実験1で示した一般的な傾向とは違った隠れた学習者の傾向がある点である。クラスタ分析の結果，違いが「正確さ」に見られた。言語使用技術の向上が意味と形式の統合であることを考慮すると，この隠れた集団の違いを軽視すべきではない。なぜなら，この25％の学習者が正確さに注意を向けようとしなければ，彼らの言語使用の向上はあまり期待できないためである。第2に，より多くの実証データが必要ではあるが，クラス内において，タスクの繰り返しを日本人学習者がどのように利用するかのおおよその比率を示した点である。この実験では，参加者のほとんどすべてが，タスクを繰り返し行うことにより，流暢さと複雑さに注意を払うことに成功している。しかし正確さに関しては，約75％の生徒は注意を向けることができるが，他の生徒は自分だけではあまり正確さには関心を示さないことが浮き彫りとなった。

4 結論と教育的示唆

1. 結論
実験1と2での主な結論は次のとおりである。

① タスクの繰り返しにより，日本人学習者は1回目では注意を向けることができなかった流暢さ，正確さ，複雑さに関して，注意を向けることを促すことができる。これにより，意味と形式の統合が可能になる。
② 学習者によってタスクの繰り返しに対するアプローチのパターンは異なる。本研究では，2つの集団があった。一つは参加者の4分の1が該当し，繰り返し行うことを通して，流暢さと複雑さには注意を向けることができるが，正確さには関心を示さない集団である。もう一つは4分の3の参加者が該当し，正確さも含めて流暢さ，複雑さとすべての言語面に注意を向けることができる集団である。

2. 教育的示唆
多くの教師はリピートや繰り返しを避ける傾向にあり，懐疑的である。その理由は「繰り返し」というと，退屈で，面白みのないドリル等を連想させるためである。筆者自身も同じタスクを何度も行わせることには抵抗感がある。しかし，学習者のWM容量を考慮すれば，繰り返しの影響は大きく，学習者はWM容量に余裕ができ，より多くの言語面に注意を向けることができるようになる。この機会がなければ，学習者は言語使用技術を伸ばすことができないといえる。筆者はタスクを取り入れる際には，リハーサル→本番→復習という流れを基本にして，生徒が必ず何回かタスクに取り組めるように心がけている。

また，教師は教授法の一般的な傾向だけでなく，クラスのおける生徒の特徴も理解すべきである。生徒は個々によって異なるため，一般的な効果がいつもすべての学習者にあてはまるとは限らない。それゆえ，教師は，自分が最善と思う方法でも，生徒の特徴を踏まえた工夫をしなければならない。

最後に，本実験で利用した尺度を用いて，スピーキングを客観的に評価することもできる。スピーキングテストの評価は一般的に教師の主観的になりやす

いが，発話の客観的データは生徒にも評価規準としてわかりやすく，目標としても使用できる。しかし，データを分析するのにはかなりの労力と時間がかかるので，半年に1回でも提示できるだけでも十分ではないかと考える。

第3章　森論文へのコメント

湯澤正通

　まず，タスクに基づく言語指導（task-based language teaching）とはどのようなものかを考えてみよう。タスクとは，「意味が重要であり，現実の世界と関連があり，問題解決が主要な目的であり，その結果から評価されるような活動」（Skehan, 1996, p.38）と定義されている。外国語教育におけるこのようなタスクに基づく言語指導の高まりは，教育心理学の領域で状況主義の研究が盛んになる時期と一致している。状況主義は，知識と道具は使うことによって初めて理解され，実際の状況で使用できるようになると主張する。従来の学校では，生徒が一義的に答えの出る問題に対して，言葉や数などのシンボルの形式的操作によって答えを出すような学習を行ってきた。状況主義はそのことを批判し，実践家が現実の問題に取り組み，それらの知識を使っているときのような本物の（authentic）活動を学校で取り組む必要性を強調する。外国語の場合，コミュニケーションの道具として外国語を使用する活動である。

　森論文で取り上げたタスクは，一連の4コマの絵から構成されている描写を英語で説明するものである。英検の準1級の課題である。これを3回繰り返すというものであった。参加者の高校3年生にとって一義的に答えを出せるようなものではない。それまで学習した英語の語彙や文法を総合的に利用し，表現を考える必要がある。第1回目，参加者は，概念化，言語化，音声化にすべてのワーキングメモリを使う必要がある。第2回目以降，参加者は，それ以前に構成した概念や英語の記憶表象（長期記憶）を利用することができる。そのため，それまで概念化や言語化に使っていたワーキングメモリのリソースを英語の表現自体に向けることができるようになる。そのため，英語表現の流暢さ，正確さ，複雑さが向上する。また，参加者によって余裕のできたワーキングメモリリソースを英語表現のどこに振り向けるのかに個人差が見られた。

　タスクに基づく言語指導という観点から見ると，4コマの絵から構成されている描写を英語で相手に説明するという問題は，高校生にとって英検の準1級の課題として目的が明確であり，「リアル」である。もちろん，すべての高校

生がいきなり4コマの絵の描写を英語で説明できるわけではない。そのため，英語の授業に取り入れるためには，まず，個人またはグループで生徒が辞書等を用いて，概念化と言語化を行う必要があるだろう。その後，森論文で行ったように，タスクを繰り返すことで，英語表現の流暢さ，正確さ，複雑さが向上することが期待される。

　ただし，生徒が辞書や仲間の手助けで概念化と言語化を行った英語表現は，一度音声化したとしても，その生徒の長期記憶に残っているわけではなく，音声化の単純な繰り返しが必ずしもワーキングメモリのリソースに余裕を生み出すことを保証しない。どのような繰り返しがワーキングメモリのリソースの効率化を促し，英語表現の流暢さ，正確さ，複雑さを向上させるのかを検討することは今後の課題であろう。

第 4 章　前田啓朗

Understanding and Intervention of Individual Differences
in Teaching English as a Foreign Language

英語指導における個人差の把握と介入

1 研究の背景と目的

1. 英語教育学研究における個人差の扱い

　英語教育学研究において，英語の指導や学習を成功に導くための研究を進めるうえで，学習者の個人差を黙殺することは難しい。外国語学習における適性（Aptitude）という研究課題は，1959年のMLAT（Modern Language Aptitude Test）や，1966年のPLAB（Pimsleur Language Aptitude Battery）などにその成果の端を発した。その後，Good Language Learnersに関する研究成果（Rubin, 1975）が発表され，同じ教室で同じ指導を行っても個々の学習者における学習成果は異なるというテーマについて，焦点がより当てられることとなった。

　英語の学習成果に関連すると主張される個人差要因は，竹内（2003）に概観されるように多岐にわたる。ただし，学習の対象とする目標言語，学習者の第一言語，学習者が生活している国や地域といった背景によって，個人差が学習成果にもたらす違いも異なる。そこで本研究では，日本の学校という環境下での英語教育において，その程度が大きいと指摘されるものを取り上げる。個人差の測定については教育心理学的な方法が蓄積されており，その成果を英語教育学の分野で応用した研究に基づいて，学習観（植木, 2002），動機づけ（市川・堀野・久保, 1998），学習方略（堀野・市川, 1997）の3つに焦点をしぼっ

て述べる。

2. 学習観

学習観は，学習方略等のいわゆる学習行動の背後にあり，行動に影響を与える要因として考えられる（市川，1993）。植木（2002）はこれを学習を効果的に行うために必要であると学習者が考えている基本的な信念や価値観として定義し，日本の高校生を対象として全教科の学習に関する実態調査をもとに尺度開発を行った。学習観として，学習を成立させるために効果的な学習環境が必要であるという「環境志向」，効果的な学習方法が必要であるという「方略志向」，そして時間や反復練習が必要であるという「学習量志向」の3志向が示され，3因子18項目からなる尺度が開発された。これを日本の英語学習者の学習観に関する尺度とする目的で一部修正し，前田（2008）は大学生を対象に質問紙

表 2-4-1　学習観に関する項目（前田，2008）

英語学習一般に関して，次の項目はどのくらいあてはまると思いますか。

		よくあてはまる	ややあてはまる	どちらともいえない	あまりあてはまらない	まったくあてはまらない
1	大事なことは，勉強しやすい環境にいることだ	5	4	3	2	1
2	英語ができる人は，英語学習のやり方がうまい人だ	5	4	3	2	1
3	1日何時間と決めてコツコツと勉強していけば，いつか報われる	5	4	3	2	1
4	教え方のうまい先生に習っていれば，英語力は良くなるものだ	5	4	3	2	1
5	人それぞれ，自分にあった学習方法を工夫した方が効果的だ	5	4	3	2	1
6	英語ができるできないは，英語学習の量に比例する	5	4	3	2	1
7	まわりが英語力の高いクラスにいれば，英語力は良くなる	5	4	3	2	1
8	どう勉強したら英語力が上がるか，ということを考えるのは効果的だ	5	4	3	2	1
9	たくさんの量を積み重ねると効果がある	5	4	3	2	1

注：環境志向：1・4・7，方略志向：2・5・8，学習量志向：3・6・9

調査を行い、実用しやすいように項目数をできるだけ少なくして1因子につき3項目とし、表2-4-1の3因子9項目の尺度を得た。また、方略志向が強い学習者は学習に成功する傾向にあり、方略志向や環境志向が弱い学習者は学習量志向の強弱にかかわらず学習に成功しない傾向にあることが明らかとなった。

3. 動機づけ

　市川（1998）は、日本の高校生を対象にした質問紙調査の自由記述から項目を作成し、さらなる調査を経て6因子からなる尺度を開発した。学習内容を重視する3つの志向として、学習の功利性を軽視するものから重視するものへの順に、学習自体が楽しいためとする「充実志向」、知力をきたえるためとする「訓練志向」、仕事や生活に活かすためとする「実用志向」がある。また、学習内容を軽視する3つとしては、同じく学習の功利性の順に、他者につられるためとする「関係志向」、プライドや競争心からのためとする「自尊志向」、報酬を得る手段のためとする「報酬志向」がある。前田（2008）はこれを英語学習に対する動機づけに限定したうえで、一部の文言に修正を施し、高校生を対象に質問紙調査を行った。内容の妥当性と実用性を考慮したうえで、1因子につき3項目とした6因子18項目の尺度とした（表2-4-2）。動機づけが全般的に低い学習者は学習に成功しない傾向にあることと、学習内容を重視したり学習の功利性を重視したりする学習者は成功する傾向にあることも示唆された。

4. 学習方略

　英語教育学においては、Strategy Inventory for Language Learning の略称である SILL（Oxford, 1990）の開発以降、学習方略を題材とした研究が多く行われてきた。ただしこの一覧表は、米国における英語以外を第一言語とする英語学習者を意図して作成されているため、日本の学校における英語学習者にとっては「英語を話せる人を探す」といった馴染みのなさそうなものも含まれている。学習者が置かれた環境によって使用できる学習方略の幅は大きく異なることから、学習方略としては、外国語学習者の学習行動において共通するものの一つとして、語彙学習方略に焦点を当てる。

　堀野・市川（1997）は高校生を対象とした調査に基づいて、高校生の英語学

表 2-4-2　動機づけに関する項目（前田，2008）

英語を勉強する理由として，次の項目はどのくらいあてはまりますか。

	よくあてはまる	ややあてはまる	どちらともいえない	あまりあてはまらない	まったくあてはまらない
1　新しいことを知りたいから	5	4	3	2	1
2　頭の訓練になると思うから	5	4	3	2	1
3　勉強したことを，将来の仕事にいかしたいから	5	4	3	2	1
4　みんながやるので，なんとなくあたりまえと思っているから	5	4	3	2	1
5　成績がいいと，他の人よりすぐれているような気持ちになれるから	5	4	3	2	1
6　成績がいいと，ほめられたりするから	5	4	3	2	1
7　何かができるようになっていくことは楽しいから	5	4	3	2	1
8　学習のしかたを身につけたいから	5	4	3	2	1
9　勉強したことが，生活の場面で役に立つから	5	4	3	2	1
10　まわりの人たちが勉強するので，それにつられるから	5	4	3	2	1
11　人より勉強できると，自信がつくから	5	4	3	2	1
12　勉強して力をつければ，将来いい仕事先があるから	5	4	3	2	1
13　勉強すると充実感があるから	5	4	3	2	1
14　いろいろな面から物事が考えられるようになりたいから	5	4	3	2	1
15　必要になった時に，勉強した成果があれば役に立つから	5	4	3	2	1
16　みんながすることをやらないのは，おかしいと思うから	5	4	3	2	1
17　ほかの人よりも勉強できるようになりたいから	5	4	3	2	1
18　勉強すれば，良い進学ができたりするから	5	4	3	2	1

注：充実志向：1・7・13，訓練志向：2・8・14，実用志向：3・9・15，関係志向：4・10・16，自尊志向：5・11・17，報酬志向 6・12・18

習者が用いる英語の語彙学習方略を3つに分け，17項目からなる尺度を開発した。これらは，単語を意味・概念・機能・場面といった観点で類似や相違に沿って分類したり整理したりする「体制化ストラテジー」，音韻的・書字的な繰り返し学習をする「反復方略」，単語を見た感じを頭の中で描く「イメージ化方略」の3つである。この尺度は特定の学校で実施されたものであることから，前田・田頭・三浦（2003）は複数の学校の多様な習熟度の高校生に実施し，妥当性を保ちつつ実用しやすくなるよう，1因子につき3項目とした3因子9項目の尺度とした（表2-4-3）。そして，学習方略を使用する頻度が高い学習者のほうが学習に成功する傾向にあるという自然なことに加え，学習の成功につながる単一の学習方略があるというわけではなく，同程度の成功をした同程度の学習方略の使用頻度の学習者であっても3種の方略の使用にはばらつきがあるということが示された。

表2-4-3　学習方略に関する項目（前田・田頭・三浦，2003）

英単語を勉強するとき，次のやり方はどのくらいおこなっていますか。

		とてもよくおこなう	ややおこなう	どちらともいえない	あまりおこなわない	まったくおこなわない
1	1つの単語のいろいろな形（名詞形・動詞形）を関連させて覚える	5	4	3	2	1
2	手と頭が完璧に覚えるまで何度も書く	5	4	3	2	1
3	単語のスペルを頭の中に印刷の文字ごと浮かぶようにイメージする	5	4	3	2	1
4	同一場面で使える関連性のある単語をまとめて覚える	5	4	3	2	1
5	英語から日本語，日本語から英語へと何度も書き換える	5	4	3	2	1
6	単語を眺めながらアルファベットの配列の雰囲気をつかむ	5	4	3	2	1
7	同意語，類義語，反意語をピックアップしてまとめて覚える	5	4	3	2	1
8	発音しながら単語を書く	5	4	3	2	1
9	頭の中に単語がイメージできるように何度も見る	5	4	3	2	1

注：体制化方略：1・4・9，反復方略：2・5・8，イメージ化方略：3・6・9

5. 目的

　学習成果に関連が深いとされる個人差である学習観・動機づけ・学習方略について，学習者の個人差を把握し，また，学習を促進させるような介入を行いながら指導することで，英語の習熟度や個人差がどのように変容するのかを明らかにすることを本研究の目的とする。

2　研究

1. 対象者

　大学1年生のあるクラスを対象とした。対象者は，必修科目としてこの授業科目の単位を履修することが定められており，事前に割り当てられてこのクラスに配属される。授業では読むことを中心とした英語のコミュニケーション能力を養成することが主眼となっており，同時期にの別の曜日には話すことを中心とした授業を履修している。欠損等があるケースを削除した結果，99名のデータを分析に用いた。

2. 材料

　教材は，市販されている大学生用の英語のもので，自学自習型にも使うことができるeラーニング型教材を用いた。リーディング教材としては，300語程度の英文につき10問の多枝選択型（4枝）の問題があり，その英文が40ある。リスニング教材としては，写真を見て4つの選択枝を聞き適切な描写を選ぶ形式，問いかけや発話とそれに対する3つの選択肢を聞き適切な応答を選ぶ形式，男女2人の対話を聞きその内容に関する問いと4つの選択枝を読んで適切なものを選ぶ形式，そして1人のアナウンスを聞きその内容に関する問いと4つの選択枝を読んで適切なものを選ぶ形式の4種類で，合計800問である。

　学習者の特性を測定するために，英語の習熟度や学習成果の指標としてはTOEIC Bridge IPテストを使用し，個人差には表2-4-1～表2-4-3で示した質問紙を用いた。

3. 手順

全16回の授業回数のうち，第1回と第15回に事前・事後の個人差の把握として質問紙調査を，第2回と第14回に事前・事後の英語習熟度の測定としてTOEIC Bridge IPテストを実施した。第8回は中間試験として第3回から第7回を試験範囲，第16回は期末試験として第9回から第13回を試験範囲とした。第3回から第7回と第9回から第13回の10回分については，教材を10分の1ずつに分割した範囲をそれぞれ事前に指定した。授業内では各回に割り当てた範囲の要点となるところを説明し，授業時間内に扱いきれなかったものは自学自習することとした。翌回の授業の冒頭では前回分の教材を範囲としたテストを行った。

個人差への介入については，まず，第1回の質問紙調査の結果をもとに，学習者を類型化した。そして，第4回で各学習者に紙媒体でフィードバックを配布し，これまでの研究成果をもとに助言を行った。フィードバック用の配布物は，学力と同様に同じグループの学習者同士でも多様な特性をもっていることを明示するために，各学習者が該当する類型に関する助言だけではなく，その他の類型に対する助言も一覧にした。その旨を口頭でも説明し，学習に対する内省を求め，グループ内で各自が所属する類型を話して意見交換をい，今後どのように学習を進めるかを検討するように求めた。

配布物はA4判で3ページで，学習観・動機づけ・学習方略の用語を説明するページ（図2-4-1），調査結果の概要として各類型の人数・12種類の個人差の尺度値の平均・英語習熟度の概要を表とプロットで示すページ（図2-4-2），そして各学習者の名前や個人番号・TOEIC Bridge IPテストのスコア・所属する類型・各類型に対する助言のページとした（図2-4-3）。これらを学習者が所属する大学のLMS（Learning Management System）にも置き，電子ファイルで閲覧できる状態にしておき，第5回以降にも毎回，自分の学習を見直すように指示した。

4. 分析

学習者を個人差の傾向で分類することとした。個人差を把握し介入するときの最小の単位は個々の学習者であるが，数十人を超えるとそれは困難である。

「英語学習に関するアンケート」の用語の説明

◎学習観
　何が学習を成立させるのかということに関する考え方。次の3つの志向（環境，学習量，方略）それぞれについて1から5で強さを評定することで，どれをどの程度重視しているのかがわかります。
　○環境志向
　　学習する本人以外の環境が，学習を成立させる要因であるとする考え方
　○方略志向
　　学習の仕方が，学習を成立させる要因であるとする考え方
　○学習量志向
　　学習の量や学習にかける時間が，学習を成立させる要因であるとする考え方

◎動機づけ
　英語学習をする理由としてもっているもの。学習内容の重要性（英語の力をつけること自体が自分にとって重要であると思う度合い）と，学習の功利性（英語の力をつけることが自分にとって利益になる度合い）という2つの要素で分けられます。次の図のような6つの志向（充実，訓練，実用，関係，自尊，報酬）それぞれについて1から5で強さを評定することで，どれをどの程度重視しているのかがわかります。

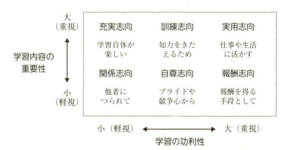

◎語彙学習方略
　単語を学習するときに行っているやり方。次の3つの方略（体制化，反復，イメージ化）それぞれについて1から5で頻度を評定することで，どれをどの程度行っているのかがわかります。
　○体制化方略
　　関係のある（類語，派生語，語形変化等）他の単語と関連させる学び方
　○反復方略
　　繰り返し見る，発音する，書くなどする学び方
　○イメージ化方略
　　スペリングの配列などを視覚的イメージとしてとらえようとする学び方

〈注意事項〉
　これらの志向や方略は，個人差があり，どれか1つだけが正解ということは基本的にはありません。ただし，研究の成果などからおおむね合意ができている部分もあります。また，同じような学習者（同級生など）がどのように考えていたり学んでいたりするかを知ることで，自分の学習を見直し，今後の勉強に役立てることができるでしょう。

図 2-4-1　用語の説明

	割合(%)	環境	方略	学習量	充実	訓練	実用	関係	自尊	報酬	体制化	反復	イメージ化	平均的英語力
第1クラスタ	21.3	3.7	4.3	3.8	4.1	3.6	4.3	3.0	3.0	3.6	3.5	2.8	3.4	やや苦手
第2クラスタ	12.4	4.0	4.2	4.1	4.2	3.7	4.6	3.3	3.9	4.3	3.6	4.1	3.3	やや得意
第3クラスタ	23.0	4.0	4.2	4.3	3.3	3.0.	3.5	3.3	3.3	3.6	2.9	3.3	4.0	かなり幅広い
第4クラスタ	23.6	3.5	3.6	3.4	3.0	2.7	3.6	3.4	3.1	3.6	2.6	2.5	3.0	やや得意
第5クラスタ	19.7	3.3	3.8	3.5	2.8	2.3	3.5	2.2	1.9	2.7	2.7	3.1	3.0	やや苦手
全体	100.0	3.7	4.0	3.8	3.4	3.0	3.9	3.0	3.0	3.5	3.0	3.1	3.4	TOEIC420程度

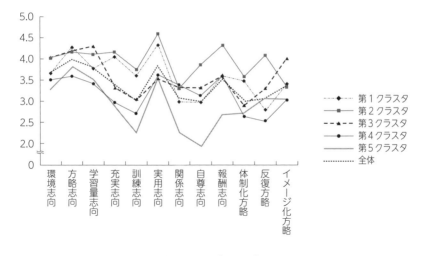

図 2-4-2　プロット等

一方，学習者集団全体としての傾向だけでは個に応じることはできない。そのため，事前質問紙調査の 12 の個人差要因について尺度値を求め，それを用いて階層的クラスタ分析（ウォード法，平均ユークリッド距離）を行った。個人差を把握するために分類の数ができるだけ多くなるよう，また，それぞれの分類の違いが明白となるために分類の数ができるだけ少なくなるように試行し，5 つのクラスタに分類することとした。

名　　前：　████████
学生番号：　████████

◎ TOEIC Bridge
　○合計　　　　　（180点満点）：146
　○リスニング　　（90点満点）：66
　○リーディング　（90点満点）：80

◎所属クラスタ：**第1クラスタ**

◎今後の学習への端的なアドバイス
○第1クラスタの人は…
　学習方法が大事だと考えている反面，繰り返して学習することをあまりやっていないようです。それが，英語がやや苦手であることにもつながっているのかと思われます。やり方の向き・不向きはありますが，少なくとも最低限の反復は不可欠です。時間を作って，単調な学習でも意識的に取り組みましょう。

○第2クラスタの人は…
　特にこれといった，学習を成立させるための信念も動機づけももっておらず，語彙学習もあまりやっていないようです。英語が苦手気味なのも，そこに原因があるのかもしれません。漠然と「使えるようになりたい」という思いはあるようですから，まずは卒業要件のTOEIC400点，そして一般就職時に通用する600点などの「クリアしなければならないハードル」を見据え，嫌でも頑張ってみましょう。

○第3クラスタの人は…
　学習を成立させるための信念はしっかりしているように見えますが，確固とした学習の理由を感じていないようです。テストの結果から見ると，幅広いスコアの人が混ざっていて，かなり英語が苦手な人も得意な人もいるのが気になります。
　苦手な人は，学習のやり方を大事だと思う一方で，学習自体への取り組みがもう少しほしいところです。上達しないうちはスペリングを見てイメージするだけでは身につきにくいですから，繰り返して声に出す・書く，といった練習を取り入れましょう。
　得意な人は，頭の中にある単語の量も比較的多いはずです。まずは英語と日本語を1対1で覚えるというのが量をこなすためには必要ですが，それらを関連させて体系的に覚えることによって，記憶は強まります。そのような練習を心がけてみましょう。

○第4クラスタの人は…
　学習方法を重視していないこと，自分の訓練になるという考えが弱いこと，そして実際に語彙学習をあまりやっていないことが気になります。現在の段階では比較的英語が得意（学部内）なことが救いですが，貯金というものは使い果たしてしまうものです。借金生活にならないうちに，まずは繰り返し見て，そして声に出したり書いたりして勉強してみましょう。

○第5クラスタの人は…
　漠然と「英語ができるようになりたい」という傾向はあるようですが，語彙学習への取り組みもあまりやっておらず，英語もやや苦手というところにとどまっています。英語の力を身につけること自体が自分の付加価値を高めること，そしてそのことが将来的に成功するための道具となることを意識し，まずは「やらなきゃいけないからやる」でもかまいませんから頑張ってみましょう。

図 2-4-3　個別の助言

3 結果：個人差に応じた分類

　階層的クラスタ分析による5つの学習者集団それぞれについて，分析に投じた12の尺度値の平均を表2-4-4に示す。それぞれの変数について最大値であったクラスタの平均に下線を付し，最小値を斜体で示している。第2クラスタのように全般的に大きな値を示す傾向にあるクラスタや，第5クラスタのように逆のクラスタもあるが，一貫して最大または最小であるというわけではない。一定の基準で高群・低群に分けるのではなく，階層的クラスタ分析を用いたことによって，学習者個人のレベルまで細かく検討することはできないものの，傾向に応じていくつかの群に分けて検討することが可能となる。

　表2-4-4の平均を解釈し，また，習熟度の指標と合わせて示す（表2-4-5）。第4回の授業の段階では表2-4-5の事後スコア以外は把握できていたので，これらをもとに紙媒体でフィードバックを行ったのが先掲の図2-4-1～図2-4-3である。

　第1クラスタの学習者は，方略が重要と考え，動機づけも低くはない一方で，反復学習をあまり行っておらず，事前スコアも高くない。他の学習者と比べて控えめな学習成果しか得られないと予想できる。そのため，反復を推奨する助

表 2-4-4　各クラスタにおける事前質問紙調査の尺度値の平均

	学習観			動機づけ					学習方略			
	環境	方略	学習量	充実	訓練	実用	関係	自尊	報酬	体制化	反復	イメージ化
第1クラスタ ($n=25$)	3.7	<u>4.3</u>	3.7	4.1	<u>3.7</u>	4.3	3.1	3.0	3.6	3.4	2.9	3.5
第2クラスタ ($n=16$)	<u>4.0</u>	4.2	4.2	<u>4.2</u>	<u>3.7</u>	<u>4.7</u>	3.2	<u>3.7</u>	<u>4.3</u>	<u>3.5</u>	<u>4.0</u>	3.2
第3クラスタ ($n=22$)	<u>4.0</u>	4.2	<u>4.4</u>	3.3	3.2	3.7	3.3	3.3	3.5	2.7	3.4	<u>4.1</u>
第4クラスタ ($n=22$)	3.5	*3.7*	3.5	*3.1*	2.8	3.5	<u>3.5</u>	3.2	3.5	2.8	*2.8*	*2.8*
第5クラスタ ($n=14$)	*3.4*	3.9	*3.4*	3.2	*2.2*	*3.3*	*2.4*	*2.1*	*2.7*	*2.6*	3.2	3.1
全体 ($N=99$)	3.7	4.1	3.8	3.6	3.2	3.9	3.2	3.1	3.5	3.0	3.2	3.4

注：各列につき最大値に下線，最小値を斜体

表 2-4-5 各クラスタの習熟度の平均と標準偏差および他クラスタと比較した特徴

	事前スコア	事後スコア	学習観	動機づけ	学習方略
第1クラスタ ($n=33$)	144.3 (9.6)	147.3 (16.4)	特に学習方略が重要だと考えている。	学習内容に関連した動機づけが強い。	既知の語彙を関連づけて体制化する方略を比較的よく用いている一方、反復をやや用いない。
第2クラスタ ($n=19$)	150.5 (10.4)	154.3 (10.2)	特に環境が重要だと考えている。	周りの学習者につられるということ以外に対する動機づけが全般的に高い。	反復や体制化の方略をよく用いており、特に反復方略を用いている。
第3クラスタ ($n=30$)	142.3 (13.2)	150.5 (11.8)	特に学習の量が重要だと考えている。	全般的に平均的である。	語のつづりや語意をイメージして学習する方略を多用している。
第4クラスタ ($n=24$)	149.5 (9.5)	150.1 (10.8)	あまり突出した考えはもっていない。	全般的に平均的であるが、特に周りの学習者につられて学習に向かう傾向が強い。	全般的に学習方略の使用が少ない。
第5クラスタ ($n=25$)	143.1 (12.2)	155.1 (8.6)	あまり突出した考えはもっていない。	全般的に低いが、学習内容自体を重視しないような、周囲の人や自尊に関わる動機づけは特に意識していない。	全般的に学習方略の使用が少ないが、語をイメージする方略はやや頻繁に用いている。

言を行った。

　第2クラスタの学習者は、環境が重要と考え、動機づけも高く、方略もよく用いており、事前スコアも高い。大きな学習成果が予期できるが、学習観や動機づけが全般的に高いことは、漠然と解答しており具体的な学習の目標や考えをもっていない危険もあるため、短期的・長期的な目標を設定するような助言を行った。

　第3クラスタの学習者は、学習の量が重要だと考える反面、動機づけが平均的で高いとはいえず、イメージ化方略だけを主として使っている傾向があり、事前スコアが低い。また、事前スコアの標準偏差も他のクラスタに比べて大きく、幅広い習熟度の学習者が属すると考えられる。そのため、得意である場合と苦手である場合に分け、得意であれば体制化方略を用いてさらなる成功を、苦手であれば反復方略を用いて着実な成果を得られるよう助言した。

　第4クラスタの学習者は、学習観も確立されておらず、動機づけも関係志向

を除いて高くはなく，学習方略はあまり用いていない。一方で事前スコアは高く，英語学習は仕方なく行っているもののそれなりの学習成果を得てきた学習者だと思われる。あまり学習成果が見込めない危険があることから，すでに同級生よりも比較的熟達していることに慢心せず学習を行うよう助言を行った。

第5クラスタの学習者は，動機づけの中で，充実志向と実用志向は平均よりわずかに高いもののその他には否定的で，他のクラスタの学習者に比べてあらゆる学習者要因の特性値が低い傾向にある。事前スコアも低いが，ばらつきも大きく多様な習熟度の学習者が含まれることがわかる。伸びしろは見込まれることから，英語学習は行わなくてはいけないものであり，それが自分の訓練となり，自身の価値を高めることにつながり，将来的な就職や進学にも生きることを意識するよう助言した。

また，学習者要因の変化も考慮に入れるため，事後質問紙調査における各クラスタの回答についても検討を行った（表2-4-6）。

学習者全体としては，学習観・動機づけについてほとんど変化は見られない。

表2-4-6　クラスタ別の個人差の変容

	学習観			動機づけ						学習方略		
	環境	方略	学習量	充実	訓練	実用	関係	自尊	報酬	体制化	反復	イメージ化
第1クラスタ (n=25)	3.7 ↓ 3.8	<u>4.3</u> ↓ <u>4.3</u>	3.7 ↓ 3.9	4.1 ↓ 4.0	<u>3.7</u> ↓ 3.7	4.3 ↓ 4.2	3.1 ↓ 3.4	3.0 ↓ 3.2	3.6 ↓ 3.9	3.4 ↓ <u>3.6</u>	2.9 ↓ *3.2*	3.5 ↓ 3.7
第2クラスタ (n=16)	<u>4.0</u> ↓ 3.7	4.2 ↓ 4.2	4.2 ↓ 3.9	<u>4.2</u> ↓ <u>4.1</u>	3.7 ↓ <u>3.8</u>	<u>4.7</u> ↓ 4.3	3.2 ↓ 2.8	<u>3.7</u> ↓ <u>3.7</u>	<u>4.3</u> ↓ <u>4.1</u>	<u>3.5</u> ↓ 3.3	<u>4.0</u> ↓ <u>4.0</u>	3.2 ↓ 3.8
第3クラスタ (n=22)	<u>4.0</u> ↓ 3.9	4.2 ↓ 4.2	<u>4.4</u> ↓ <u>4.2</u>	3.3 ↓ 3.4	3.2 ↓ 3.1	3.7 ↓ 3.5	3.3 ↓ <u>3.6</u>	3.3 ↓ 3.3	3.5 ↓ 3.7	2.7 ↓ 2.9	3.4 ↓ 3.5	<u>4.1</u> ↓ <u>4.1</u>
第4クラスタ (n=22)	3.5 ↓ 3.5	*3.7* ↓ *3.7*	3.5 ↓ 3.6	*3.1* ↓ 3.0	2.8 ↓ 2.9	3.5 ↓ 3.4	<u>3.5</u> ↓ 3.5	3.2 ↓ 3.4	3.5 ↓ 3.6	2.8 ↓ 3.2	*2.8* ↓ 3.3	*2.8* ↓ *3.5*
第5クラスタ (n=14)	*3.4* ↓ 3.5	3.9 ↓ 3.9	*3.4* ↓ 3.7	3.2 ↓ 3.0	*2.2* ↓ *2.7*	3.3 ↓ *3.2*	*2.4* ↓ *2.6*	*2.1* ↓ *2.5*	*2.7* ↓ *3.0*	*2.6* ↓ *2.7*	3.2 ↓ 3.3	3.1 ↓ 3.9
全体 (N=99)	3.7 ↓ 3.7	4.1 ↓ 4.1	3.8 ↓ 3.9	3.6 ↓ 3.5	3.2 ↓ 3.3	3.9 ↓ 3.8	3.1 ↓ 3.2	3.1 ↓ 3.2	3.5 ↓ 3.7	3.0 ↓ 3.2	3.2 ↓ 3.4	3.4 ↓ 3.8

注：各列の事前・事後別に最大値に下線，最小値を斜体

学習方略については，それぞれ使用頻度の向上が見られているが，イメージ化方略（3.4 から 3.8）が顕著である。これは，コンピュータを利用して自学自習をすることを授業時間外で求めるという指導形態によるものかと思われる。

第 1 クラスタの学習者は，助言に示された反復方略を以前よりやや頻繁に用いるようになった。控えめな学習成果は予期されたとおりであったが，学習者要因において好ましい変容があったと考えられる。

第 2 クラスタの学習者は，イメージ化方略を以前より多用するようになったほかは，全般的に学習者要因の特性値が下がっていた。スコアは上昇しており，もとから習熟度も高い群であるが，その変化は控えめである。教材の難易度や分量といったものがこれらの高めの習熟度の学習者には物足りなく，この実践全体が消極的な交互作用をもたらしたと考えられる。

第 3 クラスタの学習者は，動機づけにおいて学習内容の重要性をあまり重要視しない部類の関係志向と報酬志向について上昇が見られた。また，体制化方略の使用も少し頻繁になっており，スコアの上昇もかなり高いことから，介入前の段階では動機づけが全般的に低かったことを考慮すると，積極的な変容であると考えられる。

第 4 クラスタの学習者は，特に学習方略において，それまで消極的な回答が大部分であったと思われる状況から，積極的に大きな変容を示した。スコアの変化は僅少であるが，もともとの習熟度が高かったことから，第 2 クラスタと同様に教材の難易度や分量のに問題があったと考えられる。

第 5 クラスタの学習者は，きわめて低かった動機づけにおいて，助言を行った部分である訓練志向・関係志向・自尊志向・充実志向といったものが上昇している。事後テストのスコアでは標準偏差も事前に比べてかなり小さくなっており，全般的に望ましい変容が観測されたと考えられる。

4 結論

本研究では，特定の学習者集団における個々の学習者の個人差を把握し，それに基づきできるだけ個に応じた個人差への介入を行いつつ，教育実践を行うことで，英語習熟度や英語学習に関する個人差の変容を記述した。ただし，あ

る事例の研究であるために，個人差の測定方法という部分以外での一般化は難しい。

また，介入の程度が非常に限定されていることや，介入の期間が短いという課題が残る。一般的に日本の大学1年生は学校教育において英語教育を6年間以上受けてきており，それまでに養われた学習観・動機づけ・学習方略ももっている。週あたり1回の90分授業で，具体的に個別のフィードバックを行うのが1回に限られ，その後は学習者集団全体に対して注意を喚起するにとどまった本研究では，十分な個人差に応じた指導であったとは言い難い。

そして，階層的クラスタ分析を用いて学習者を分類したが，この分類は得られたデータに大きく依存するものであり，絶対的な「このような学習者集団が存在する」という事実を示すものではなく，この研究における学習者集団を分類したにとどまる。集団を理解するにはある程度に分類して考察することが有効であるが，個人差に応じて分類した典型的な学習者に関する事例を重ね，教育実践の益とすることが必要である。

第4章 前田論文へのコメント

豊田弘司

　英語学習に限らず，一般に学習や記憶成績に最も貢献するのは，学習・記憶方略である。DeMarie & Ferron（2003）は，記憶成績を決める要因として，記憶容量（capacity），記憶方略（strategy）およびメタ記憶（metamemory）を比較した結果，学年に限らず，一貫して記憶方略の記憶成績に及ぼす効果が最も大きかった。著者も，かつて，児童がもっている学習方略の数が学業成績に貢献するのかどうかを検討したが（豊田・森本，2000；2001），そこでは，学業成績の良い児童は，その成績の悪い児童よりも，多くの学習方略を知っていることが明らかになった。また，学業成績の良い児童は，学習場面に応じて，効果的な学習方略を変えて使用しており，学習方略使用に柔軟性のあることも明らかになっている（DeMarie, Miller, Ferron, & Cunningham, 2004）。

　学習・記憶方略の有効性を示唆されてきたにもかかわらず，前田・田頭・三浦（2003）のように，児童・生徒が実際に使用する学習・記憶方略に関する指導が積極的に取り上げられたことは多いとはいえない。前田氏の研究は，学習方略に関する興味深い試みであり，これまでの記憶・学習方略の重要性を指摘した研究のエビデンスに根ざした実践ということで評価できる。この研究における特筆すべき点は，クラスタ分析を用いて，学生のタイプ分けをしたことである。適性処遇交互作用（ATI）が提唱されて以来，どの学生にも適した教授法があるのではなく，ある特定の学生に適した教授法がある。前田氏の研究は，その学生に適した学習方略を助言するという教授法をとっている。ただし，個々の生徒に対する助言ではなく，グループに対する助言ということになる。前田氏が指摘されているように，本研究には，課題の限定性，介入期間やその程度等課題がある。著者は学生のタイプ分けに関しては，学習方略に注目するのであれば，学習方略に基づくタイプ分けが適切であろうと素朴に感じる。

　しかし，英語学習における限定された教材において個人差に対応した教授法の試みとしては評価できるものである。学習者全体としては，学習観・動機づけにはほとんど変化は認められないが，学習方略においてイメージ化方略だ

けは顕著に使用頻度が向上している。イメージが記憶に及ぼす効果は古くから多くの指摘がなされており，Part 1 第2章で紹介した著者の研究（Toyota, 2002）でも，イメージ能力による記憶成績の違いが示している。それゆえ，イメージ能力の個人差は，学習へ影響する可能性は高い。したがって，イメージ能力の高い学生は，イメージ化方略を使用することで学習の有効性は高まることが期待できるが，その能力の低い学生はその期待は薄い。このように，イメージ能力のアセスメントをして，イメージ能力の高い学生がイメージ化による学業効率が向上するか否かの検討は，今後の課題として興味深い。では，体制化方略や反復方略はどのような認知的能力と関連しているのであろうか。この点について明らかにできれば，個人差に応じた方略指導の実践的研究として，適応可能性の高いものになると期待できよう。

　最後に，グループでの協同学習に関して述べたい。異なる個性をもつ者が同じグループ内でお互いの学習方略を紹介して，教えあうという機会は，学習方略の量を増やすという意味で重要である。したがって，グループ内でのお互いの学習方略に関する情報の交流に関しても，その詳細な検討が必要になるだろう。学校教育において，教師が個々の児童・生徒に教えるという指導は限界がある。しかし，クラスメートがお互いの個性を認識しながら，その課題に応じた学習方略に関して交流を行う機会があれば，その効果はかなり期待できるものである。協同学習の重要性が指摘されているが，学習方略に焦点化した協同学習の授業構成については，大きな可能性のある研究課題である。

第 5 章　野呂徳治

Listening Anxiety and Coping Strategies in Learning English as a Foreign Language

英語リスニング不安とその対処方略

1　リスニング不安とは何か

1. 外国語学習不安とリスニング

「英語が聞き取れないとほんとイライラする」「イライラするとますます聞き取れなくなっちゃう」「聞き取れなくて，イライラして，ますます聞き取れなくなって，悪循環なんですよ」「そのうち，集中力も途切れてきて，『もう，いいや』ってあきらめちゃうんです」。これらは，筆者が在籍する大学が行っている海外（アメリカ）短期語学研修に参加した学生から実際に聞かれた言葉である。いずれも，リスニング困難を経験した際に自分がどう感じたか，また，それが自分のリスニングにどのような影響を与えたかを言い表したものであり，外国語学習における学習者要因の一つとして知られている「外国語学習不安（foreign language anxiety）」を訴えたものと考えられる。外国語学習不安とは，一言で言うと，外国語学習時に学習者が経験する不安状態を指し，一般的な不安とは別個の独立した構成概念として認められているもので，ある特定の場面でのみその生起が観察される「特定場面不安（situation-specific anxiety）」の一種に分類されている（MacIntyre, 1999 他）。Horwitz, Horwitz, & Cope (1986) は，外国語学習不安を「外国語の授業に関連する自己認識，信条，感情，行動の複合であり，それは，他のものとは異なる，外国語学習プロセスのもつ独自性から生起するものである（a distinct complex of self-perceptions, beliefs, feelings, and behaviors related to classroom language learning arising from the uniqueness of the language learning process)」(p.128) と特徴づけている。外国語学習不安には，その下位概念として各言語技能ごとの不安が認められており，上記学生の訴えはそのうちの「リスニング不安（listening anxiety）」にあたるものであると考えられる。

　外国語学習不安の影響については，これまでの研究では学習を促進する効果（facilitative effect）と阻害する効果（debilitative effect）の両方が報告されているが，前者については，学習者が不安を経験することで学習への動機づけが高まり，その結果として学習が促進されるとする動機づけ理論による説明（Sovel, 1978）が有力である。一方，後者，すなわち，阻害効果については，一般的な不安の認知プロセスへの影響以外は，そのメカニズムは十分に解明されているとはいえない。実際，これまでの外国語学習不安の研究は，主としてどのような学習者が不安を感じやすいか，また，それを防ぐにはどのような方策が考えられるかといった不安の予測や予防に重点が置かれ，個別的，具体的な外国語学習および外国語使用場面における認知と情意の関わりについてはあまり注意が向けられてこなかったことは否定できない。しかし，外国語学習不安の影響は，言語知識が十分に自動化されていない外国語の認知プロセスを考えたとき，決して見過ごすことはできないものであり，特に，言語使用場面においてリアルタイムでの意味処理が要求されるリスニングにおいては外国語学習不安のメカニズムの解明はとりわけ重要な課題であるといえる。

　本章では，以下に，外国語学習不安の中でも特にリスニング不安に焦点を当て，英語学習者を対象にその生起のプロセスと阻害効果の実態ならびにその対処方略について考察する。

2. リスニング不安とその特徴

　リスニング不安に関する研究は，他の外国語学習不安の研究に比べ少なく，その実態については十分に理解されているとは言い難い。Vogely (1998) はスペイン語を学習するアメリカ人大学生を対象に自由記述式による質問紙調査を実施し，リスニング不安の原因について学習者の意識を探っている。調査結果から，リスニング不安の原因として最も多く指摘されたのは，発話速度や言

語材料の難度の高さなど，インプットの性質に関わる要因であった。次いで，リスニング方略や処理時間などリスニングプロセスに関わる要因もリスニング不安を高める原因としてあげられた。一方，リスニング不安の影響については，Elkhafaifi（2005）が，アラビア語学習者を対象とした調査結果から，リスニング不安とリスニングの学習成績に負の相関が，また，リスニング不安と学習期間および習熟レベルの間にもそれぞれ負の相関が見られたと報告している。これらの研究結果は，リスニング不安が，学習者にとって難度の高いリスニングインプットの意味処理がリアルタイムで要求されることによりその難度が相乗的に増幅されるというリスニング特有の困難と密接に関係していること，さらに，リスニング困難により生起すると考えられるリスニング不安が，学習者のリスニングをよりいっそう困難なものにするという循環的なメカニズムの存在を示唆するものと解釈できる。

　リスニング不安に関するこれまでの研究では，全般的な外国語学習不安と同様に，学習成績の予測因としてとらえるといういわば「静的な（static）」アプローチがとられており，また，その対処についても，より平易なリスニング教材を用いたり，リスニング学習場面の雰囲気をリラックスできるものにするといったようなどちらかと言えば対症療法的なものに終始しがちであったことは否定できない。真に効果的なリスニング不安の対処方略を考えるうえでは，個別的，具体的なリスニング場面での不安の生起をリアルタイムで観察・測定を行い，その生起に関わる要因を特定し，そのプロセスを明らかにするとともに，リスニング不安がリスニングの認知プロセスにどう関わっているのか，特に，その阻害効果のメカニズムについてより「ダイナミックな（dynamic）」記述をすることが必要になると考えられる。

2　リスニング不安の構成概念モデルと生起のメカニズム

1．心理的ストレスとしてのリスニング不安

　私たちが日常経験する不安は，大きく「特性不安（trait anxiety）」と「状態不安（state anxiety）」の2つの種類に分けることができるとされている（Spielberger, 1972）。前者は個人の永続的な不安傾向であり，いわば慢性的な

不安である。一方，後者は，ある場面での不安の経験それ自体を指し，どちらかといえば一時的な不安ということになる。リスニング不安を含む外国語学習不安は，前節で述べたように，一般的には特定場面不安として位置づけられているが，具体的には，ある特定の場面で不安状態に陥る傾向性を指して使われることが多く，その意味においては特性不安の一種としてとらえられてきたと言うことができる。リスニング不安を特性不安としてとらえた場合，問題とされるのは不安の生起プロセスや変動ではなく，むしろ学習者の性格や認知スタイルなどの学習者要因や，リスニング材料の難易度などインプットの性質であり，それらをもとに不安を予測したり，また，インプットをコントロールすることで不安を予防したりすることに注意が向けられていた。そのため，個別的，具体的なリスニング場面におけるリスニング不安と認知プロセスのダイナミックな関わりを記述・説明することが難しくなっていた。

　リスニング不安を特性不安としてではなく，むしろ状態不安としてとらえ，個別的，具体的なリスニング場面での学習者のリスニングプロセスに焦点を当てて，リスニング不安の生起と変動の実態を明らかにし，それがどうリスニングプロセスに影響しているのかを探る試みの一つとして，筆者によるリスニング不安をテーマとした一連の研究がある（Noro, 2005a, 2005b, 2005c, 2006, 2007a, 2007b）。この研究は，心理的ストレス理論に基づき，リスニング不安の構成概念をリスニング困難場面において学習者が経験する精神的な緊張や不安，イライラや焦り，あるいは欲求不満などを含めたストレスフルな心的状態として再構成し，それを包括的に「リスニングストレス（listening stress）」と名付け，心理的実在性のある独立した一つの構成概念として提案し，その妥当性の検証を試みたものである。

　図2-5-1は，英語圏（米国）での3週間の語学研修に参加した日本人大学生を対象とした質問紙調査およびインタビューを通して得られたデータをもとに，Lazarus & Folkman（1984）による心理的ストレスの理論モデルを参考に構築されたリスニングストレスの構成概念モデルである。Lazarus & Folkmanは，心理的ストレスを従来の刺激－反応モデルによるのではなく，人間と環境の相互作用（transaction）のプロセスとしてとらえ，そのプロセスの「場」としてのストレスの先行条件（causal antecedents）とプロセスの結果とし

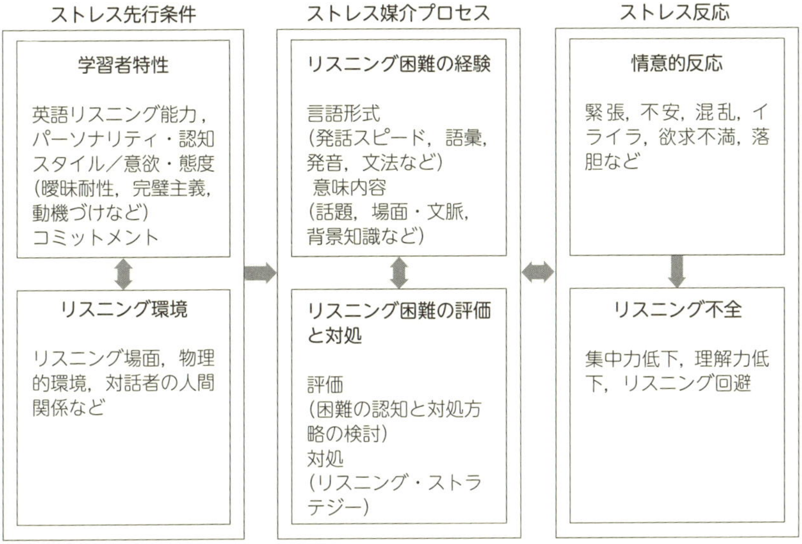

第5章 英語リスニング不安とその対処方略

```
┌─────────────────┐    ┌─────────────────┐    ┌─────────────────┐
│  ストレス先行条件 │    │ ストレス媒介プロセス│    │   ストレス反応   │
│ ┌─────────────┐ │    │ ┌─────────────┐ │    │ ┌─────────────┐ │
│ │  学習者特性  │ │    │ │リスニング困難│ │    │ │  情意的反応  │ │
│ │             │ │    │ │  の経験      │ │    │ │             │ │
│ │英語リスニング│ │    │ │言語形式      │ │    │ │緊張,不安,混乱,│ │
│ │能力,パーソナ│ │    │ │(発話スピード,│ │    │ │イライラ,欲求│ │
│ │リティ・認知 │ │    │ │語彙,発音,文法│ │    │ │不満,落胆など│ │
│ │スタイル/意欲│ │→  │ │など)         │ │↔  │ │             │ │
│ │・態度(曖昧  │ │    │ │意味内容      │ │    │ └─────────────┘ │
│ │耐性,完璧主義,│ │    │ │(話題,場面・ │ │    │                 │
│ │動機づけなど)│ │    │ │文脈,背景知識│ │    │                 │
│ │コミットメント│ │    │ │など)         │ │    │                 │
│ └─────────────┘ │    │ └─────────────┘ │    │                 │
│        ↕       │    │        ↕       │    │        ↕        │
│ ┌─────────────┐ │    │ ┌─────────────┐ │    │ ┌─────────────┐ │
│ │リスニング環境│ │    │ │リスニング困難│ │    │ │リスニング不全│ │
│ │             │ │    │ │の評価と対処  │ │    │ │             │ │
│ │リスニング場面│ │    │ │評価          │ │    │ │集中力低下,理│ │
│ │,物理的環境, │ │    │ │(困難の認知と│ │    │ │解力低下,リス│ │
│ │対話者の人間 │ │    │ │対処方略の検討)│ │    │ │ニング回避   │ │
│ │関係など     │ │    │ │対処          │ │    │ │             │ │
│ │             │ │    │ │(リスニング・│ │    │ │             │ │
│ │             │ │    │ │ストラテジー)│ │    │ │             │ │
│ └─────────────┘ │    │ └─────────────┘ │    │ └─────────────┘ │
└─────────────────┘    └─────────────────┘    └─────────────────┘
```

図 2-5-1 リスニングストレスの構成概念モデル（Noro, 2006 を一部改変）

てのストレスの影響（immediate/long-term effects）に加えて，ストレスの媒介プロセス（mediating processes）として認知的評価プロセス（cognitive appraisal process）および対処プロセス（coping process）を想定し，それらを中心に据えた心理的ストレスの理論モデルを提案している。図 2-5-1 に示したリスニングストレスの構成概念モデルでは，ストレス先行条件として，リスニング能力や性格特性などをはじめとした学習者特性とリスニング場面や物理的環境などのリスニング環境を，また，ストレス規定要因としては，言語形式や意味内容に起因するリスニング困難の経験と認知，そして，リスニング困難の評価と対処を，さらに，ストレス反応として，緊張や不安，イライラなどの学習者の情意的反応と，集中力低下，理解力低下に代表されるリスニング不全の状態をそれぞれ位置づけ，リスニングストレスの説明を試みている。

2. リスニング不安の生起のメカニズム

　リスニング不安を心理的ストレスとしてとらえたとき，その生起のメカニズムはどのように説明できるのだろうか。

Lazarus & Folkman（1984）による心理的ストレスの理論モデルによると，ストレスの生起は媒介プロセスにおける認知的評価に直接的に左右されるといわれている。認知的評価には一次的評価，二次的評価，そして再評価が想定されている。一次的評価とは，個人が環境中の潜在的ストレッサーが自分にとって有害，または脅威となっているか，それとも自分には無関係で，無害なものかを判断することであり，それによってストレスフルなものであるかどうかが決まることになる。また，二次的評価では，ストレスフルな状況を解消するための対処方略の検討と，それが成功したかどうかの評価がなされる。再評価とは，一度評価した結果を新たな情報をもとに変えることであり，場合によっては，対処努力の結果，過去を肯定的に解釈し直したり，現在の脅威を過小に評価するといった防衛的再評価とよばれる評価が含まれることもある。

　図2-5-2は，リスニング不安の生起のメカニズムの解明の試みとして，上述したLazarus & Folkmanによる認知的評価の理論的枠組みを参考に筆者が構築したリスニングストレスの認知的評価モデルである（Noro, 2007a）。モデル構築にあたっては，米国の大学に在籍する日本人留学生10名を対象に，リスニング困難場面において感じたストレスの具体的な内容とその経緯について半構造化インタビューを実施し，インタビューデータをもとにオープンコーディング（open coding）により生成されたカテゴリー間の関係を分析した。このモデルでは，一次的評価としては，現在直面しているリスニング困難が自分のリスニング能力では対応できないほど脅威に感じられるものであるかどうかが評価される。同時に，二次的評価では対処方略の検討がなされ，実際の対処方略が実行に移される。その結果，リスニング困難が解決されているかどうかについても二次的評価において判断されることになる。さらに，再評価では，特に，対処方略の効果が認められない場合は，ストレスの軽減を図るために自身がリスニングに求める要求水準が下げられることになる。例としては，相手が言っていることを一言ももらさず聞き取ることを目指していたものが，だいたいの内容を理解できればそれでよいとか，あるいは，最低限，自分の責任が果たすことができる程度の理解で満足するといったような場合がそれにあたる。これらの認知的評価を経てリスニング困難が自分自身の能力を超えていると判断された場合は，ストレス反応が引き起こされることになる。

このモデルでは，対処方略が各認知的評価と相互に影響し合い，さらに，リスニングストレス反応の影響も受けるように位置づけられている。このことは次の2つの点で注目に値するものであると考えられる。一つは次節でも考察しているように，リスニング不安がリスニングの理解度を低下させる，いわゆる阻害効果が，対処方略としてのリスニングストラテジーの使用が妨げられることにより起こっているというメカニズムが説明されている点である。もう一つは，冒頭で紹介した学習者の生の声にもあるように，リスニング不安と理解度の低下が「悪循環」をなしていることが説明されている点である。外国語学習不安が循環的な性格を帯びることは一般に知られており，それについてGregersen（2003）は「学習者は誤りをすればするほど不安になり，そして，不安になればなるほどより多くの誤りをする（As errors are made, learners become more anxious, and the more anxious they are, the more errors they make.）」（p.29）と述べ，外国語学習不安の阻害効果がその主たる要因であることを明示的に指摘している。図2-5-2に示したモデルでは，リスニングストレスの循環性が，ストレスにより引き起こされる対処方略の不全とその影響を受けた認知的評価の結果生起するストレスの相互作用の結果として説明されている。

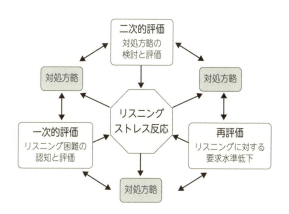

図2-5-2　リスニングストレスの認知的評価モデル（Noro, 2007a）

3 リスニング不安の影響

1. 外国語学習不安の影響

　すでに述べたように，外国語学習不安の影響については学習促進効果と学習阻害効果の両方が報告されているが，そこにはそれぞれ異なるメカニズムが存在していると考えられる。MacIntyre (1999) は，外国語授業における学習成績の側面，外国語の認知処理の側面，外国語の学習および使用の社会的側面，外国語学習プロセスの個人的側面の4つの観点から過去の研究結果をもとに考察している。MacIntyre は，これらのいずれの側面においても，不安と外国語学習の達成度の間には一貫して負の相関があるとし，外国語学習不安の学習阻害効果を主張している。これら4つの側面のうち，学習成績面，社会的側面，個人的側面における阻害効果は長期にわたるもので，主として動機づけや態度に関わるのに対し，認知処理面のそれは実際の言語使用過程におけるリアルタイムでの影響である。MacIntyre は，特にこの認知処理の側面における影響について，Tobias (1979, 1980, 1986) のモデルに従って，インプット，インプット認知処理，アウトプットの各段階における不安の影響を分析・考察した結果，すべての段階において不安の阻害効果が見られ，中でも，インプット認知処理およびアウトプットの段階で，より著しい阻害効果が観察されたとしている (MacIntyre & Gardner, 1991, 1994a, 1994b など)。

2. リスニング不安の理解阻害効果

　全般的な外国語学習不安の学習阻害効果と同様に，リスニング不安についても阻害効果が存在すると考えられるが，前述したように，その実態については未だ解明されているとは言い難い。ここでは，筆者によるリスニングストレスの影響に関する実験研究 (Noro, 2009, 2010) の概要を紹介し，それをもとにリスニング不安の理解阻害効果を考えることにする。

　この実験研究では，難度が極端に高いリスニング教材を1つと，難度が同程度に低いリスニング教材2つの合計3種類のリスニングインプットを用意し，まず，難度の低い教材を1つ聞かせ（リスニングA），その後，難度が極端に高い教材を聞かせ（リスニングB），最後にもう1つの低難度の教材を聞かせ

る（リスニングC）という手続きがとられた。被験者にはそれぞれのリスニングの前後にどの程度ストレスを感じているかを自己評定させ，その変化も記録した。被験者のうち，リスニングBを通して強いストレスを感じた被験者とほとんどストレスを感じなかった被験者について，それぞれリスニングAとリスニングCの理解度の差を比較することで，ストレスの影響を調べることとした。

　図2-5-3，図2-5-4は，それぞれ，強いストレスを感じた被験者群（ストレス群）とほとんどストレスを感じなかった被験者群（リラックス群）のストレスの変化と各リスニングにおける理解度をグラフの形で表したものである。このグラフは，リスニングストレスの阻害効果をよりわかりやすく視覚化するために，実際のデータを一部単純化して，概念図として作成したものである。図2-5-3から明らかなように，ストレス群の場合，リスニングBの理解度がリスニングAに比べ低く，リスニングBの後（すなわちリスニングCの前）に感じたストレスも強い。そして，それと呼応するように，リスニングCの理解度がリスニングAに比べ低くなっている。一方，リラックス群の場合，図2-5-4が示すように，リスニングBの理解度はストレス群と同様に低下しているものの，ストレスは一貫して弱く，リスニングCの理解度もリスニングAと変わらな

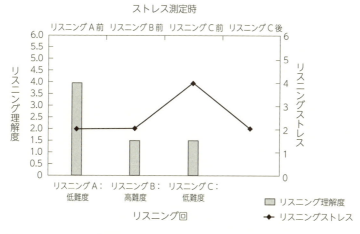

図2-5-3　リスニング理解－リスニングストレス交互作用概念図（ストレス群）

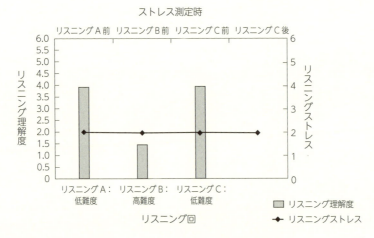

図 2-5-4　リスニング理解－リスニングストレス交互作用概念図（リラックス群）

い。これは，ストレス群では，リスニング困難の経験を通してストレスが生起し，それがリスニングの認知プロセスに影響を与え，その結果，もともと平易だったはずのインプットの処理までがその影響を受け，その理解度が低下したものと考えられる。それとは対照的に，リラックス群では，リスニング困難を経験してもストレスがさほど生起しなかったため，難度が低いインプットの認知処理への影響がなかったと推測される。

　リスニング不安の理解阻害効果については，図2-5-2で示したリスニングストレスの認知的評価モデルでも表されているように，その対処方略の使用が阻害されることによる可能性が示唆されている。前出のLazarus & Folkmanによると，ストレスの対処は「情動に焦点を当てた対処（emotion-focused coping）」と「問題に焦点を当てた対処（problem-focused coping）」の2つに分けられるが，上述した筆者による実験研究では，リスニング場面に即したそれぞれの対処に対応する具体的な情意ストラテジーと認知ストラテジーを洗い出し，それらの指導効果とストレスの関係も分析している。その結果，ストレス群は，認知ストラテジー，中でも，「単語ごとではなく，意味のまとまりごとに聴くようにする」というストラテジーの使用が阻害されていることがわかった。これは，ストレス群被験者が訴える「単語の意味をつなげられない」「話

のスピードに追いついていけない」というリスニング困難を裏づけるものである。同時に、リスニング不安がリスニング特有の時間的制約と相まって、より強い阻害効果をもたらしている可能性を示すものでもある。さらに、強いストレスを経験した被験者は、ストレスの軽減を図るための情意ストラテジーの使用を試みるが、結果的にストレスが軽減されない場合はその使用が断念され、さらなるストレスの生起につながるという悪循環のメカニズムの存在も明らかにされている。

リスニング不安の理解阻害効果は、ワーキングメモリ（working memory）の容量という観点から説明することができると考えられる。Eysenck（1992）による処理効率性理論（processing efficiency theory）によると、不安はワーキングメモリの資源を先取り（preempt）してしまうためタスク遂行が低下し、それを補うために余分の努力を注ぎ込むことになり、結果的に処理効率が低下するというものである。外国語のリスニングの場合、学習者のワーキングメモリ容量はリスニングの時間的制約に加えて、学習者の言語能力が限られていることによって二重に制限を受けており、その中で一般的な不安の認知処理への干渉が起こっていることになる。また、Mandler（1984）は、心理的ストレスが思考過程に与える影響について、自律神経系の覚醒（autonomic arousal）が現在取り組んでいるタスクに向けられるべき意識の容量を占有することで、「雑音（noise）」として働くため、進行中の認知処理を妨げ、その効率を下げるとしている。外国語学習者はリスニングの際に周囲の雑音に弱いことは一般に言われることであるが、それは、物理的な雑音が、不安といういわば「心理的雑音」により増幅されていることによるとも解釈できるであろう。

4 リスニング不安の対処

1. リスニング不安の対処方略の発達

リスニング不安の対処については、本章の冒頭でもふれたように、その指導アプローチとして、学習者の不安を軽減するために教材を易しいものにしたり、あるいは、学習環境をリラックスできるものにするなど、どちらかといえば、対症療法的なものにとどまっており、これまで見てきたようなリスニング不安

の生起とその理解阻害効果のメカニズムを考慮に入れた研究は十分にされているとは言い難い。しかし，リスニング不安の対処方略の開発と指導に関する研究は，リスニング不安の影響の深刻さを考えると，喫緊の課題であることは明らかである。本節では，以下に，リスニング不安の対処方略の発達について考察を加え，そのうえで，対処方略の指導プログラムの開発への示唆を提案することにする。

英語圏に留学経験をもつ日本人大学生を対象に筆者が行ったリスニングストレスの対処方略とその発達プロセスに関する研究結果から，リスニング困難時に用いる問題中心の認知ストラテジーとして，「明確化要求」と「予測・推測」が，また，情動中心の情意ストラテジーとしては，常に完璧に聞き取る必要はないという「リスニングに対する考え方を変える」が重要な方略として浮かび上がってきた。さらに，これらの対処方略は，他者を見てまねる学習である「モデリング」を通して内在化が図られていること，また，その内在化のプロセスでは，ホストファミリーや友人などから得られる共感的理解や励ましなどの「ソーシャルサポート」，自分は英語の母語話者ではなく英語を外国語／第二言語として学んでいるのだという「学習者としての自己認識」，英語を使うことを楽しむために英語圏に留学しているのだという「外国語学習への目的意識」が媒介要因として働いていることが明らかにされている（Noro, 2011）。

上述したリスニング不安の対処方略の発達プロセスは，リスニング不安によるリスニングストラテジー使用の阻害が克服可能なものであることを示している。心理的ストレスの肯定的な側面として，人間がストレスを経験する中で成長していく過程を「ストレスに関連した成長（stress-related growth）」とよぶことがあるが（Aldwin, 2007），リスニング不安の対処方略の発達は，学習者がリスニング不安を経験する中で，その克服の手がかりを追い求め，環境と自分自身の間でいわば「折り合い」をつけながら不安耐性を高めつつ，同時に対処方略を内在化させることで，リスナーとして成長を遂げている過程とみることができるであろう。

2. リスニング不安の対処方略の指導

リスニング不安の生起の直接的な原因はリスニング困難であり，その最大の

規定要因は目標言語能力であることは言をまたない。したがって，何よりもまず目標言語能力を高めることが重要となる。また，これまで見てきたように，リスニング不安の理解阻害効果がリスニング方略の使用が妨げられることによるものである可能性を考えると，認知，情意の両面にわたる，より多様なリスニング方略の開発と指導，そしてその自動化が望まれる。リスニング方略の自動化により，学習者は，不安をはじめとした情動の覚醒によりワーキングメモリの容量が占有されても，それに対応できると考えられるからである。さらに，リスニング不安の対処方略の発達プロセスの考察で見たように，不安の経験が不安耐性を高め，それにより対処方略の内在化が図られていることを考えると，教室における指導においても，教材や授業活動，教室環境から不安を取り除くといったいわば対症療法的アプローチだけはなく，むしろ，学習者に適度な不安を経験させることで，不安耐性を強化し，その中で彼らの対処方略の発達を促していくというアプローチも必要となると考えられる。

　外国語学習における不安をはじめとした情意的要因の影響は決して小さいものではないことは明らかであり，特に，常に時間的制約のもとで認知処理が要求されるリスニングにおいては，それをいかにコントロールできるかが重要となってくる。我が国における英語のリスニング指導においても，今後，認知面と情意面の両面を考慮にいれた指導プログラムの開発・実践が求められる。そのためにも，リスニング不安研究の充実が急務となる。

第5章 野呂論文へのコメント

中山勘次郎

　遠い昔，筆者がまだ学生だった頃，ある授業で教授が，不安と恐怖の違いを教えてくれた。いわく，恐怖には対象が明確に存在するが，不安には明確な対象がない。将来起こり得る負の出来事について妄想をふくらませ，実体のない妄想ゆえに有効な対処法も見つけられずに，立ちすくんでいるのが不安だと。

　どうりで不安の研究は難しいわけだ。なにしろ相手は想像の中で勝手に増殖していく怪物だ。一筋縄ではいかない。一人ひとりの頭の中に分け入ってみなければ，そこにいったいどんな怪物が潜んでいるのかわからないのである。

　この怪物の正体を究明するにあたって野呂氏は，不安が生起する具体的な場面のリアルタイムな観察・測定に基盤を置くダイナミックなアプローチを志向する。これはまさに，「一人ひとりの頭の中に分け入って」不安の諸相を確かめる作業にほかならない。地道な作業ではあるが，妄想としての不安を可視化するには不可欠な工程といえよう。

　野呂氏は，従来の全般的で特性論的な不安を対象とした研究の限界を指摘している。これなどは，質問紙を中心に動機づけ研究を進めてきた筆者にも耳の痛い指摘である。昨今，動機づけ研究の領域では因果モデルの検証が大流行である。多くの関連概念を持ち込んで質問紙を作成し，回答結果を共分散構造分析にかけてパスを引く。適合度が満足できる値に達すればそれでおしまい。理解できるのは概念同士の数値上の関連性だけで，それが現実に起きている事象の理解にどう貢献したのかを考えると，疑問符のつく研究が少なくない。それどころか，事前の概念の吟味や実態との照合をおろそかにしたまま，「お手軽」に実施したとしか思えない研究も散見され，現実の課題解決からはますます遠ざかるばかり，という現状がある。その意味で，野呂氏の現場主義宣言は潔い。

　もちろん，やみくもにエピソードを収集，整理分類するだけでうまくいくわけではない。もう一つ特筆すべきは，野呂氏が，具体的場面にこだわる一方で，しっかりとした分析の枠組みを構築していることである。野呂氏は不安研究の

枠を飛び出し，ストレス研究の分野に範を求めた。Lazarus & Folkman のトランザクショナル・モデルである。このモデルは，ストレッサーへの一次的・二次的評価，および対処方略の実行／不実行を経てストレス反応へといたる，合理的な判断過程を示しているが，野呂氏が構築したのは，一次的評価・二次的評価・再評価の各段階から直接不安情動が生起し，有効な対処方略の使用を妨げながら循環的に増幅していくというモデルである。些細なことが不安を呼び覚まして冷静な対処を奪い，その結果ますます不安が高まるという，不安の怪物ぶりをうまくとらえたモデルではないか。今後の検証研究が楽しみである。

さて，期待を込めつつ，いくつか注文をつけさせていただきたい。一つはモデルについてである。情動反応としてのリスニング不安は，この循環の輪の中心にあって，他の諸要因との影響関係がよくわかるのだが，もう一方の主役である対処方略の位置づけが，いまいちわかりにくい。モデルには3つの対処方略が登場するが，これらは別個の方略なのだろうか，それとも一つの方略の変遷なのだろうか。また，不安からの矢印は方略使用への妨害効果を示すのであろうが，各評価段階との両側矢印は何を表しているのだろう。特に一次的評価は本来，ストレッサー自体の脅威度の評価であり，対処方略の評価以前の段階なのだが，野呂モデルではこの段階とも相互関連性を仮定している。とすれば，ここでの関連性は他とは性質が異なる可能性もある。このあたりの対処方略の位置づけについては，もう少し丁寧な説明がほしいところである。

次に，「常に完璧に聞き取る必要はない」というリスニングに対する考え方の変化が，前半では再評価，後半では対処方略として扱われているが，ここははっきりさせる必要がある。まず再評価というのは，追加情報によって一次的評価（脅威度）や二次的評価（対処可能性）が変化することなので，「完璧に聞き取る必要はない」というのは，再評価というより対処方略と考えるのが妥当だろう。また，野呂氏はこれを情動焦点型方略に位置づけているが，英語の試験なら一言一句正確に聞き取る必要があるかもしれないが，日常会話でなら，相手の中心的意図さえ聞き取れれば事足りる場合も多いはずだ。そう考えれば，これは立派な課題焦点型方略ともいえるのではないだろうか。研究の中核になり得る方略なだけに，概念をきちんと整理しておいたほうがよさそうだ。

いずれにせよ，これらは今後の実証研究によって適宜改訂され，洗練されて

いくはずのものだ。今後の研究の発展を楽しみにしている。そして，これからもぜひ現場主義を貫いていただきたい。

第 6 章

鈴木　渉・板垣信哉

Effects of Input-based and Output-based Focus on Form Instruction:
Trade-off Between Grammar Learning and Text Comprehension

インプット中心・アウトプット中心の フォーカス・オン・フォームの効果： 言語学習と内容理解のトレードオフ

1　はじめに

　英語教育学研究では,「使える英語」を習得するためには, コミュニケーション活動（たとえば, 内容理解を中心とする英語リーディングの授業）の中で, 言語形式（語彙, 文法, 発音など）に注意を払うことが, 重要であると考えられている。それゆえ, 英語教育学研究者は, 教師が意味重視の活動の中で学習者の注意を目標言語形式に効果的に向けることができる方法を開発し, その効果を実証的に検証してきた。最も研究されてきたものが, Ellis (2001) による「フォーカス・オン・フォーム（focus on form）」である。Ellis によれば, フォーカス・オン・フォームは, 計画的（planned）と偶発的（incidental）に大別される。計画的フォーカス・オン・フォームとは, 意味重視の活動の中で, 学習目標として事前に選択された特定の言語形式に学習者の注意を向ける指導方法である。一方, 偶発的フォーカス・オン・フォームとは, 意味重視の活動の中で生じるさまざまな言語形式に学習者の注意を向けさせるというものである。2 種類のフォーカス・オン・フォームは, 言語形式を事前に選択するかしないか, 特定の項目にしぼるかすべての項目を対象とするかの 2 点で異なるものの, 言語（形式）と内容（意味）の両方をバランスよく学ばせようとする指導法という点では一致している。本論文では, 日本の英語授業に類似し, 実験的に検証しやすい, 計画的フォーカス・オン・フォームの効果を実証的に検証した実験

データを報告する。

　計画的フォーカス・オン・フォームは，Ellis（2001）によると，インプット中心（input-based）かアウトプット中心（output-based）に大別される。インプット中心の計画的フォーカス・オン・フォームには，リーディング教材文に含まれる目標言語項目を太字にしたり，下線を引いたりすることで学習者の注意を引きつける「インプット強化（input enhancement）」がある（Lee, 2007; Trahey & White, 1993）。一方，アウトプット中心の計画的フォーカス・オン・フォームには，読解や聴解したテキストを目標言語で再生することで，学習者に目標項目に気づかせる「テキスト再生（text recall）」がある（Izumi, 2002; Suzuki & Itagaki, 2015）。これらのインプット中心・アウトプット中心の計画的フォーカス・オン・フォームが言語学習に及ぼす効果は近年検証されてきているものの，このような指導法がリーディングの内容理解を阻害しないのか，どのような指導法が内容理解と言語学習をバランスよく促進するのかといったフォーカス・オン・フォームの基本的な原理に関する問題についてはあまり検証されてきていない。そこで本論文では，インプット中心・アウトプット中心の計画的フォーカス・オン・フォームが言語学習と内容理解に及ぼす効果とはどのようなものかを検証した実験の結果について報告する。

2　先行研究

1. インプット中心の計画的フォーカス・オン・フォーム

　読むことや聞くことを通して英語をインプットすることは，目標言語で何が正しいのかという情報，つまり，「肯定証拠（positive evidence）」を受け取るということであり，言語習得において最も重要視されている。近年の英語教育学研究では，インプットに含まれる目標言語形式に学習者をどのように効果的に気づかせるか（noticing）ということに研究者の関心が寄せられている（Lee, 2007; Trahey & White, 1993）。その代表的なものとして，上述したインプット強化があげられる。たとえば，フランス語を母語とするカナダ人の子ども（11歳）54名が参加したTrahey & White（1993）の研究では，英語の副詞の位置を目標言語形式として学習している。英語では，主語（subject）と動詞（verb）

の間に副詞（adverb）を置くこと（S<u>A</u>V）が可能である（フランス語不可）が，動詞と目的語の間に副詞を置くこと（SV<u>A</u>O）ができない（フランス語可）。インプット強化が施された（目標項目を多量に含ませた）テキストを子どもたちは1日1時間読み，それを10日間続けた。その前後にさまざまなテストを行っている。その結果，S<u>A</u>Vという語順（母語で不可，第二言語で可）を正しく容認したり表出したりするようになったが，SV<u>A</u>Oという語順（母語で可，第二言語で不可）を正しく容認し表出し続けることができないことが明らかになった。つまり，インプット強化は，S<u>A</u>V語順の学習には効果があるが，非文法的なSV<u>A</u>O語順の学習には十分な効果がないということである。

これまでの研究では，インプット強化が言語習得に与える効果は限定的であることが示されているものの（Lee & Huang, 2008のメタ分析を参照），インプット強化がリーディングやリスニングの内容理解に対してはどのような影響を与えるのか，そのバランスはどうであるかということに関しては研究が十分になされているとはいえない。例外はLee（2007）であるが，彼の研究では，目標言語項目を多量に含んだテキストを読むだけの群と，その項目を太字にしたり，文字を大きくしたり，異なるフォントを使ったりする群を比較した。その結果，後者は，前者よりも，言語学習を促進するが，内容理解は阻害することを示している。このような言語学習と内容理解のトレードオフやバランスに関する研究はまだ少なく，今後もさらなる研究が必要である。

2. アウトプット中心の計画的フォーカス・オン・フォーム

Swain（2005）は，アウトプット（書くことや話すこと）の重要な機能として，気づき（noticing）をあげている。つまり，表現することを通して，「自分が言いたいこと」と「自分が言えること」の違いに気づくということである。たとえば，和泉（Izumi, 2002）は，アウトプットすることを通して，成人の英語学習者が英語の関係代名詞（in whichなど）への気づきと習得を促するかを検証している。和泉は，アウトプット群とアウトプットを求めない統制群に，まず，多くの関係代名詞が含まれるテキストを黙読させた。読解中にメモを取ることを許可している（メモ①）。その後，アウトプット群には読解したテキストを元の文章を見ずにできるだけ再生する課題（アウトプット①）を，

統制群には読解した内容に関する質問に4択で答えさせた。その後，再び，両群ともに同じテキストを読解させ，メモを取らせた（メモ②）。最後に，アウトプット群にはテキスト再生課題（アウトプット②）を，統制群には内容理解に関する質問に答えさせた。気づきを測定するために，メモ①と②を比較し，関係代名詞に関する情報をどのくらいメモしているかを比較したところ，アウトプット群と統制群の間には統計的に有意な差は見られなかった。言語習得に関しては，アウトプット群は統制群に比べてさまざまなテストにおいて統計的に有意に高いことが示された。和泉はこの結果に基づいて，アウトプットは言語習得を促進すると結論づけている。

近年，アウトプットの気づきの機能に関する実証的な研究が増えつつあるものの（Suzuki & Itagaki, 2015; Uggen, 2012），依然多くの問題が残されている。たとえば，テキスト再生以外のアウトプット課題ではどうなのか。ワーキングメモリ，言語適性，動機，不安などの個人差はアウトプットにどのような影響を及ぼすのか。アウトプットはフォーカス・オン・フォームの前提である内容理解と言語学習の両方の面で効果的なのか。本論文では，アウトプットが内容理解と言語学習をどのように促進するのかについて研究した実験について報告する。

3. 研究課題

本研究では，上述した先行研究の動向に基づいて，以下の2つの研究課題を設定した。

① インプット中心・アウトプット中心の計画的フォーカス・オン・フォームでは，どちらがより言語学習を効果的に促進するか。
② インプット中心・アウトプット中心の計画的フォーカス・オン・フォームでは，どちらがより内容理解を効果的に促進するか。

3 研究方法

1. 実験参加者

　本研究には，68名の日本人大学生（年齢は19〜21歳）が参加した。研究は2011年4月から7月までの学期に宮城県の某国立大学の一般英語を受講していた学生である。学習目標項目（英語の受動態）に関する10点満点の事前テストの点数が1点以下や9点以上の学生，すべての実験過程に参加できなかった学生，1か月以上の留学経験のある学生を除外したところ，最終的には59名の学生データのみが分析対象となった。9点以上の学生には天井効果が，1点未満の学生には今回提案する指導法では目標項目の習得が不可能であろうと判断した。実験参加者68名を無作為に2群に振り分けたところ，アウトプット中心の計画的フォーカス・オン・フォーム群（以下，アウトプット群）が27名，インプット中心の計画的フォーカス・オン・フォーム群（以下，インプット群）が32名がデータ分析対象となった。

2. 目標言語項目

　本研究では以下の2つの理由で英語の受動態（passive voice）を目標学習項目とした。第1に，英語の受動態は英語学習者にとって最も難しい文法項目の一つであることがあげられている（Hinkel, 2002）。その間接的な証拠として，本研究の参加者は，以下に述べる事前テストにおいて，10点満点中約5点と受動態を十分に理解してはいなかった。第2に，受動態は本研究の対象者に大学の英語授業として体系的に指導されていなかったことを授業担当者と確認した。したがって，本研究の参加者にインプット中心・アウトプット中心の計画的フォーカス・オン・フォームを行うことで，受動態の習得が進むと仮定した。

3. 実験手続き

　本実験は，大学の通常授業の中で3週間に渡って行われた。実験手続きを図2-6-1に示す。第1週目に，受動態に関する事前テストを20分で行った。第3週目に，実験参加者は，まず，ある文章を2分間で読むことを求められた。辞書の使用は不可とし自力で読ませ，メモ等を取ることも禁じた。文章を回収後，

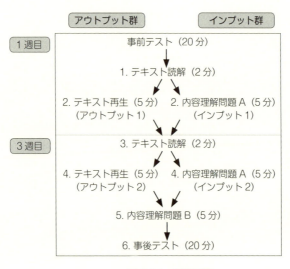

図 2-6-1　実験計画

インプット群に，文章に関する内容理解に関して4択問題（内容理解問題 A）を答えさせた（5分間）。一方，アウトプット群には，読んだ文章を，元の文章を見ずに，できるだけ正確に再生するように求めた（5分間）。課題用紙を回収後，両群とも先ほど読んだ文章を2分間で再び読み，インプット群は内容理解問題 A を，アウトプット群はテキスト再生課題をそれぞれ5分間行った。課題用紙を再び回収し，読んだ文章の内容に関する内容理解問題 B と受動態に関する事後テストとそれぞれ5分と20分で実施した。

4. 実験材料

事前・事後テストは，各文を読み，適切な語や句を空欄に入れる，受動態に関する4択の問題である。事前・事後テストは，受動態に関するもの10問，さまざまな文法項目に関するディストラクター（distractor）30問の計40問から成っている。受動態の文に関しては，2種類のバージョンを用意し，意味は似ているが異なる動詞をそれぞれのバージョンで使用することで（バージョン A が *injured* ならバージョン B では *destroyed*），事前・事後テストの類似性を確保しようとした。2種類のバージョンを事前・事後テストでカウンター

バランスして使用している。以下に例として2つのサンプルをあげる。

1. If you had come a bit earlier, you _____ him.
    A. might see
    B. might have seen
    C. might be seen
    D. might be seeing

2. A police officer _____ in a car accident last night.
    A. injured
    B. had injured
    C. was injuring
    D. was injured

読解に使用したテキストは,『New Concept of English』（Alexander & He, 2008, p.158）という教科書から抜粋し，本実験課題用に語彙を単純化した。テキストは，85語，7文で構成され，受動態が10か所含まれている。使用したテキストを以下に示す。わかりやすさのため受動態に下線を引き番号を付けているが，実際の実験では下線も番号もない。

Dan <u>was asked</u>[1] to go to the station by local police. He went to the station not knowing why he <u>was wanted by</u>[2] them. At the station, he <u>was told by</u>[3] a smiling policeman that his bicycle <u>had been found</u>[4]. It <u>had been picked</u>[5] up in a small village far away. It <u>was being sent</u>[6] to his home by train. Dan <u>was surprised</u>[7] and <u>amused</u>[8], because he never expected the bicycle to <u>be found</u>[9]. It <u>had been stolen</u>[10] twenty years ago when he was fifteen.

内容理解問題Aは，以下の例に示すように，英語で作成された，テキストの内容に関する4択問題である。内容理解問題Bに関しては，内容理解問題Aを日本語に翻訳したものである。わかりやすさのため受動態に下線を引いてあるが，実際の実験では下線は引かれていない。

1. Where <u>was</u> Dan <u>asked</u> to go by the police?

A. To the local police office.

B. To the local station.

C. To a small village.

D. To a small city.

2. Why did Dan go to see the police?

A. Because the local police wanted him.

B. Because his bicycle <u>was stolen</u>.

C. Because he had found his bicycle.

D. Because his bicycle was at the station.

5. データ分析

　事前・事後テストに関しては，受動態に関する10問のみを対象とし，正解を1点，不正解を0点とした。残りの30問に関してはデータ分析の対象外とした。したがって，最高得点は10点である。内容理解問題A・Bに関しては，正解を1点，不正解を0点とした。最高得点は10点である。事前・事後テストおよび内容理解問題A・Bに関しては，英語教育学を専門とする大学院生にそれぞれ20%のデータを分析してもらい，著者のうち1名との評価者間の一致（100%）を得たうえで，残り80%を大学院生に分析してもらった。

　テキスト再生については，アウトプット1とアウトプット2でそれぞれ目標項目である受動態が正しく再生されていれば1点，されていなければ0点とした。「was asked」のところを「asked」のようにbe動詞が抜け落ちているものや，「had been stolen」のところを「had been stealed」のように過去分詞を誤っているものなど部分的に再生されているものでも今回は0点とした。最高得点は10点である。テキスト再生を分析する際にも，10%のデータを上述の大学院生に分析してもらい，著者のうち1名との評価者間の一致（100%）が得られたことを確認し，残り90%を大学院生に分析してもらった。

4 結果

1. 事前・事後テスト得点

事前テストの平均（以下，M）は，アウトプット群が $M=5.56$（$SD=1.76$），インプット群が $M=5.06$（$SD=1.93$）であった。事後テストでは，アウトプット群が $M=5.19$（$SD=1.80$），インプット群が $M=5.75$（$SD=2.01$）であった。反復測定二元配置分散分析を行ったところ，時間の主効果，群の主効果，時間と群の交互作用はそれぞれ見られなかった。つまり，インプット群とアウトプット群では，指導前の受動態に関する知識は同等であること，指導の効果は見られなかったことがわかる。

2. テキスト再生得点

アウトプット群のテキスト再生（アウトプット）1に関しては，$M=1.80$，$SD=1.50$ となった。テキスト再生（アウトプット）2に関しては，$M=3.33$，$SD=2.35$ であった。再生1と再生2において，対応のある t 検定を行ったところ，5%水準でその差が有意であることが確認された。つまり，アウトプット群は，1回目よりも2回目で，受動態を多く再生することができたということである。

3. 内容理解問題得点

内容理解問題得点ではアウトプット群が $M=6.63$（$SD=2.42$）で，インプット群が $M=7.81$（$SD=1.89$）であった。対応のない t 検定を行ったところ，両群には5%水準で統計的に有意な差ががあることがわかった。つまり，インプット群は，アウトプット群より，テキストの内容について十分に理解したことになる。

5 考察と結論

1. 計画的フォーカス・オン・フォームの言語学習への効果

研究課題1は，「インプット中心・アウトプット中心の計画的フォーカス・オン・フォームでは，どちらがより言語学習を効果的に促進するか？」であっ

た。上述の事後テスト結果からわかるように，処置後，2群とも受動態における知識は伸びなかった。事後テストで伸びが見られないのは，アウトプットやインプットの機会が2回と限られており，より多くの機会が必要だったのかもしれない（Izumi, 2002）。また，他のアウトプットやインプットであれば，文法学習を効果的に促進することができたのかもしれない。たとえば，テキスト再生ではなく，読んだ文章を要約するテキスト要約（text summarizing）のようなアウトプットが考えられる（村野井，2007）。また，文章中に目標項目を多数埋め込むような方法ではなく（Trahey & White, 1993），下線を引いたり，太字にしたりすることで学習者の注意を引きつける別のインプット強化も考えられる（Lee, 2007）。さらに，個人ではなく，共同でアウトプット課題を行うことで言語学習をより効果的に促進することができるという可能性もあるだろう（Storch, 2011のレビューを参照のこと）。

　読んだ文章を再生するアウトプットを通して，「自分が表現したいこと」と「表現できること」の違いに気づくことが仮定されているものの（Izumi, 2002; Suzuki & Itagaki, 2015; Swain, 2005），1度目のアウトプットでも約2か所（10か所中），2度目のアウトプットでも約3か所しか目標言語項目である受動態を再生できていないことから受動態への十分な気づきが得られたとはいえない。また，本研究は受動態を目標項目としたが，それを学習者に事前に伝えておらず，彼らは受動態以外の形式（語彙や他の文法項目）に注意を向けた可能性も考えられる。

2. 計画的フォーカス・オン・フォームの内容理解への効果

　研究課題2は，「インプット中心・アウトプット中心の計画的フォーカス・オン・フォームでは，どちらがより内容理解を効果的に促進するか？」であった。上述したように，アウトプット群は，インプット群よりも，読解内容に関する理解が低いことが示された。この結果は，Skehan（1998）らが主張する注意容量の限界仮説（limited capacity hypothesis of human attention）で説明可能である。この仮説によれば，学習者は，テキスト再生のようなアウトプット課題中に，言語（文法）と内容（意味）の両方に十分な注意を払うことができないというものである。2度のテキスト再生を通して，アウトプット群は目

標言語項目である受動態やその他の言語形式（語彙など）に注意を払うことを優先し，テキストの内容理解に注意を振り分けることができなかったのかもしれない。それゆえ，アウトプット群は，インプット群よりも，内容理解が不十分だった可能性がある。

一方，インプット群が，アウトプット群よりも，読解内容を十分に理解したものの，受動態の学習は進まなかったことに関しては，これまでの英語教育学研究の成果と一致している。インプット強化は，学習者の注意を引きつけ，言語学習を促進する可能性はあるが，先ほど述べた学習者の注意容量の限界もあり，内容理解を阻害する可能性が指摘されている。たとえば，Lee (2007) の研究では，韓国人の英語学習者を対象とし，目標言語項目を多量に含んだテキストを読むだけの群と，その項目を太字にしたり，文字を大きくしたり，異なるフォントを使ったりする群を比較している。後者は，前者よりも，言語学習を促進したが，内容理解は阻害したと報告されている。このような言語学習と内容理解のトレードオフに関する研究はまだ少なく，今後もさらなる研究が必要である。

3. 本研究の問題点と今後の課題

本論文を終える前に，いくつかの問題点と今後の課題を指摘しておきたい。第1に，フォーカス・オン・フォームにおける言語学習や内容理解の効果を議論するためにも，今後の研究では統制群が必要である。第2に，本研究では，アウトプットは特定のタスク（テキスト再生）と特定のインプット強化（目標言語項目数を増やす）を用いており，他のタスクや課題では，言語学習と内容理解の効果やトレードオフが見られるのかは不明である。第3に，本研究の成果を一般化するには，学習者の個人差（ワーキングメモリ，言語適性，動機など）を統制することが今後必要である。第4に，言語学習や内容理解の測定方法にも問題がある。気づきをテキスト再生における目標項目得点と操作的に定義したものの，先行研究ではメモを取らせたり（Izumi, 2002），発話思考法（think alouds）を行ったりしている（Uggen, 2012）。また，本研究では，言語学習を目標言語項目に関する受容的知識（四択再認問題）と操作的に定義しているが，産出的知識を測定してはいないことが問題である。最後に，本研究では受

動態を目標項目としたが，他の文法項目ではどうなのかを検証する必要がある（Uggen, 2012）。このように，課題，学習者，実験方法，文法項目などのさまざまな要因が本研究の結果に与えた影響は否定できず，追試実験が必要なのは言うまでもない。以上のような問題点や課題はあるものの，本研究は，これまでの英語教育学研究の成果と合わせて考えると，英語教師に対して，日々の実践の中で，言語学習と内容理解のバランス，特にそのトレードオフの可能性を考慮する必要性を示唆している。

[謝 辞]
　本研究は科研費（21520561）の助成を受けたものである。本研究を実施するにあたりお世話になった Sarrul Borjigin 氏，伊藤美保氏，今野萌氏，Arif Lasker 氏，Adrian Leis 氏，大井明莉氏，齋藤玲氏に感謝申し上げる。本論文の一部は第 38 回全国英語教育学会愛知研究大会（2012 年 8 月 4，5 日）において口頭発表されている。

第6章　鈴木・板垣論文へのコメント

森島泰則

　本研究では，計画的フォーカスオンフォームの効果をアウトプット中心課題とインプット中心課題で比較している。学習目標項目は英語の受動態であった。実験結果をまとめると以下のようになる。

①アウトプット群，インプット群ともに，事前テスト，事後テストの成績に有意な差は見られなかった。
②アウトプット群のテキスト再生得点は，1回目より2回目のほうが上昇した。
③内容理解課題Bの得点は，アウトプット群よりインプット群のほうが高かった。

　上記の結果を踏まえ，鈴木・板垣の考察を認知心理学的視点からなぞりつつ，課題を考えてみたい。認知心理学的には，本研究は指導法の効果というよりはむしろ読解課題の言語処理への影響を検証したものと見える。上記結果①からわかるように，いずれの読解課題でも事後テストで成績の伸びが見られなかったが，そもそもこのような単発の実験（という学習経験）で文法知識の学習効果（研究課題①）を期待することは難しいのではないだろうか。
　そこで，ここでは読解課題の内容理解への効果（研究課題②）について検討してみたい。筆者は，実験結果をSkehanの仮説をベースに考察し，アウトプット群は受動態の言語形式に注意を払うことを優先したために，テキスト理解に十分注意を振り分けることができなかった可能性があるとしている。この考察は，認知心理学で研究されてきた認知資源に関する知見と合致する。
　私たちがその時々に使うことのできる認知資源（鈴木・板垣論文では「注意（容量）」）は有限なため，複数の情報処理を並行して行う場合，資源の配分が行われると考えられている（たとえば，Allport, 1980; Just & Carpenter, 1992; Kahneman, 1973）。言語理解は，語認識や構文解析などの言語的処理と文脈と

の整合性処理や既有知識との統合などの思考的処理からなる複雑な認知的作業であり，各処理作業への認知資源の配分が問題となる。外国語（L2）処理における認知資源の配分に関する研究では，たとえばMorishima (2013) は，既読部分の情報と矛盾する文は矛盾のない場合より処理時間（読み時間）が長くかかるという不一致効果を利用して，L2読解中にアクセスできる既読部分の記憶情報はL1読解中のそれ（たとえば，Albrecht & O'Brien, 1993）と比べて大きく制限されることを示した。この結果は，L2言語処理の認知的負荷がL1よりも大きいため，記憶情報アクセスのために配分できる認知資源が少なくなることによると考えることができる。

　本研究の実験の場合，課題操作によってアウトプット群はテキストの文の記憶，インプット群は内容理解に対して，それぞれより多くの資源を配分するようになっていたといえる。したがって，テキストの記憶により多くの資源を割いたアウトプット群よりも内容理解により資源を配分したインプット群のほうが内容理解課題でよい成績を示したと考えることができる。

　では，そもそもテキストを記憶することが内容理解課題成績にそれほど貢献しなかったのはなぜだろうか。データ分析の方法から判断すると，アウトプット群の記憶再生課題は本文に現れた受動態表現がそのまま正確に再生されたかどうかが基準となっている。ということは，この課題で計測しているのは，文章理解研究でいうところの「表層フォーム」，すなわち文そのものの記憶表象である。しかし，これまでの研究から，言語処理において表層フォームは通常，能動態や受動態といった言語形式を反映しない，より抽象的な意味表象に変換されて記憶されることが知られている（たとえば，Bransford, Barclay, & Franks, 1972; van Dijk & Kintsch, 1983）。このことをふまえて実験結果を考えると，記憶課題の性質上，アウトプット群の参加者はあえて表象フォームを記憶しようとする読解方略をとったため，その作業に多くの認知資源が必要となり，その結果相対的に内容理解に配分される認知資源が減少したと考えることができる。このような読解方略を示唆するデータとして，記憶再生の成績が2回目に向上したこと（結果②）が可能性として上げられよう。つまり，1回目の記憶再生時にテキストをできるだけ正確に再生するように求められたため，2回目のテキスト読解ではより意識的にテキストの言語形式（受動態）を記憶

しようとする方略が採られたと解釈することもできる。

　ここまで認知資源配分仮説に基づいて実験結果の考察を検討してきたが，一方でこのような解釈の妥当性にはいくつか課題がある。まず，アウトプット群の課題成績がインプット群よりも低かったという結果③をもって，群間で内容理解度に差があったと結論することはできない。内容理解課題Bは，内容理解課題Aを日本語に翻訳したものと説明されている。ということは，問題の意味的内容自体は同じで表記言語が英語か日本語かの違いということになる。つまり，インプット群は同じ問題（A）を英語で2回行ったうえでこの課題（B）に答えているといえる。一方，アウトプット群はそのような課題は行っていない。インプット群は，ある意味，すでに同じ問題で練習していたようなものだ。したがって，インプット群のほうがアウトプット群よりも成績がよくても，それは一種の練習効果だと見ることも可能で，アウトプット群に比べてインプット群のほうがテキストの内容をより充分に理解したとは言い切れない。

　次に，上述の議論の中では，アウトプット群の記憶課題に関して，実験参加者があえて表層フォームとして記憶しようとしたと想定した。しかし，それを裏づけるデータはない。むしろ，2回目の記憶再生が向上したと言っても，10か所中わずか3か所程度と全体として低かったことから，表層フォームが意味的表象に変換されて記憶されたために正確な言語形式（受動態）の再生ができなかったと考えることもできる。さらに，この解釈に従えば，記憶再生の成績をもってして，参加者の中で受動態についての気づきが十分に得られたかどうか判断することはできないということになる。

第 7 章
板垣信哉・渡邊兼行・鈴木　渉・小林千夏

On the Memorization and Remembering of English Word Meanings Focusing on Contextual Cues and Encoding Specificity

英単語学習過程としての「記銘」と「想起」の役割：手がかりとしての文脈か，符号化特殊性か

1　英単語の学習過程：「記銘」と「想起」

　日本人の英語学習において，英単語学習は最も重要であると言われているが，その学習過程に関する実証的・科学的な研究が少ない。その背景として，「英単語は，ただ記憶すればよい……」「単語帳をひたすら丸暗記すればよい……」いった認識が存在し，その学習過程の研究を軽視してきたといえる。また，「受験英語」といった特殊事情のもとで，多くの英単語を短期間に学習する必要にせまられ，英単語帳を活用しての意図的な単純記憶型の学習方略が一般的である。

　個々の単語の意味を習得することは，語彙習得の最も基本的なことである。本稿では，英単語の意味学習過程を以下の3つの記憶処理過程として仮定する。つまり，①目標英単語の意味（日本語）を「記銘・覚える」過程，②同じ目標英単語の意味を「想起・思い出す」過程，あるいは日本語の意味から目標英単語を「想起・思い出す」過程，③上記の①の記銘過程と②の想起過程を実際の言語体験（聞く，話す，読み，書き）で意図的あるいは偶発的に「繰り返す」過程である（望月・相沢・投野，2003; Nation, 2001; Watanabe, Itagaki, Suzuki, & Kubota, 2006）。

　本稿では，上記の「記銘過程」と「想起過程」のそれぞれが有する特性を英語科授業における語彙指導にどのように組み入れていくべきかといった観点か

ら，この実践的課題に対して実証的示唆を提供することを目的とする。

1. 記銘過程：リスト形式か，文脈形式か

　語意指導の一環として，英和辞書および単語帳の活用方法および単語の辞書定義が議論されてきた（McKewn, 1991, 1993）。日本の英語教育においても，多くの英和辞書（電子辞書を含む）および単語帳が出版され，多くの学習者に活用されてきている。これらの辞書・単語帳は目標英単語と日本語意味のリスト形式での語意学習と考えられる。中学・高校の英語科授業で用いられている教科書には，「新出単語」とその日本語の意味がリスト形式で記載されている。
　それと同時に，英文の文脈情報に基づいて，未知語の意味を推測することが推奨されている。たとえば，未知語が全単語数の 2〜5％以内の英文を多読することが語意習得の最善策であると言われている（Laufer, 1988; Nation, 2001 他）。こういった英文の多読において，学習者は未知語の意味を比較的容易に推測し，語意を習得していると考えられる。つまり，英語科授業においては，リスト形式で英単語の意味を記銘していく学習方略と英文の中で意味を推測・記銘していく学習方略が混在しているといえる。
　この点に着目すると，記憶理論の観点から，「リスト形式か，文脈形式か」の論点と「精緻化（elaboration）」をどう関連づけるかが問題である（Craik, 2002; Craik & Lockhart, 1972）。英語学習者が英語の未知語の意味を記銘・符号化する際に，リスト形式と文脈形式のどちらが精緻化過程として機能するかである。一般的には，文章で提示されたほうが，意味情報が豊富であり，精緻化過程を促進すると考えられる。しかし，語意・用法の理解促進のための辞書に示されている例文が意味・文脈情報として，あまり有効でないことが実験的に示されている（たとえば，Itagaki, Otsuki, & Motoki, 1999; Watanabe et al., 2006）。さらに，外国語教育において，リスト形式（目標単語と母語単語の対連合）での語意指導は一般的であり（Steinel, Hulstijn, & Steinel., 2007），文脈形式との相違点を実証的に検討，議論する必要がある。

2. 想起過程：手がかりとしての文脈か，符号化特殊性か

　語意学習の基本過程として，「聞く，話す，読む，書く」の言語活動において，

語意情報の想起の繰り返しが重要である。記憶想起の論点として，想起する際の手がかりと意味処理の関係をどのようにとらえるか，つまり，「処理水準説 (level of processing)」(Craik, 2002; Craik & Lockhart, 1972)，あるいは，記銘と想起の形態上の一貫性が手がかりとして有効かどうか，つまり，記憶の「符号化特殊性原理 (encoding specificity principle)」(Godden & Baddeley, 1980; Tulving & Thomson, 1973) などが議論されている。換言すれば，想起過程の手がかりは記銘過程の際の「意味情報」「状況・文脈」「感情・気分」などの要因と深く関わっているといえる。

本稿では，想起過程の手がかりを「意味・文脈処理」と記銘形式と想起形式の「合致の有無」の2つの関連から想起過程を検討する。Craik & Lockhart (1972) の処理水準説によれば，想起過程の手がかりは記銘過程での意味処理の「深さ」に関わることが仮定されている。本稿での研究課題である「リスト形式での記銘」および「英文・文脈形式での記銘」のいずれにおいても，それぞれの独自の意味処理・イメージ処理がなされていると想定される (Steinel et al., 2007)。本稿では，想起過程の手がかりとして，それぞれがどのように有効かどうかを実証的に検討することを第1の目的とする。

第2の論点は記憶の符号化特殊性原理に基づく手がかりのとらえ方である。つまり，語意想起の手がかりが記銘形式と想起形式（「リストか，文脈か」）の「一致／不一致」とどのように関係しているかである。一致自体が「手がかり」として機能すると仮定されているが，本稿では，英単語の日本語意味の記銘と想起においても同様に手がかりとして機能するかを検討する。さらに，本実験では，「目標英単語－日本語意味」の刺激と反応の方向性が記銘と想起において同様であり，合致の度合いは確保されていると考えられる (Steinel et al., 2007)。本稿では，これらの記銘条件と想起条件の一致／不一致が英単語の意味学習において機能するかを実証的に検討することを第2の目的とする。

2 方法

1. 実験参加者

参加者は東北の国立大学1年生で，基礎教育課程の外国語・英語を受講して

いる 96 名が実験開始時において参加した。しかしながら，事前テストとして実施した目標英単語の語意テストで正解した 6 名，および 2 週間後の遅延語意想起テストに参加しなかった 13 名の計 19 名を除外し，残りの 77 名をデータ分析の対象者とした。参加者は後述のとおり 4 つの実験条件に無作為に割り振った（表 2-7-1 参照）。

2. 材料

　下記の 10 個の英単語を意味学習の対象とした。目標単語 10 個の選定にあたっては，実験で用いる英文（138 語）に含まれている英単語 10 個の同義語を目標英単語とした。目標単語 10 個の選定は特定の理論的考えに基づくものではなく，英文全体の構成から，授業担当者の「受講生の多くが知らないであろう」という直感に基づいたものである。ただし，学習対象となる目標単語（同義語）は，JACET8000 の Level 5 ないし 8 以上（一般の多くの大学生には未習得と考えられる）の単語を採用した。

　以下に，語意学習実験で用いた英文と 10 個の目標単語ともともとの単語を示す。スラッシュの左が目標単語で，右が英文本来の単語である（sniffed だけは，比較的馴染みのない単語であるという判断で，目標単語として使用した）。

　　　One day two men were traveling on a rustic/country road. Abruptly/Suddenly, a bear appeared. One man saw a tree and quickly ascended/climbed up to hide from the bear. The other was too slow. When the bear came close, he fell to the ground and shammed/pretended to be dead. The bear sniffed all around him.　The man did not move and held his breath. He had heard that a bear will not touch a corpse/dead body, The bear thought he deceased/was dead and went away.

　　　After the bear receded/disappeared from them, the other man came down from the tree.　He interrogated/asked his friend, "What did the bear say in your ear?" The other man answered, "The bear gave me some simple advice: Never travel with a friend who runs away from you at the first sign of jeopardy/danger. (『ORBIT English Reading』, pp.10-11)

上記の10個の目標単語に加えて，ダミーとして，上記英文のslow, breath, adviceの3個を学習対象として追加した。したがって，参加者には，合計13個の英単語の記銘課題と想起課題を遂行することを課した。

3. 手続き

実験手続きとしては，①事前語意テスト，②語意記銘課題，③四則算課題，④直後想起テスト，⑤2週間後の遅延想起テストの5段階を実施した。具体的手続きを以下に述べる。

①事前語意テスト

事前語意テストとして，13個の英単語の日本語の意味を問う問題を実施した。上述のように，13個の内訳は10個の目標単語と3個のダミーである。事前テストを受けた98名中，1個以上を正解した参加者6名はデータ分析対象者から除外した。制限時間は3分とした。

②意味記銘課題

参加者には，各英単語の意味を次の2つの学習条件下で記銘・学習することを求めた。第1の記銘条件は「リスト記銘」であり，各参加者に各英単語と意味の対連合のリストから，意味を覚えることを求めた。第2の記銘条件は「文脈記銘」であり，各参加者に英文の各目標単語と意味の提示から，意味を覚えることを求めた。具体的な例を以下に示す。制限時間は2分とした。

・リスト記銘の例
rustic（田舎の）
abruptly（突然に）
ascended（登った）
slow（遅い）

sham（ふりをする）
......

・文脈記銘の例

　　One day, two men were traveling on a <u>rustic（田舎の）</u> road. <u>Abruptly（突然に）</u>, a bear appeared. One man saw a tree and quickly <u>ascended（登った）</u> to hide from the bear. The other was too <u>slow（遅い）</u>. When the bear came close, he fell to the ground and <u>shammed（ふりをする）</u> dead. ......

③四則算課題

　上記②での語意記銘での作業／短期記憶内での「棒暗記・機械的暗記」を回避するため，20問の簡単な四則算を参加者に課した。制限時間は2分とし，以下に例を示す。

　　　43　＋　15　＝
　　　19　－　105　＝
　　　145　×　2　＝
　　　45　÷　2　＝
　　　......

④直後想起テスト

　四則算の課題終了直後に，「直後語意想起テスト」を実施した。実験条件として，想起テストを2形態で実施した。つまり，語意記銘・学習と同様に「リスト形式」と「文脈形式」の2通りで実施した。リスト形式では，事前語意テストと同様に，10個の目標単語と3個のダミーの計13個の単語のリストと空欄の括弧を提示し，それぞれの意味を想起し，空欄に解答することを求めた。文脈形式は，上記の英文を提示し，対象の13個の英単語と括弧の空欄を提示し，想起できる意味を括弧の空欄に記入することを求めた。制限時間は3分とした（想起テストでは，参加者の意味想起を求め，その後に「答え合わせ」などは実施していない）。

⑤遅延想起テスト（2週間後）

上記④の語意想起テストを2週間後，同様の形式で再度実際した。つまり，各実験参加者は直後想起テストがリスト形式あるいは文脈形式の場合，それぞれ同じリスト形式あるいは文脈形式で遅延想起テストを解答した。想起テスト対象の単語は，語意記銘課題，直後想起テスト，遅延想起テストにおいてすべて同じ13個の英単語である。制限時間は3分とした。

4. 語意記銘過程と語意想起過程の関係

上記の実験手続き（①～⑤）の結果として，2通りの語意記銘過程と2通りの語意想起過程の組み合わせとして，表2-7-1に示す4通りの実験条件と参加者数で実験を実施した。参加者の振り分けは無作為に実施したが，L－CとC－Cの参加者数が少ないのは，クラスの受講生が少なかったことが原因である。

本稿では，以後，それぞれの実験条件をL－L，L－C，C－L，C－Cとする。1番目のLとCはリスト記銘と文脈記銘の実験条件を示し，2番目のLとCはリスト想起テストと文脈想起テストの条件を示す。また，想起テストは直後想起と遅延想起は同じ条件で繰り返した。本稿の研究課題である記憶の符号化特殊性原理と語意学習の論点である「リストか，文脈か」に関しては，①記銘と想起の際の条件の一致しているL－LとC－Cの2つの実験条件が符号化特殊性原理に従った実験条件である。②記銘と想起のそれぞれの場合のリスト記銘（L－L／C），文脈記銘（C－C／L），リスト想起（L／C－L），文脈想起（L／C－C）において，リスト条件下における記銘と想起と文脈条件下における記銘と想起の実験結果（想起得点）に基づいて，「リストか，文脈か」の論

表2-7-1　記銘過程と想起過程の4通りの実験条件

実験条件の略称	記銘過程	想起過程 （直後と遅延テストは同条件）	参加者数 （77名）
L－L	リスト記銘	リスト想起テスト	23名
L－C	リスト記銘	文脈想起テスト	14名
C－L	文脈記銘	リスト想起テスト	24名
C－C	文脈記銘	文脈想起テスト	16名

注：1. L－リスト形式，C－文脈・英文形式
　　2. 想起過程における直後と遅延テストは同じ形式（リストか，文脈かのどちらか）

点を検討する。

3 結果

1. 語意想起テストの得点

各参加者の直後想起テストと2週間後の遅延想起テストの各得点結果を分析対象とした。各実験条件下における直後想起テストと遅延想起テストの平均得点は表 2-7-2 のとおりである。

2. 分散分析結果

各参加者群の想起テストの得点を従属変数とし，以下の3つの要因を独立変数とする分散分析を実施した。要因は以下のとおりである。

- 記銘方法（参加者間）：リスト記銘か（L-L）＋（L-C），
  文脈記銘か（C-L）＋（C-C）
- 想起方法（参加者間）：リスト想起か（L-L）＋（C-L），
  文脈想起か（L-C）＋（C-C）
- 想起時期（参加者内）：直後テストか，遅延テストか（2週間後）

以上の3要因の分散分析の結果として，記銘方法の要因が有意傾向（$F(1,73)=2.89, p<.10$），想起方法と想起時期の要因がともに有意であることが確認された（それぞれ，$F(1,73)=32.53, p<.001; F(1,73)=269.38, p<.001$）。さら

表 2-7-2　各条件下における各想起テストの平均得点

実験条件	直後想起テストの平均得点	遅延想起テストの平均得点	平均
L-L	7.74	2.48	5.11
L-C	8.50	4.86	6.69
C-L	5.95	1.79	3.88
C-C	7.93	5.31	6.63
平均	7.36	3.29	5.32

注：得点の最小値：0.00，最大値：10.00

に，次の2つの交互作用が有意であることが判明した。

- 記銘方法（リストか，文脈か）×想起時期（直後か，遅延か）
  （$F(1,73) = 4.88, p < .05$）
- 想起テスト方法（リストか，文脈か）×想起時期（直後か，遅延か）
  （$F(1,73) = 10.92, p < .005$）

上記の交互作用が有意であることから，直後想起テストと遅延想起テストごとに，記銘方法および想起方法のそれぞれの単純主効果の検定を実施した。
記銘方法の場合，直後想起得点において，文脈記銘（$M=6.75$）に対するリスト記銘（$M=8.02$）の優位性が確認されたが（$F(1,73) = 6.78, p < .05$），2週間後の遅延想起テストにおいてはリスト記銘（$M=3.38$）と文脈記銘（$M=3.20$）の間に有意な差異が見られなかった（図2-7-1参照）。つまり，直後想起では，リスト記銘の優位性が存在するが，2週間後の遅延想起においては，その優位性は消滅するといえる。
一方，想起方法に関しては，リスト想起（直後，$M=6.83$；遅延，$M=2.13$）に対する文脈想起（直後，$M=8.20$；遅延，$M=5.10$）の優位性が直後想起（$F(1,73) = 9.27, p < .005$）と遅延想起（$F(1,73) = 43.79, p < .001$）において確認された。特に，遅延想起において，その優位性は顕著であった。つまり，想起過程に限

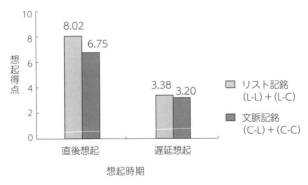

図2-7-1　リスト記銘と文脈記銘の直後想起と遅延想起の平均得点

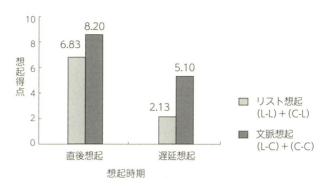

図 2-7-2　リスト想起と文脈想起の直後想起と遅延想起の平均得点

定した場合，直後テストおよび 2 週間後の遅延テストにおいてともに，文脈想起の優位性は一貫していることが確認された（図 2-7-2 参照）。

4　全体的考察

1．記銘方略と語意学習の関係

　本稿では，リスト記銘と文脈記銘の 2 つの記銘方略を実証的に検討した。結果としては，表 2-7-2 と図 2-7-1 が示しているように，直後想起テストではリスト記銘の優位性が見られるが，2 週間後の遅延想起テストでは，リスト記銘と文脈記銘ではなんら差異が確認されなかった（リストによる想起リストであっても，文脈による想起であっても差異は見られない）。

　説明の一つとしては，やはり，永続記憶／長期記憶への符号化過程としての「精緻化過程」がどこまで機能しているかに依存していると推測される。英単語と日本語意味の対連合のリスト形式であっても，なにかしらの意味的処理を伴った精緻化過程が機能し，永続記憶への符号化が可能と考えられている。ただし，2 週間後の遅延想起テストにおいて，リスト記銘の効果がまったく確認できないことから，直後想起テストでのリスト記銘の精緻化はある意味では「個人的記憶術」（例：「13 個の英単語と日本語意味の対からある種のイメージ／ストーリーを想像しながら，覚えた……」）などの参加者個人の記憶方略の成

果とも考えられる。結論としては,リスト形式の場合,意味情報が限られていることから,その精緻化過程が十分に機能することはかなり困難であると推測される。

ただし,考察の課題は前述のように,直後想起テストでのリスト記銘の優位性をどのように説明できるかである。説明の一つとして,受験勉強という社会的状況下で,多くの教科学習で,日本人英語学習者の多くが特殊な学習方略として,リスト形式での学習に比較的精通していることとその成功体験を十分に経験していることが想定される。たとえば,多くの日本人大学生が,内容理解より解法スキル重視型の「コーピング方略（coping strategy）」（Bereiter & Scardamalia, 1984）を知らず知らずのうちに身につけていると想定できる●注。その結果として,参加者の多くがリスト形式での対連合の学習・記銘をそれほど苦にしないことが直後想起の高得点に現れていると推測される。しかしながら,実際の語意学習の観点からすると,この種の意味的精緻化処理を伴わない語意知識が語意学習の基本的学習過程と考えることは必ずしも妥当とはいえない。それの根拠といえる結果が,2週間後の遅延想起テストにおいて,リスト記銘の優位性が完全に消失していることである（表2-7-2と図2-7-1参照）。つまり,本実験結果はリスト記銘の有効性とその限界を示していると考える。

2. 想起方略と語意学習の関係

想起過程の結果は,リスト想起と比較しての文脈想起の優位を示している（表2-7-2と図2-7-2参照）。しかも,文脈想起の優位性は直後想起および2週間後の遅延想起においても明らかであり,むしろ,その有意性は遅延想起において顕著である。

考察の第1点は,文脈想起はなぜ優位であるかである。リスト想起の場合と比べて,文脈・文章での想起において,目標単語の未知語の意味推測が相対的に容易であったと考えられる（目標単語の割合：7%）。参加者の多くが,未知語の前後の語,語句,文,文章の意味・統語情報を手がかりとして,正しい意味を推測できたと思われる。参加者が大学生であることを考慮すれば,実験材料の英文は比較的平易であり,英文全体の意味把握は容易であったと考えられる。その意味で,英文読解のトップダウン的な処理過程として,英文の意味内

容が目標語の意味推測の手がかりとして機能したと思われる。

　第2点目として，直後想起より2週間後において，なぜ，文脈想起がさらに優位であるかである。説明の一つとして，直後想起テストにおける文脈想起の正解数（8.20）がリスト想起の正解率（6.83）を上回っていることから，直後における文脈想起テストが「第2の意味記銘・学習」の機会となったことが想定される。その結果として，2週間後の文脈想起における正解数の顕著な差異（リスト想起：2.13，文脈想起：5.10）となったと考えられる。想起テストは，単に記憶の想起にとどまらず，第2，第3の学習機会であることを再認識することが重要である。本実験の結果はこのことを明確に示している。

　第3点目として，本実験の4つの記銘−想起条件において，想起の平均得点は次のとおりである（表2-7-2参照）。

L−L（$M=5.11$），L−C（$M=6.69$），C−L（$M=3.88$），C−C（$M=6.63$）

　特に，L−LとC−Cの想起得点が共通に顕著な高得点を示していないことから判断して，想起の手がかりとして議論されている符号化特殊性が，今回は，機能しているとはいえない。もちろん，符号化特殊性を否定していることにはならないが，本実験の英単語の語意の記銘・想起の想起テストにおいては，特に，その有効性を確認することはできなかった。

3. 外国語・英語の単語学習に関する示唆

　上記の考察のまとめとして，外国語の未知語の意味学習モデル（本稿の実験条件に基づいて「文脈想起の繰り返しとしての語意学習モデル」）を以下に示す。

$$\underbrace{L/C}_{\text{記銘・覚える}} - \underbrace{(C-C-C-C-\cdots\cdots)}_{\text{想起・思い出す}}$$

　第1段階の記銘はリスト形式，文脈形式のどちらでも効果的といえるが，第2段階の想起においては，文脈形式がより効果的あると考えられる。かつ，文脈

手がかりに基づく想起経験を繰り返すことが語意学習過程において重要である（上記のCの繰り返し）。つまり，想起過程を何回繰り返すことが必要かは語意習得研究の重要な研究課題である（望月・相澤・投野, 2003）。

高校では，語彙指導の一環として，英単語帳を使用して，リスト形式の語意テストを日々実施している。学習者が日々の語意学習（主にリスト形式）の目標単語に普段の英語科授業で出会うことで，語意想起を経験することになる。このように，日々の語意記銘と通常の授業での語意想起の経験が有機的に結びつくことが語彙習得のあり方として妥当と言える。

最後に，外国語学習において，一般に「多読が一番効果的……」と言われるが，平易な英文を数多く読むことは，学習途上の単語の意味を（多くの場合，偶発的に）想起することになり，結果として，語意知識のさらなる定着になると考えられる。本実験は，こういった直感的な外国語学習方略を再認識させる結果を提供しているといえる。

●注：Bereiter & Scardamalia (1984) は，学習者が知識を応用できない認知現象として，「不活性知識（inert knowledge）」の問題を議論している。彼らは，その主な原因として，学習者が知識構造の深い理解なしでも解答できる成功体験をあげている。学習者は，コーピング方略をそれらの成功体験に基づいて身につけることになり，その結果として，知識間の関連性，知識と状況の関連性，知識の実践力・応用力の欠如などの認知現象が発生する。実験参加者がリスト形式での語意記銘を比較的容易に遂行していることは，日本の「受験勉強」での単純な丸暗記型の学習経験とその成功体験に基づくコーピング方略と関連していると考えられる。

第7章　板垣・渡邊・鈴木・小林論文へのコメント

太田信夫

　本研究は，英語学習における英単語学習を，どのようにしたら英語学力の向上につなげるかについての教育実践的な実験的研究である。「単語学習は単に暗記すればよい」というこれまでの風潮に対して，単語学習過程に注目し，どのように記銘し，どのように想起するか，そしてそれらの繰り返しという，認知心理的に重要な視点から研究に取り組まれていることは，研究を一歩も二歩も進めるたいへん価値のあることである。またこの視点は，実際の学習指導に非常に有意義である。なぜならば生徒は，実際に憶えたり思い出したりすることを日頃から繰り返しているからである。

　実験は，記銘（符号化）と想起（検索）の2つの要因について，それぞれ「リスト」群と「文脈」群に分けて行われている。これは符号化特定性原理（specificityの訳は，特殊性より特定性のほうが意味的に近い）に関する標準的な実験計画である。さらに保持期間（2週間）の要因も加え，研究目的を直接的に検討できる妥当な実験計画である。結果は，直後再生でのみ文脈記銘よりリスト記銘のほうが再生成績がよい，直後再生でも遅延再生でもリスト想起より文脈想起のほうがよい，しかもこの想起の差は直後再生より遅延再生のほうが大きい，ということであった。さらに，符号化特定性に関しては，適合するデータではなかったということが，本実験で明らかになったことである。

　この結果は，学問的に価値のあるたいへん興味深いものであるが，一般化する際に留意すべきことがある。たとえば実験での記銘の程度は中程度であったが，完全に近い状態まで記銘した場合や程度を下げた場合には，結果はどうであったか，また新しい知見が得られると考えられる。想起の方法も本実験では再生テストを採用しているが，再認テストの場合はどうだろうか。読む・書く・聞く・話す英語能力のどの能力の向上を目指すかにより，その効果の測定としてさまざまな想起テストの方法がある。ここでの単語学習は，英語能力のどの側面とどのように関係しているのだろうか。また保持条件では，実験では2週間後に行っているが，近年の記憶研究におけるテスト効果（Roediger

& Karpicke, 2006) や記憶高進 (林, 2012) の研究を考えると, さらに再テスト期間や回数を増やすと新しい知見が見つかるであろう。テスト効果や記憶高進における認知メカニズムは, 本論文の考察で述べられている「想起することは学習の機会でもある」ということと軌を一にするといってよい。

　最後に符号化特定性についてコメントしたい。一般的には符号化 (記銘) 条件と検索 (想起) 条件の「一致度」が高い場合に成績がよくなることであるといわれている。しかしその原理は「何が知覚されどのように符号化されたかにより貯蔵内容が決まり, その貯蔵内容が効果的な検索手がかりを決める」というもので, 単なる両条件の物理的条件の「一致度」が問題ではなく, 符号化のされ方により決まる貯蔵内容と検索手がかりとの関係が問題なのである (Nairne, 2002 を参照)。一般的に言われている符号化特定性原理の意味は大筋で正しいと考えてよいが, 本実験結果はそのようではなかった。その原因については, 符号化の過程でどのような精緻が行われ, 検索手がかりとして何がどのように機能しているか, といった認知過程を検討する必要がある。たとえばリスト想起よりも文脈想起のほうが, 可能な検索手がかりは多いから, 再生成績もよくなったと考えることもできよう。しかし手がかり情報についてはさまざまな効果が考えられるので, このことも一概にはいえない。

　以上, 記憶の認知心理学の視点よりいくつかのことを述べてきたが, Tulving (1983) のいう符号化・検索交互作用より, 記憶成績は単に符号化のみあるいは検索のみの要因によって決まるものではなく, 両者の関係によって決まるものである, ということを再確認したい。

第 8 章　三浦隆行

Sustainability of Speech Production and Speech Comprehension Depending on Working Memory Capacity.

ワーキングメモリ容量における言語産出および言語理解の維持可能性

　言語活動とは，理解（読み，聴き）し，産出（話す，書く）することで成り立つ。そして，それらの活動を高い質で維持することで，現実世界のコミュニケーションは継続する。しかしながら，どこを見渡してもその「言語運用の維持可能性（sustainable or not）」という概念や認識は見当たらない。本章では，言語を教える者がもつべき，その概念と認識の重要性を，認知心理学，心理言語学，バイリンガリズムなどの研究に基づき，言語置換，言語制御，および認知制御を伴う言語産出，特に発音の明瞭度，そして言語理解，特に聴解の 2 つに焦点を当て論じていく。

1　話し続け理解される明瞭度を維持すること

　コミュニケーションにおいて，発信的な役割を果たす発音，特に，「発音の明瞭度」について，明瞭さを「維持（sustain）」することを念頭に置き，発音の先行研究，指導実践，そして，今後の展望について触れる。本節では，筆者の初級学習者，公立中学校の生徒について，その指導経験をもとに議論していく。

1．発音の明瞭度

　発音指導の中で明瞭度は，コミュニケーションを成り立たせるための鍵となる要素であり，明瞭度を高めることは発音指導の最も重要な目標である（Celce-

Murcia, Brinton, & Goodwin, 1996, 2010; Jenkins, 2000; Seidlhofer, 2001)。発音指導の中での明瞭度の優先性はSweetの1900年発刊の*The practical study of languages*でも述べられている。発音は，研究者だけではなく，学習者，教師，そして移民も，機能的コミュニケーションにとって重要であるととらえている（Breitkreutz, Derwing, & Rossiter, 2001; Derwing, 2003; Rajadurai, 2007)。また，発音だけがコミュニケーションを円滑にする主要因ではないが，発音の閾値（threshold）があり，この閾値を下回る発音をすると，どんなに巧妙に他の言語的要素（文法や語彙）を操っていたとしても，コミュニケーションに問題をきたすことが報告されている（Lam & Halliday, 2002)。

明瞭度の定義は，それが使われる文脈においてさまざまあるが（音響，通信機器，駅，航空関係など)，言語教育における最も信頼ある定義（大和，2011）は，「聞き手が発話や意図を実際に理解した度合い」である。話し手の観点から明瞭度とは，「聞き手に発話や意図を実際に理解された度合い」，ということである。それは，難易度にかかわらず，「どれくらいlistener-friendly」（Miura, 2009）か，ということになるであろう。

しかしながら，どの定義を参照しても，「どのくらいのあいだ」理解された度合いなのか，という概念がどこにも見受けられない。そこで，本節では新たな発音の明瞭度・発音指導の目標として，発音の明瞭度の閾値（Lam & Halliday, 2002）を常に上回る発話を行うことの必要性を扱っていく。

2. 発音に関する先行研究

発音の研究は，教室現場で指導の効果を検証した実証研究，あるアクセント，理解度，明瞭度および発音評価の方法を提示した研究，発音学習の成功に影響する要因の研究，そして，理論的で非実証的な，応用音声学・音韻論を特徴づける歴史的動向を著した論評の大きく4つに分けられる（Munro & Derwing, 2011）。英語音声学を実用的な観点から記した最初の書籍は，母語話者と非母語話者のコミュニケーションをよりよくするために，音節，単語，イントネーションというスピーチの要素を取り入れたものであった（Robinson, 1617）。1900年代に入り，多くの評論や意見として，一般的な学習者は，明瞭度を保証するために十分な発音の正確さを目標にすべきで，音声学は言語学

習すべての礎であり（Sweet, 1900），また，発音指導の目標は明瞭な発音に到達すること（Abercrombie, 1949）があげられた。2000年代に入り，発音指導のモデルを従来のようなネイティブスピーカーではなく，「国際語としての英語（English as an International Language）を話す」ノンネイティブスピーカーとする主張（Jenkins, 2000; 2002）が現れ，主強勢（primary stress）の明瞭度に対する重要さの検証（Hahn, 2004），2週間にわたる発音指導の12週間後の効果（Couper, 2006）の検証など，時代に即した明瞭度の目標を達成するための研究が盛んになった。また，最近の研究として，Saito & Lyster (2012) は，教室内の発音指導において，誤った発音を訂正する際の「言い直し（recasts）」には効果があり，文法項目の使用に焦点を当てた指導（form-focused instruction）のみの場合は明瞭度に対し効果が現れなかったとし，発音指導におけるフィードバックの効果を報告している。

3. 発音指導の例

包括的な指導の例として，従来から使用されている10の発音指導の方法が紹介されているが（Celce-Murcia et al., 2010, pp.9-10），そのほとんどが単語レベルの聴き取り・発音練習で，そのうち2つは談話レベルの練習（音読・暗唱，学習者の発話の録音・録画，そしてフィードバック）は，そのうちの2つである。著者ら自らも指摘しているが,それらの指導法は自発的な発話(spontaneous speech) における発音の向上に役に立つかは懐疑的である（p.11）。

日本の英語教育の現場では,次のような発音指導が行われている。有本(2005, pp.27-29) は発音指導の実態として，「文法指導に熱心な教師は多いが，発音指導に対しては消極的な教師が多い」とし，従来型の発音指導として，(1) 発音記号を体系的に説明せず，(2) 音声教材でモデルを聴かせ，(3) その後に続いて発音させる，矯正に関する指導はほとんどなく，教師が発音し，学習者がオウム返しをするだけである，と問題を提起している。

久保野（2008, pp.19-21）は，音読指導は，「教科書で学習した内容を瞬間的な反応として使用できるようにするためのトレーニングである」，と述べている。テキストを内容理解したうえで，それを音声に反映させる，土屋（2000）の唱える，「なぜそのような読み方になるかを生徒自身に考えさせる」音読指

導をもとに、高校生に、はじめの音読練習の終了後、前置詞、冠詞、動詞の部分が虫食いになっているワークシートを、前後関係を意識しながら「瞬時」に判断させる音読指導を提案している。

これらの批判を踏まえつつ、本節での注目は、発音指導において、発音のモデルを母語話者原理(nativeness principle)ではなく、「明瞭性原理(intelligibility principle)」を当てはめるべき点である (Levis, 2005; Munro & Derwing, 2011; Pickering, 2006)。教師は学習者の発音のモデルとなるべく、明瞭度の高い、全体的な（もしくは World Englishes 的な）発音を使いこなせなくてはならない (Celce-Murcia et al., 2010, p.42)。教室内の指導では、音節レベル、単語レベルの発音指導に終わるのではなく、文レベル、ひとまとまりのパッセージ、最終的には、自発的な発話（spontaneous speech）の明瞭度を維持できることを目標に掲げ発音指導すべきと考える。

4. 発音指導の問題点

教室における典型的な発音指導において、音声提示（教師または CD）をし学習者に真似をさせるものの、クラス全員が一斉に発音すると、個々人の発音は全体の発音に紛れてしまい、直接指導することはなかなか難しい。また、音読の際に発音の誤りを指摘するが、適切な訂正が行われているわけではない(有本、2007, p.267)。

音読指導やシャドーイングによって英語らしい発音を身につけさせようとするが、それらの指導法は、実際は学習者に音声的にのみ発音を提示するものである（テキストが与えられる場合もあるが）。学習者の発音の活動は、音声情報を唯一の発音再生の手がかりとし、CD や教師の発音した英語の音声を記憶し、音読において目の前のテキストと照らし合わせて、その音声を「思い出しながら」再構築するという、とても不安定な活動なのである。ある程度力のある学習者でないと、その効能を感じることは難しい。たとえば 1 文を音読するのに教師が 5 秒間かかったとしよう。ワーキングメモリの構成要素の一つである音韻ループ内に入力された音声情報は、リハーサルによって更新されなければ、2, 3 秒で消えてしまう (Baddeley, 1996)。つまり、学習者が音読に 3 秒かけた頃には、残りの部分の正しい発音の音声情報は消えていて、全体として

正しく明瞭度を維持した発音練習にはならないのである。単語・チャンクレベルではそのようなことは起こらないかもしれないが，コミュニケーションにおいて単語のみで用が足りることはないため，文章レベルにおいて発音の明瞭度を維持するための指導方法を考えなくてはならない。

日本人英語学習者が英語の発音が苦手な理由として，音声学的，社会言語学的，通言語学的（cross-linguistic）要因がある。しかしながら，「維持する」という概念がないため，ここでは，研究の少ない「発音の明瞭度の維持」に焦点を当て，その先行研究を概観し，認知心理学の発音指導への応用案を提示する。

5. 認知心理学の発音指導への応用案

維持可能な発音の明瞭度（sustainable speech intelligibility: SSI, Miura, 2009）の礎となる認知的要素がわかれば，いかなる能力を伸ばし，いかなる要素をタスクに取り入れることで発音の明瞭度を高めることができるかがわかるのではと考える。SSIとは，「質（quality），透明性（clarity），そして理解可能性（comprehensibility）が維持され，"listener-friendly"である明瞭性」を意味する。"listener-friendly"とは，聞くのが楽（effort<u>less</u>）ということである。Miura (2009) は，発音の明瞭性の維持度を調査する基礎研究として，利き手が右手のアジアの言語（北京語とタイ語）を母語とする大学院生を対象に次のような実験を行った。実験では被験者に10のターゲット語をそれぞれ別々の文内でランダムに3回提示し，10秒間黙読をさせ，刺激文が消えた3秒後に音読させ，自発的な発話（spontaneous speech）に近い状況で，明瞭性を高く維持するために必要な要素として，受動語彙，発信語彙，認知制御能力（リーディングスパンテストで計測），被験者の発音への自信，発音の正確性および評価者が感じた聴きやすさ（effortlessness）を測りその関係性を調査した。実験の結果，発音の正確性（$r = .983, p < .01$）と認知制御能力（$r = .918, p < .05$）が，聴きやすい発音の明瞭度を維持することと強く関係していることがわかった。これは，L2でターゲット語の明瞭度を文章内で維持するということ（SSI）に焦点を当て続け，L1の影響を抑制するという領域普遍的ワーキングメモリ容量（domain general working memory capacity, Baddeley & Logie, 1999）と

の強い関わりを示している。また，正確な発音の維持にもこのワーキングメモリ容量（以下，WMC）が関わっているため，WMC は"listener-friendly"な発話の維持に重要な役割を果たすことを示唆している。

バイリンガリズム（bilingualism）の研究で認知制御能力を測るタスクは，ワーキングメモリタスク（Simon Task, Flanker Task）（Abutalebi & Green, 2007; Bialystok, 1999, 2001, 2009; Soveri, Laine, Hämäläinen, & Hugdahl, 2011）で，そのほとんどが反応時間（reaction times：以下 RT）を指標としている。刺激に対し速く正確に反応できるようになることは，その後の認知制御能力と関係する可能性がある。この RT の概念の発音練習へ応用を目指し，筆者は公立中学校1年生を対象に普段の授業内の中で，語彙導入と本文の音読で RT 音読を導入した（表2-8-1）。ただし，しっかりとデータを集める機会がなかったため，ここでは筆者の RT 音読導入後の印象を書くにとどめる。以下にその導入例を示す。

授業に先立ち，英語係に新出単語を黒板に大きめに書かせておく。意味は各単語を主強勢を確認しながら読ませた後に簡単に確認し，隣に書く。もう一度通して新出単語を音読するが，ここでポインター（指差し棒）を使いランダムに単語を指し，指した瞬間に発音させていく。これが RT 音読である。この瞬間的に正確な発音を繰り返すことで，一瞬でどの単語かを認識し，適切な発音

表2-8-1　RT 音読タスクの手順

	RT 音読タスクの手順
0	英語係に新出単語を板書させておく
1	新出単語の主強勢を確認しながら音読×3＆意味の確認
2	ポインターを使いランダムに新出単語の音読×3（以下すべてポインターを使用）
3	新出単語の言語置換音読×3
4	本文の板書（CD を聴かせ，生徒に聴こえた文を言わせ，1文ごとに書く）
5	発音の軌道を見せる本文音読1（ノーマルスピード）×2
6	発音の軌道を見せる本文音読2（遅めのスピード）×2
7	発音の軌道を見せる本文音読3（速めのスピード）×2
8	発音の軌道を見せる本文音読4（ノーマルスピード）×2
9	本文の後ろから消していく本文音読（消すごとに2回ずつ）
10	ペアで穴あきサイト・トランスレーション（本文）（日→英，英→日を2回ずつ）

を思い出し音声化しなくてはならないため，普段のコミュニケーションにおいて必要な「無意識の流暢さ（automatic fluency）」（Gatbonton & Segalowitz, 2005）が身につくと思われる。次に単語レベルで，言語置換（language switching）を伴う音読，言語置換音読を行う。具体的には，和訳を指しそれに対応する英単語を発音させ，逆に英単語を指しその和訳を言わせるのである。最近の研究で，L2 能力の高いバイリンガルでさえ，L2 を見たり聞いて意味を理解をするに際し，L1 に一瞬アクセスすることがわかっているため（Thierry & Wu, 2007），普段の授業での瞬間的な言語置換は，L1-L2 のアクセスルートを素早く行ううえで重要であると考えられる。

　次に本文の音読を行う。本文は，CDで1文ごと聴かせ，生徒に聴こえた文を言わせた後に板書する。ここで重要なのは，ポインターで「発音の軌道」を見せることである。「発音の軌道」とは，どこが強いか，単語と単語の間の変わり目（transition），読むスピード，リズムを音声と「同時に」動きで視覚的に示される，普段は音声からしか受け取る事ができない情報のことである。この「発音の軌道」を視覚化した音読を，普通，遅い，速い，の3つのスピードで6回ほど行うと，文字の音声化がかなりスムーズになる。その後，本文の後ろの部分，中1であれば1文ずつを消し，消した部分を思い出しながら全体を頭から読む音読を，本文すべてが消えるまで行う。この時点で，音読の回数は20回を越えることになる。その後，ペアでワークシートを使い，キーワードが穴あきになった穴埋め音読，そして日本語を見ながら英語に，英語を見ながら日本語に口頭で訳すサイト・トランスレーションをさせる。その際に注目すべきは，生徒の発音がネイティブスピーカーが話しているかのような発音へと変容している点である。「音読を20回もやったのだから」，との反論が出そうであるが，この変容は回数に起因するのではなく，「発音の軌道」を視覚化した質の高い音読をしたためと考えられる。

　もちろん，この「発音の軌道」を視覚化した音読の効果を実証研究によりその信頼性を調査する必要は重々あるが，認知心理学や記憶，言語科学などの先行研究によると，関連した視聴覚（audiovisual）情報を組み合わせた練習が，関連のない視聴覚情報，もしくは，視覚情報だけの訓練よりも，優位な学習効果があることが報告されている（Kim, Seitz, & Shams, 2008; Lehmann

& Murray, 2005)。これらの先行研究は，モデル発音を聴きながら発音の軌道を目で追うという活動，RT音読の効果を裏づけるものである。人の発話認知は視覚情報（表情，唇の動き，ジェスチャー）に影響を受けるため（Massaro, Cohen, & Gesi, 1993; McGurk & MacDonald, 1976; Sueyoshi & Hardison, 2005），目の前の本文の明瞭度を高めるには，その英文がもつ音声的特徴を音声的かつ，視覚的に提示することに効果があると考えられる。子音レベルではあるが発音訓練の効果を日本人英語学習者を対象に検証した研究で，音声のみの提示よりも，音声，視覚情報（発音者の顔の映像）の両方を提示した場合の聴き取りと発音の伸びが顕著に高くなっている（Hazan, Sennema, Iba, & Faulkner, 2005）。また，この動的な情報である「発音の軌道」を見せる方法は特別な機材も，教材も，資料もALTも必要なく，完全に教師自身の力量によるが，全体指導でも活用でき，これらの他の材料を使う以上の効果が期待できる。しかしながら，実証研究による裏づけや，中学生から大学生まで通しての効果を検証する必要がある。

　最後に，発音の明瞭性が最も発揮される普段のコミュニケーションの環境と，発音指導について考えていく。発音の明瞭度を高めることが，発音指導の最も重要な目標であることは前述のとおりである。しかしながら，どのような「環境」でその力を発揮できるように指導するのか，という観点がコミュニケーションにおいても欠けているように思われる。英語教師における明瞭度の研究では，教室内での指導や，実験室での明瞭度の評価が行われ，普段のコミュニケーションの場面を想定していない。普段のコミュニケーションにおいて，すぐ隣の人と話す場合もあれば，若干遠くにいる人に向けて大きな声でピッチを上げて話したり，通りの雑音や周りの話し声の中で話す環境が，L1やL2で明瞭度を維持しながらコミュニケーションをとっていることは，誰もが異論を唱えることはないであろう。高めた明瞭度をこのような環境で発揮することを到達目標とすることは，とても自然である。また，L2での発話は，L1からの干渉（音声的，意味的，統語的）を受けるため（Green, 1998），L2話者はこれらの外的・内的干渉を抑制しつつL2の明瞭度を保たなくてはならないのである。そのため，これらの影響を抑制しながら明瞭度を保つためのタスクや，学習環境を考える必要があると思われる。

脳機能画像処理の際に使用する fMRI が発するノイズの認知制御への影響に関する最近の研究に（Hommel, Fischer, Colzato, van den Wildenberg, & Cellini, 2012），0dB（white noise：均一な周波数特性のある白色雑音）と 70dB（acoustic noise：MRI が発する磁気変化やコイルの回転から発せられる音。例：掃除機の音）の音声をそれぞれ聴かせながら，Simon Task（Simon, 1990）などの選択的注意タスクを与え，そのパフォーマンスを比較したものがある。結果として，70dB のノイズのある条件下のパフォーマンスが，0dB の条件下のパフォーマンスに比べより速く，正確であることを指摘している。雑音があることにより，(1) 選択的注意の制御力が増し，(2) 無関係な情報からの干渉を抑えることで，(3) 目の前の課題に対する注意が高まり，より良いタスクパフォーマンスに現れるということである。これらを踏まえると，より（断続的な）雑音のある状況で発音の明瞭度を高める練習をするほうが，英語の音声化や，きちんと通じているかどうかを確認（自分の発音をモニターしたり，相手の反応を確認すること）することへより注意を向けることとなり，より明瞭性の高い発音へとつながる可能性がある。雑音が発話に影響を与えることも報告されている（Lombard, 1911）。もちろん，どのようなノイズ（言語的・非言語的，スピード：遅い・速い）がより効果的なのか，はたして断続的に与えることがよいのか，L2 の学習開始（この場合はイマージョン環境への移動）が遅いと（平均 24.9 歳以降，早い場合は平均 6.5 歳以前），明瞭度を「意識的に」上げようとしても上げることができないため（Rogers, DeMasi, & Krause, 2010），どの発達段階で与えることが可能かなどに関する徹底的な研究が必要である。

　イマージョンや ESL 環境に比べ，現在の日本の英語教育において英語に触れる量は圧倒的に少ないのが事実である。そのため，限りある授業時間，家庭学習，自主学習の中で，イマージョンや ESL 環境で得られる言語能力に匹敵するような能力を身につけられるような学習・指導方法が，今後大いに求められる。学習者の認知制御能力を高め，どんな環境でも高い質を維持し，タスクを遂行できるように指導する，という教師の概念形成も重要と思われる。また，その指導を遂行できる教師の実力も，さらに要求されるであろう。

2 聴き続け理解を維持すること

　円滑なコミュニケーションとは，相手の話していることを理解し，返答し，相手の返事を理解するやりとりが継続することである。本節では，リスニング（聴解）を，話し手の多種多様な話題，十人十色の話し方，いつも同じではない音声環境などに対処しつつ，聴解を「維持（sustain）」する活動ととらえ，先行研究，指導実践，そして，今後のリスニング指導のあり方を論じていく。

1. 第二言語（英語）のリスニング

　第二言語（以下 L2）での聴解（listening comprehension）は，リスニングにおける第一義的な目的で，聞き手にとって理解することは最も優先順位が高く（Rost, 2002），L2 学習の核であり，L2 リスニングの発達が他の技能の発達に寄与している（Dunkel, 1991; Rost, 2002）。

　L2 学習者にとってリスニングは，最も学習の難しい言語技能ととらえられている（Graham, 2003; Hasan, 2000; Kim, 2002）。母語（以下 L1）の場合は，意識的に聴く内容に注意を向ける必要がある状況にいたる前に，膨大な量のリスニングを積み重ねるが，L2 学習者の多くはそのような経験を積むことは皆無である。L2 での聴解は，L2 への意識的な注意を必要とし，発話速度についていけず，時間内にワーキングメモリ内ですべての情報を処理することができないため，自動的に処理されず，聞き手が余分な処理をしなくてはならないため，骨の折れる作業となる（Flowerdew & Miller, 2005, p.27）。L2 学習者が経験する L2 リスニングにおいて困難な点は，(1) 単語を認識できない，(2) 続いて起こる内容を無視してしまう，(3) 話の流れを区切っていない，(4) テキストの始めの部分を聞き損なう，そして，(5) 集中が続かない，の5つである（Goh, 2000）。L2 リスニングに寄与する可能性があるのは，音韻メモリ技能（非単語を聴いて繰り返し言えることなど）(Gathercole, Willis, Emslie, & Baddeley, 1992)，語彙力（Mecartty, 2000），そして，メタ認知能力（Vandergrift, Goh, Mareschal, & Tafaghodtari, 2006）と言われている。

　実生活でのリスニングと比較し，言語教育のリスニング指導が欠けている点は，実生活のリスニングが「逆境的な状況（adverse conditions）」で行われ

る，ということである（Assmann & Summerfield, 2004; García Lecumberri, Cooke, & Cutler, 2010）。発話が話し手から聞き手へ伝わるとき，発話刺激は暗雑音（background noise）や反響音（reverberation），コミュニケーションのやりとりの際の不完全な周波数や時間的応答（temporal response）などの，他の干渉する信号によってしばしば変化してしまう（Assmann & Summerfield, 2004, p.231）。このような状況でリスニングは，静かな状況で聴く場合と同程度維持することは，比較的困難である。なぜなら，L2 のリスニングは，不完全な音声信号に不完全な知識で対処しなくてはならないため，よりいっそう困難だからである（García Lecumberri et al., 2010）。本節では，これらの真に現実的な「逆境的なリスニング状況（adverse listening conditions）」を念頭に，そして，この逆境的リスニング状況を，これからの英語教育のリスニング指導の到達すべき目標ととらえ，そのような状況で「リスニングを維持する」ことの必然的重要性を，先行研究，指導実践を踏まえ示していく。

2. リスニングに関する先行研究

　L2 の聴解は，内容を理解し，インプット内で暗に示されたすべての推論を行うために，聴く目的に応じて，聞き手が耳からの音声的情報と，関連のある視覚的な情報に自動的に，そして同時に注意を向け処理をする，意味構築の能動的な過程である（Buck, 2001）。

　言語教育におけるリスニング研究は，音声情報処理の最小単位である音声知覚の研究（Scovel, 1998）や，ボトムアップ処理（音声を意味のまとまりごとに分ける），トップダウン処理（文脈や既知情報を利用し，解釈のための概念形成を行う）(Vandergrift, 2004) や，音声知覚（perception），構文解析（parsing），そして活用（utilization; Anderson, 1995），というリスニングの処理過程の研究などがある。L2 リスニングの成功のためには，リスニングに関するメタ認知能力が重要であることを唱える研究もある（Goh, 2008）。メタ認知能力とは，認知活動において互いに作用しあう，課題，人や方略に関係する要因についての知識や信条である（Flavell, 1979）。聴解に影響をおよぼすものとして，(1) リスニングテキストの特徴（文やテキストの種類や，関連した視覚情報）

(Blau, 1990, 1991; Griffiths, 1991)，(2) 対話者の特徴（話し手の個人的特徴）(Markham, 1988)，(3) リスニング課題の特徴（聴き取りの目的や，関連した反応）(Buck, 1991; Lynch, 1988)，(4) 聞き手の特徴（聞き手の個人的特徴）(Stevick, 1993)，そして，(5) リスニング処理の特徴（聞き手の認知的活動や，話し手と聞き手のやりとりの性質の種類）(Lund, 1991; Van Patten, 1989) があげられている（Rubin, 1994）。

　L2 リスニングの体系的な指導実践に対し，ほとんど注意が向けられていないのが現状である（DeKeyser, 2007）。つまり，現実のリスニング活動にとって必要な，そして理解の技能を伸ばすための，連続性のあるリスニング方略を統合した教え方に注目が向いていないのである（Vandergrift, 2011）。これは，リーディング研究では盛んに行われている（Grabe, 2004）。理解の技能（リーディングとリスニング）を教える際，単一の指導法よりも効果があるという意見の一致があるため，リスニング指導でも task-based の指導などで，現実のリスニングの根底にある過程を経ることで，L2 リスニングの成功に導くことの可能性が唱えられている（Field, 2001; Vandergrift, 2004, 2007）。しかしながら，前述のとおり実生活のリスニングではさまざまな干渉が起こるため，具体的にそれらの干渉要素を考慮したうえで，そのような状況でも L2 によるリスニングが成功するには何が関わってどのような指導が効果的であるのかについて，今後は調査を進める必要がある。

3. リスニング指導の例

　リスニング指導には，音声知覚指導（Flege, 1995; Jamieson & Moroson, 1989），音変化・リズムパターンの指導（Brown & Hilferty, 1986; Eshima & Sato, 1990），語彙の処理速度を速める訓練（Yamaguchi, 1999）など，理解のためのリスニングを支える下位要素の指導と，内容理解により大きく関わる文構造（Cervantes & Gainer, 1992; Pica, Young, & Doughty, 1987），発話速度（Zhao, 1997），談話構造（Chaudron & Richards, 1986）の指導，字幕の効果（Ogasawara, 1993; Shizuka, 1995），などの指導法の効果などが紹介されている（武井，2002）。それぞれの指導法は，与える順番や，与え方，学習者のレベルに応じて，効果の現れ方が異なる。

近年注目を浴びている，同時通訳訓練の現場でも使用されているシャドーイング（shadowing）は，リスニング能力を伸ばす活動として方々で取り上げられており，その効果も実証されている（小金沢，2003；玉井，2005）。それは，聴いた音声の復唱技術，より速く音にする技術，あるいはそれらを可能にすると思われるプロソディ認識技術の向上と英語音声データベースの構築によって，リスニング理解を助けると考えられている（玉井，2005）。外国語の映画をその外国語の字幕付きで観ることによる，リスニング能力（内容語と機能語の再生数）の向上も実証されている（Mitterer & McQueen, 2009）。短い接触にもかかわらず（それぞれの条件で 25 分間），馴染みのない強い英語訛り（スコットランド英語とオーストラリア英語）に順応し，すでに実験で聴いた単語も，同じ映画で出現しているが触れていない新出の単語も，英語字幕付きの条件のほうが，母語（オランダ語）字幕，字幕なしの条件に比べ，再生率が高いと報告している。つまり，聴いているものが，同一言語でどのように文字で表されるかを知ることで，音声知識と表象的な語彙知識が一致し，音声情報の視覚化でより高い学習効果が得られている（Kim et al., 2008; Lehmann & Murray, 2005）。

4. リスニング指導の問題点

　リスニング活動は，現実のリスニング状況に近いものでなくてはならない（Richards, 1983）。また，教室でのリスニング指導は，理解は部分的でよく，推測が重要である実際の L2 リスニングの本質を重視すべきである（Field, 1998）。近年では，よりインタラクションやコミュニケーション活動を通した，即時応答の実生活のリスニング活動（real-life listening in real time）に焦点が移ってきている（Vandergrift, 2004）。しかしながら，これらの実生活（real life）という概念は，聴く内容や文脈（広告やアナウンス），リスニング教材の現実さ（authentic materials），現実に行う課題（ラベル付け，選択，描く，用紙の記入など）（Field, 2002）という，教室内で「現実によくある内容」を含むタスクを与えることで，実際のリスニングでも理解できるようにしようという，実生活のリスニング「内容」に目を向けており，リスニング「環境」に注意が向いていない指導になっている。これでは，たとえ学習した内容や，そ

れに近いリスニングタスクの伸びを確認できたとしても,教室や実験室を出て,さまざまな視覚・音声情報が交錯する,正に「現実」のリスニング「環境」で真に理解を実感させられる指導には必ずしもならない。

　数多くの研究が,非母語話者は母語話者に比べ,雑音や反響音のある状況での聴き取りがより困難であることを示している(Buus, Florentine, Scharf, & Cambridge, 1986; Caramazza, Yeni-Komshian, Zurif, & Carbone, 1973; Rogers, Lister, Febo, Besing, & Abrams, 2006)。また,静かな状況では差はないが,不利な状況(雑音や反響音あり)でL2を聴く際,バイリンガルはモノリンガルに比べ不利であり,この劣勢な状況はL2能力が高くとも続き,L2学習開始が遅い(14歳以降)とより強く残ることが報告されている(Mayo, Florentine, & Buus, 1997)。また,三言語話者でも同じような傾向があることが報告されている(Tabri, Chacra, & Pring, 2011)。これらのような聴き取りにおける「現実的な環境」を考慮せずリスニング指導をすることは,「非現実的」であり,学習者に実生活のリスニングに対応できる能力を身につけさせることにならないため,非教育的であると言わざるをえない。以下の節では,本当に教育的なリスニング指導について,L2リスニング理解の「維持」のための認知的メカニズムを紹介し,雑音の中でどのような認知活動が行われているかを概観し,実生活の雑音の中で「生き残る」ためのリスニング指導の提案を試みる。

5. 認知心理学のリスニング指導への応用案

　L2理解の際,頭の中では一瞬でもL1へのアクセスが起こり(Thierry & Wu, 2007),L2に焦点が当たっている間,L1が完全にオフになっていることはないため(Grosjean, 2008),L1からの干渉(音声的,意味的,統語的)(Green, 1998)が絶え間なく発生する。このような脳内状況で,どのようにしてバイリンガルの脳は聴解における言語制御をしているのだろうか。そして,言語制御をしつつ理解を維持するために必要な個人的要素が明らかになれば,これらの要素をリスニング指導に取り入れ,L2リスニングの理解を高く維持することの解明につながるのではないか。このリスニングの維持に関する基礎研究に,Miura(2010, 2011a, 2011b, 2011c)がある。これらの研究は,利き手が右手の日本語を母語とする大学生や大学院生の英語話者を被験者とし,バ

イリンガル両耳異刺激聴取タスク（bilingual dichotic listening task：BDL タスク）を作成し，リスニング理解を維持するために必要な要素として，英語力，認知制御能力（リーディングスパンテストで計測），L2 学習開始年齢，L2 学習期間，普段の接触量（4 技能）を測りその因果関係を調査した。BDL タスクでは，英語−英語，英語−日本語，日本語−英語，日本語−日本語ペアの 4 条件で音声が流れた（各ペアは 1 分間）。理解は文章完成問題（sentence-completion task）によって測られた（Buck, 2001）。両耳に流れる音声の意味的関連性（semantic relatedness）の聴解への影響を調べるため，意味的関連性の高いペアと低いペアが用意された。被験者は利き耳（普段携帯電話で話すときに使う耳とした）に流れる音声に注意を向け，逆の耳に流れる音声（同じ言語の場合と違う言語の場合，意味的に似通ってる場合とそうでない場合）は抑制するように指示された。データは一般化線型混合モデル（generalised linear mixed models, Poisson error distribution）により分析された。分析には R for Mac（version 3.0.1 released on May 16, 2013; Baayen, Davidson, & Bates, 2008; Bates, 2007; R Development Core Team, 2013）の lme4 package（version 0.999999-2）が使用された。

　実験の結果，意味関連性の有意な主効果が見られ，干渉する言語にかかわらず，意味的関連性の低いペアの利き耳に流れた言語理解が，意味的関連性が高い場合と比べ高かった（$beta = 0.143$, $SE = 0.053$, $p < .01$, 関連性低：$M = 1.895$, 関連性高：$M = 1.645$）。これは，焦点を当てるべき言語が日本語で，抑制すべき言語が英語，その逆の場合でも，両言語が同じでも，意味的関連性が低いとわかった場合，逆の耳に流れる言語の干渉が低いということである。干渉言語の主効果は有意ではなかったため（$beta = 0.007$, $SE = 0.053$, $p = .8945$），干渉言語が英語か日本語かにかかわらず，焦点が当てられた言語の理解は干渉言語から影響を受けなかった（干渉言語（英語）：$M = 1.815$，干渉言語（日本語）：$M = 1.728$）。この結果は，L2 に焦点を当てる場合 L1 の干渉がより強いという，前述の理論と相反するものである（Green, 1998; Grosjean, 2008）。また，BDL タスクにおける理解は，英語力（$beta = 0.015$, $SE = 0.008$, $p < .05$, $M = 21.98$, ranging from 14 to 29, $SD = 4.46$, $Max = 30$）や，認知制御能力（$beta = 0.120$, $SE = 0.058$, $p < .05$, $M = 2.51$, ranging from 2.0 to 4.5, $SD = .576$, $Max = 5.0$）との深

い関わりが明らかになった（これらの結果は Miura, 2010; 2011a, 2011b, 2011c の再分析を行った結果である）。この研究は，1分の長さのテキストを用い，意味的関連性を組み込み，バイリンガルの聴解における認知制御能力の役割を初めて示したものである。結果として，一方の言語に焦点を当て続け，もう一方の言語を抑制する場合，つまり，英語を聴き続け日本語の介入を抑制し，英語のまま理解し維持することに，高い英語力と認知制御能力が深く関わっていた。

　両耳を使用し純粋に聞く (hearing) 研究や，応用心理言語学，認知心理学，バイリンガリズムなどにおいて，非英語話者の逆境的な状況での聴き取りを調査し (García Lecumberri et al., 2010; Tabri et al., 2011)，その日常的なコミュニケーション能力に近い結果を得るため，多数話者バブル (multi-talker babble) を含む音声が使用されている (Souza, 2004, pp.548-549)。課題としては，多数話者バブルよりも音量の大きな（例：+2dB），もしくは，小さなターゲット音声（例：子どもの声を聴いてください，という指示がある）を聴き取り，オウム返しに言うことや，雑音の種類や音量を変化させ，それらのターゲット言語知覚（子音，単語や文）への雑音の影響を測るなどがある。先行研究によると，前述のとおり，これらのような雑音を含む実際的なリスニング（ターゲット言語はほぼ常に英語）は，英語の母語話者に比べ非母語話者の聴き取りにより影響を与えている (Black & Hast, 1962; Meador, Flege, & Mackay, 2000)。また，幼少期からバイリンガルだとしても聴き取りで母語話者よりも劣っている (Mayo et al., 1997)。これは，反応速度を測る課題でも見受けられ，バイリンガルのもつ2つの心的辞書を検索する必要性によるものと考えられている (Hapsburg & Pena, 2002; Weiss & Dempsey, 2008)。雑音を含む聴き取り課題で見られる誤りは，L1の音声体系の影響によるもので (García Lecumberri & Cooke, 2006; Mackay, Flege, Piske, & Schirru, 2001)，L1の活性度合いがその影響の強さと関係がある (Mackay et al., 2001; Meador et al., 2000)。また，雑音を含む聴き取り課題の出来は，普段の生活でのインプットの質と量に関係している (Bradlow & Bent, 2002; Quené & van Delft, 2010)。

　二言語話者のコミュニケーションにおいて，どちらか一方の言語で話すわけだが，周囲の言語がいつも同じであるとは限らない。英語を話しているときに，

周りでも英語を話していれば,自分の母語や外国語が聴こえてくる場合が多々ある。従来の多数話者バブルは,ターゲット言語と同じ英語であったが,最近の研究(Van Engen, 2010a)で母語(中国語)のバブルを使用し,その影響を比べ,非英語話者にとって,ターゲット言語(英語)と同じ英語のバブルが雑音として聴こえる場合,英語と中国語の近似性(音声的,言語的)から,自分の母語よりも影響が強いことが報告されている。また,英語母語話者の中国語バブルの際の成績が非英語話者よりも有意に高かったことから,非母語話者(中国人の被験者)は母語のバブルを抑制するのも比較的困難であることが明らかになった。つまり,直接周囲に言語雑音が存在する場合は,L2だけでなく,母語からもL2話者は干渉を受け,英語母語話者に比べ聴き取りが困難になるということである。

　このような言語雑音の中でターゲット音声(単語,文など)の聴き取りを訓練することは,雑音の中での聴き取り能力の向上,その能力の保持,さらに能力向上に伴う神経機構の向上が報告されている(Song, Skoe, Banai, & Kraus, 2011)。この研究では,実験群と統制群のそれぞれ半分は英語母語話者,残りの半分は非英語母語話者で構成されており(19〜35歳,平均24.7歳),聴き取り能力の伸びを比較しているわけではないため,どちらの集団の伸びがより顕著であったかは明確ではない。しかしながら,「Listening and Communication Enhancement: LACE」(Neurotone, Inc., 2005)というプログラムの4週間のトレーニングによる,言語雑音の中での聴き取り能力の持続的な(6か月後も維持)向上,それに対応する神経機構の変化(大脳皮質下部の可塑性)が見られた。LACEはSpeech in Noise(SIN),Rapid Speech, Competing Speaker, Missing Word, Word Memory, そしてQuickSINという6つのタスク,それぞれ20時間(1時間分は約30分)で構成されている。これらは,(1)聴き取りづらい発話理解,(2)認知技能,そして,(3)コミュニケーション方略という3つの区分に分けられる。訓練の結果,すべてのタスクで向上が見られたため,音声知覚と神経生理学的な変化は,LACEプログラムの認知的要因を聴覚訓練と統合したことによると主張している。ターゲット音声から意味を引き出し理解するには,知覚的,認知的処理が協同して働かなくてはならないため,このような手法が雑音の中での聴き取り能力を高める

ために特に重要である，と研究者は述べている（Song et al., 2011）。

非英語母語話者も LACE プログラムのトレーニングによって，思春期を過ぎた後（平均年齢 24.7 歳）でも言語雑音の聴き取り能力が向上したという結果は朗報である。しかし，残念ながら学習者1人に対し US$99（Web-based: US$79）は高価である。どの学校でも，どの学年でも導入するには，やはり授業内で上記の6つのタスクの要素を含む指導をすることが望まれる。たとえば，SIN であれば，5dB 低い英語（もしくは，英語＋日本語のバブル）の多数話者バブル音声を授業中にかけ，生徒は教師，他の生徒，そして意味をとる必要があるリスニングの音源に集中させ，雑音は抑制するという認知制御活動をさせることができる。Rapid Speech であれば，文字通り音声の速度（教師の発話速度や音源）を速めて聴解をする訓練が可能である。Competing Speaker では，ターゲット音声とそれとは別のもう一つの音声を，ターゲットよりも音量を低く，そして高く録音し，スピーカーもしくはヘッドホンから聴かせ，ターゲット音声を聴き取る練習ができ，Word Memory では，ターゲット語の前の単語を聴き取る訓練をし，聴き取りの認知能力を高める練習が可能となる。QuickSIN では，段々と高くなっていく雑音の中で，ターゲット文の語数を記憶することで，聴き取りの音韻記憶容量を高める訓練を授業内で取り入れることができる。もちろん，これらの指導の効果を日本人英語学習者を対象に実証する必要はあるが，普段のリスニング状況では，予期しない，関連のない雑音が当たり前のようにあるため，これらは適宜，授業中にリスニング指導で統合して活用することで，このような状況での L2 の接触量を増やし，訓練することで，L2 のリスニング理解の維持に貢献する可能性が大いにあると考えられる。

3 まとめ

本章では，英語の発音の明瞭度とリスニング理解の「維持可能性」という概念を，先行研究からその概念形成の可能性を模索し，バイリンガリズム，心理言語学，そして認知心理学の研究成果のこれらの技能の指導への応用案の提案を試みた。英語での持続可能（sustainable）なコミュニケーションのためには，英語力だけではなく，さまざまな言語的・非言語的，そして，視覚的・音声的

な干渉を効果的に抑制し,ターゲット情報(L2)に焦点を当て続けるための高い認知制御能力が関係している(Miura, 2009; 2011d; Van Engen, 2010b)。このような状況で言語活動をするための抑制能力は,LACE プログラムの要素を普段の授業に応用させたタスクで高い認知負荷を引き起こすことで,神経処理を強化し,脳幹の感覚的鋭敏さを高めることで養える可能性がある(Song et al., 2011)。現実的なコミュニケーション場面で必要とされるのは,これらの能力であるということを認識し,それらを到達目標とし,科学的根拠に基づいた指導を実践することが,これからの日本を支える若者を指導する英語教師に求められることであると考える。また,発音練習(単語のリズム,イントネーション,文強勢,フォーカスワード,語末の子音などの練習)はリスニング能力向上の一助となるため(Gilbert, 1995),この2つの技能がどのように互いに影響し合っているかを考えながら指導すべきである。

第8章 三浦論文へのコメント

湯沢美紀

発音の明瞭度を意識した教育は，認知心理学的観点からも非常に意義深い。

日本語母語話者にとって，英語は日本語にない音声を多く含むため，英単語を聴いて反復する場合など，日本語に含まれる音声を援用せざるをえず，ワーキングメモリ内に表象される記憶痕跡は不正確となる。Gathercole, Frankish, Pickering, & Peakers（1999）は，音声の短期的記憶に関して，再構成化（もしくは再統合化）を提唱している。このモデルによると，音声情報の正確な記憶は，記憶痕跡の質による（I）。完全記憶痕跡（I: intact memory trace）の一部分が不完全である場合に，レキシカル（L: lexical，連想価等，単語についての意味的知識）・サブレキシカル（P: phonotactic，音素隣接確率等，単語に含まれる音声パターンについての知識）といった長期記憶の情報によって補われる（図参照）。

発音指導に関して，本論文で紹介されている「RT音読タスク」は，20回の繰り返しが行われており，「リハーサル」という効率的な記憶方略と一致する。また，視覚的に主強勢を示すことは，「多重符号化」といった記憶方略を促し，ワーキングメモリの視空間性領域の働きにより活動を補完する。これらの方略は，英単語を聴いた際の記憶痕跡の表象を確かなものにする。加えて，言語置

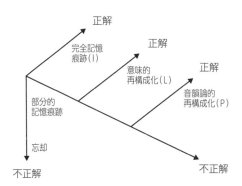

図　言語的短期記憶からの再生ならびに再構成化に関する樹形処理モデル
（Gathercole et al., 1999）

換はレキシカル情報の定着を，サイト・トランスレーションといった活動は，サブ・レキシカルな情報の基礎となる「音韻意識」の定着を促す。RT 音読タスクは，再構成化の各段階に対応した非常に有効な指導法の一つといえる。

　ただし，英語学習の導入期においては，英語の音声そのものについての学習も加えて必要となろう。日本語母語幼児を対象とした研究では，英語の特定の子音の知覚・発声が苦手であること，また，閉鎖子音（stop consonant）を含む英単語を聴いた場合，子音のあとに無意識に母音を付与する傾向にあることなどが指摘されている（湯澤・湯澤, 2013）。英語の音声の学習には，フォニックスメソッドが有効であることが示されている（湯澤・湯澤・関口・李・齊藤, 2010）。発音指導に関する統合的なプログラムの提案が今後の課題である。

第 9 章　千葉克裕

An MEG Study of L2 Proficiency and L2 Lexical and Semantic Processing

MEGによる第二言語語彙処理プロセスと習熟度に関する研究

1　はじめに

　最近まで日本の英語教育は主に中学校から開始し，母語（L1）である日本語の能力がほぼ確立した状態から外国語としての英語（English as a foreign language: EFL）として学ばれてきた。多くの人は学習の初期の頃は英文を1語ずつ日本語に置き換えて理解したり考えたりしていたのに，やがて習熟度が上がるにつれて基本的な表現や頻繁に使用する表現は日本語を介さず直接英語のまま理解できるようになった経験があると思われる。また，かなりの程度の上級学習者になっても馴染みのないトピックや複雑な内容については，日本語で確認しながら読み進むというような経験も一般的であろう。では，いったいどの時点で母語を介さず英語を理解したり産出したりできるようになるのか，またどのように母語を利用しているのかその仕組みはまったく解明されていない。「英語の授業は英語で教えるべき」というのはもっともな主張であるが，EFLとしての英語教育において母語である日本語の役割を解明し，またその利点を活用することは効果的な英語指導においては非常に重要な課題である。

　本稿はこの母語の役割の変化に注目し，英語の最小単位である語彙習得に焦点を当て，習熟度の変化と脳内の語彙処理プロセスの変化について考察する。

　これまでの第二言語のレキシコンに関する研究では，2つの言語の語彙はそれぞれ別々に保存される一方，概念は共通なものとして存在する。また，語彙

リンクと概念リンクの結びつきについて，外国語から意味概念にアクセスする場合はまず母語に翻訳しそこから概念を把握する母語連結モデルと母語と外国語はそれぞれ独立して概念と結びついていて翻訳が必要ないとする概念連結モデルが提案されてきた（French & Jacquet, 2004）。

Kroll & Stewart（1994）は上述のモデルを発展させ改訂版階層モデル（revised hierarchical model：以下 RHM）を提案し（図 2-9-1），第 2 言学習者が上達していく過程の中間言語の語彙表象レベルおよび意味概念レベルの結びつきの発達をモデル化している。これは L1 と L2 のそれぞれの語彙と共通概念の結びつきにはその数と強さとに差があるという階層性を主張するものである。RHM は EFL 環境にある日本人学習者の習熟度と語彙処理プロセスの関係を非常によく説明している。

従来の第二言語語彙処理プロセスモデルの研究は，反応時間などによる間接的な観察に基づく推論によるものが中心であったが，近年さまざまな脳機能計測法が発達し，言語処理時の脳活動を直接観察できるようになった。

本研究は Kroll の RHM をもとに，初級英語学習の習熟度が上がるにつれて語彙処理プロセス，特に意味処理プロセスが変化するかどうかを脳機能イメージング法の一つである MEG（脳磁図）を用いて神経言語学的に解明しようとするものである。

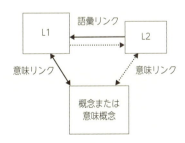

図 2-9-1　Kroll & Stewart（1994）に基づく改訂版階層モデル（Revised Hierarchical Model）

2 脳機能計測法の種類

以下が言語研究に用いられている代表的な3種類の脳機能計測法である。

① EEG（Electroencephalography：脳波計）

EEGは一般的に「脳波計」とよばれ，ヒトの脳活動から生じる電気活動を記録する装置である。課題遂行時の事象関連電位（ERPs: Event-Related Potentials）を記録し，言語処理研究ではN400（意味的な誤りを含む言語課題刺激を提示してから約400ms（ミリ秒）後に現れる陰性成分）を分析することを中心に使われている。従来の研究で採用されてきたEEGによる脳波(ERPs)の測定では，脳の外側から電気的信号を計測するため，その信号がどこで発信され，脳内のどこを伝わってきているかを特定することができない。つまり空間分解能に劣り，言語の機能局在を観察できないという短所があった。

② fMRI（functional magnetic resonance imaging：機能的MRI）

fMRIは脳の神経活動に伴う血流中のヘモグロビンの変化をとらえ画像化するもので，ミリ単位の高い空間分解能をもつ一方，血流の変化をとらえるという原理上，刺激提示後6秒程度後の反応をとらえることになり，時間分解能に大きく欠けるという問題がある。

③ MEG（Magnetoencephalography：脳磁図）

MEGは脳神経細胞群の電気活動により生じる磁場を計測する装置である。脳波と同様に電気的活動を観察していることにより，時間軸情報を保持しつつ，頭蓋など伝達経路の影響を受けずにその信号の発信源を特定することが可能である。MEGはEEGが空間分解能に劣り，fMRIが時間分解能に欠けるといった2つの問題を同時に解決し，視覚野，運動野，言語野の活動を時間的・空間的に同時に観察することが可能である。EEGでとらえられるN400も原理上観察できることを考慮すると，MEGは言語処理研究において現段階では最も適した手法であると考えられる。

3 先行研究

1. EEG による研究

　Alvarez, Holcomb, & Grainger (2003) は，英語・スペイン語初級バイリンガルの語彙処理を言語内／言語間両方の反復効果をプライミング実験により確かめ，L2 と L1 で N400 の大きさが違うことと，翻訳方向では L1 から L2 への順方向にのみより大きく現れることを報告した。

　Palmer, van Hooff, & Havelka (2010) は，刺激提示のオンセットから 300～500ms のタイムウィンドウを対象に N400 による分析を行い，逆方向の翻訳方向においてより大きな N400 を確認したが，反応時間では，日常的に目標言語を使う環境での上級学習者は，翻訳方向による有意差が見られないことを報告した。

2. fMRI による研究

　fMRI による第二言語の意味処理プロセスに関する研究において，Chee, Hon, Lee, & Soon (2000) は，初級学習者は左下前頭回 (LIFG), 左下頭頂小葉 (LIPL) が賦活し，上級学習は LIFG, LIPL が賦活しないことを報告した。Yokoyama et al. (2009) は，同様に初級学習者は左下前頭回 (LIFG) と下頭頂小葉 (LIPL) が賦活し，上級学習は LIFG, LIPL が賦活しないことを確認し，さらに左中側頭回 (LMTG) が初級学習者は賦活せず，上級学習者は賦活することを報告した。

3. MEG による研究

　Pulvermüller et al. (2009) は 150ms 前後の早い段階で word length, typicality が処理され，その後 word frequency, lexicality, semantics に関わる処理が行われると指摘した（図 2-9-2）。

　EEG や fMRI を用いた先行研究は数多くあるが，外国語学習者を対象にその習熟度の変化について検証しているものはきわめて限られており，特に MEG による習熟度の影響を検証しているものはほとんど類例がない。

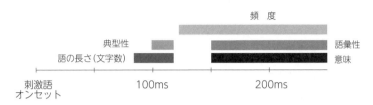

図 2-9-2　単語読解時の脳賦活に関する分析（Pulvermüller et al., 2009, p.85）

4　研究方法

1．実験デザイン：2つの課題による差分法

　習熟度と意味処理プロセスの関係を明らかにするために，まず考えられるのが意味判断（意味処理）を観察する実験である。意味判断課題による実験には，ある英単語を示し，その単語が生き物を表す単語かそうでないかを判断させるものがある。そしてその際の脳活動を記録し，初級学習者と上級学習者でその賦活部位や賦活量に違いがあるかどうかを分析する実験である。一見すると1つの実験で十分であるように見えるが，実際にはもう1つの実験が必要となる。それは，私たちが単語を処理する際に最初に行う文字列の処理（語彙処理）を観察する実験である。学習者が英単語の意味処理をする場合には，まずその文字列からどの単語であるか判断し，次にその意味を取り出していると考えられる。その意味抽出のプロセスに訳語による処理が介在する。ゆえに，これら2つの課題により得られた脳活動のデータ引き算をする（差分法）ことで理論上初めて意味処理のみの脳活動の部位と賦活量を特定できるのである。脳機能画像法のデータ処理における差分法のイメージは次のようになる。

　　　{意味処理 − (文字認識処理)}

2．被験者

　被験者は，某国立大学の 18 歳から 25 歳（平均 21.3 歳，$SD = 1.66$）の学部生および大学院生 29 名（男子 20 名，女子 9 名）である。すべての被験者の母

語は日本語であり，海外への留学経験はなく，英語力は TOEIC 換算で 415 点から 910 点の範囲である。また利き手は右手である。

習熟度の影響を調査する研究としては，被験者の英語力が高すぎるのではないかという議論があったが，認知神経科学的研究の性質上，被験者の IQ を統制するため同じ大学の学生を対象とする必要があった。また，上述したように被験者の TOEIC 換算のスコアは広くばらついており，十分な習熟度の幅があると判断した。

3. 刺激語

第二言語語彙処理プロセスの確認のための実験として，被験者が十分に回答できるレベルを保ちつつ，刺激語の妥当性を確保する必要がある。当初，JACET8000 やいろいろなコーパスからの抽出を検討したが，最終的に刺激語は 200 語の生物名詞と 200 語の非生物名詞を MRC Psycholinguistic Database（Wilson, 1988）から抽出した。このデータベースは，言語処理実験のために構築されており，文字数をはじめとしさまざまな要因を詳細にコントロールしたうえで，任意の語数をランダムに抽出することができる。本実験では，Palmer et al. (2010) にならい，文字数，音節数，親密性の各項目について条件間に差が出ないように調整した。これは，意味判断課題として行う生物・非生物判断課題とのカウンターバランスをとり，被験者間で 2 つの課題による違いの影響を排除するためである。非単語は ARC Nonword Database（Rastle, Harrington, & Coltheart, 2002）から英単語と同じ文字数と音節数で抽出し，さらに，(1) 英語の正字法的に正しい綴りのみ，(2) 語頭が正字法的に正しいもののみ，という条件で統制した。一瞥して非単語と判断できるものはなく，すべての単語を音声化したうえで判断する必要がある文字列である。

4. 語彙判断課題（lexical decision task）

第 1 の実験である語彙判断課題は，単語の形式の処理過程を計測するための画題であり，モニター上にある文字列を提示し，その単語が英単語か非英単語かをボタン押しにより判断させた。これは英語学習者の単語理解における単語認知の反応時間や正確さを測定する課題である。被験者は画面に提示される語

図 2-9-3　刺激提示時間

に対し，英単語であれば人差し指のボタンを押し，非英単語であれば中指のボタンを押して回答するよう指示された。提示する語数は英単語 100 語（生物 50 語・非生物 50 語），非単語 50 語とした。

5. 意味判断課題（semantic decision task）

　第 2 の実験の意味判断課題は，単語の意味処理過程を計測するための課題で，モニター上に提示される語が生物を表す語か非生物を表す語かを回答するよう指示された。その単語が生き物を表す単語であれば人差し指のボタンを，生き物以外を表す単語であれば中指のボタンを押すように指示された。1 ユニットの課題数は，第 1 の実験における英単語に合わせて，生物 50 語，非生物 50 語であった。

　これらの 2 種類の実験は，横河電機製 200 チャンネルの MEG（脳磁図計測器）内で横臥姿勢で行った。実験プログラムは E-Prime 2.0 上で作成し，頭上の画面に提示される課題に対し，正解なら人差し指，不正解なら中指のボタンを押して回答させた。一つの実験ユニットは刺激語提示（1000ms），＋マーク（2500ms）＊マーク（1000ms）の組み合わせにより構成され（図 2-9-3），被験者は刺激語を提示された後なるべく早く回答するように指示された。また，まばたきによるアーチファクトを避けるため，被験者は，まばたきを我慢し，どうしても必要な場合は＊マークが提示された時間帯にまばたきするよう指示された。反応時間は刺激語提示の瞬間をオンセットとして計測した。

6. 英語習熟度テスト

　被験者の英語能力を測定するために，Minimal English Test（以下 MET）を受けさせた。このテストはリスニングの空所補充形式で，TOEIC などさま

ざまな第二言語習熟度測定テストと高い相関を示している簡易習熟度テストである（Goto, Maki, & Kasai, 2010）。当初は TOEIC スコアによる分析を計画したが，内容の妥当性と実行性の問題から被験者全員が同じ条件かつ短時間で受けられる MET を採用した。

5 実験結果と考察

1. 行動データ

千葉・横山・吉本・川島（2012）は，この実験の行動データについて，語彙判断課題の単語および非単語で正答だったもの，意味判断課題で正答だったものの反応時間と英語習熟度テストである MET のスコア（50 点満点，平均 30.47 点，$SD = 10.13$）との相関を SPSS Ver.19 により解析した。

意味アクセスの時間と習熟度との関係を検証するため，直接的な意味アクセスがあると考えられる語彙判断課題での単語と意味アクセス自体存在しない語彙判断課題での非単語との処理時間の差，および直接的な意味アクセスがある意味判断課題と間接的な意味アクセスがあると考えられる語彙判断課題での単語での処理速度の差についてもそれぞれ MET スコアとの相関に関して解析を行った。結果として習熟度が単語理解の処理速度へ与える効果は，意味アクセスにいたる前の単語認知処理の段階で影響を与えていると判断した。つまり，高習熟度学習者と低習熟度学習者の違いは英単語の文字認知の処理速度の違いであり，いったん単語として認知してしまえば初級学習者でも意味へのアクセス時間は変わらないという結論に達した。

2. MEG データ分析

一つの実験により得られる脳活動のデータは膨大で，試行間のインターバルを含めて不必要な部分がある。実際の単語処理は刺激提示後 100ms 前後から遅くとも 700ms 前後の時間帯で行われているため，得られたデータから分析対象とする部分を取り出す作業が必要になる。本研究の語彙判断課題と意味判断課題遂行中の MEG データは，刺激提示のオンセットを基準とし -100ms ～ 1000ms までの信号を -100 ～ 0ms をベースラインとして取り出した（図 2-9-4）。

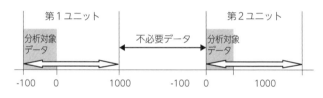

図 2-9-4　MEG データ切り出しのイメージ

表 2-9-1　タイムウィンドウと有意相関チャンネル数

	50-150ms	100-300ms	300-500ms
語彙判断課題	28	8	0
意味判断課題	28	19	6

　その後，誤答あるいは 2pT 以上の信号を認めた試行はアーチファクト（ノイズ）として解析から除外したうえで被験者ごとに加算平均をした。加算平均後のデータは 2〜30Hz のバンドパスフィルターを適用し，全被験者の総加算平均を計算した。本研究では，意味アクセスの時間帯と考えられる N400 の成分を分析するために Alvarez et al.（2003）および Palmer et al.（2010）などにならい，100〜300ms と 300〜500ms のタイムウィンドウで信号強度と習熟度テスト MET の得点との相関を分析した。また，単語認知処理に対する影響を確認するため（Friederici, 2002）を援用し 50〜150ms を分析対象に加えた。
　分析の結果，表 2-9-1 のとおりそれぞれのタイムウィンドウで有意な相関（$p < .05$）を示したチャンネルが確認された。チャンネルおよび分析結果については事項で詳述する。

①語彙判断（lexical decision）課題結果
　語彙判断課題の 50〜150ms のタイムウィンドウで英語力と相関を示したチャンネルを平面にプロットしたものが図 2-9-5，立体にプロットしたものが図 2-9-6 である。濃色のプロットが正の相関，淡色のプロットが負の相関である。主に左半球の前部で多くの正の相関を示しており，これは上級学習者が初級学習者と比較して統計的に有意に賦活量が大きいということである。同様に，

第 9 章　MEG による第二言語語彙処理プロセスと習熟度に関する研究

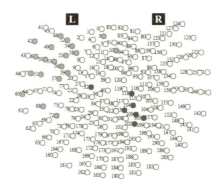

図 2-9-5　語彙判断 50〜150ms 有意チャンネル

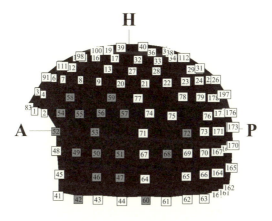

図 2-9-6　左半球立体図

　100〜300ms のタイムウィンドウの相関が図 2-9-7 である。淡色が負の相関を示しているが，これは初級学習者の賦活量が相対的に多いとういことであり，言い換えると時間が経過しても初級学習者は脳の活動が続いていることを示している。図 2-9-5 で確認された濃色の場所で上級学習者の賦活が減少しているのに対して，初級学習者は賦活が継続しているのである。

　前述した Pulvermüller et al.(2009) の 150ms までに word length, typicality, word frequency に関わる処理が行われるという指摘に加え，Friederici（2002）の ELAN（early left anterior negativity）の分析から 150ms までの時間帯に

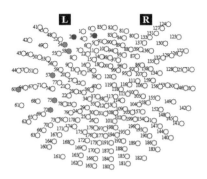

図 2-9-7　語彙判断 100〜300ms 有意チャンネル

単語の形（word form）を処理しその後品詞の分析に移るという指摘がある。これらの指摘と語彙判断課題は単語へのアクセス処理をさせる課題であることから，上級学習者は「単語の lexical form に関する情報へのアクセスが早い」と考えられる。

　初級学習者にとって単語の文字数が増えることは単語の難易度が上がることとほぼ同義であり，語彙数と学習時間の少なさは英単語との遭遇回数の少なさにつながり，典型性の判断にも頻度の判断にも負荷が増すと解釈できる。その結果が賦活量の差となり上級学習者との相関に現れたと考える。また，このことは「1. 行動データ」で示した反応時間の分析結果（習熟度の違いは文字認識の速度の違い）とも合致する。

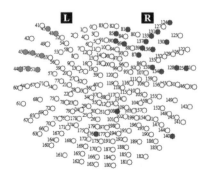

図 2-9-8　意味判断 50〜150ms 有意チャンネル

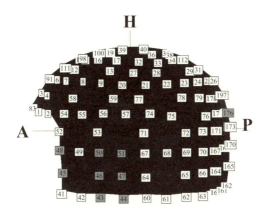

図 2-9-9　意味判断 50〜150ms 左半球立体図

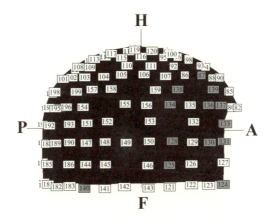

図 2-9-10　意味判断 50〜150ms 右半球立体

②意味判断（semantic decision）課題結果

　意味判断課題で 50〜150ms のタイムウィンドウで英語力と相関を示したチャンネルを平面にプロットしたものが図 2-9-8，立体にプロットしたものが図 2-9-9，図 2-9-10 である。濃色でプロットしてあるのが正の相関，淡色のプロットが負の相関である。左半球前部の正の相関を示したチャンネルは語彙判断課題と共通するチャンネルも多いが，特徴的なことは右半球の前部に負の相関を

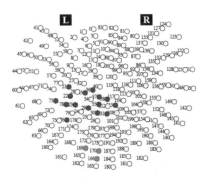

図 2-9-11　意味判断 100〜300ms 有意チャンネル

示すチャンネルが多く見られることである。これらは初級学習者が活発に賦活するチャンネルであり，上級学習者と比較してより多くの部位を使用して語彙処理を行っていることを示している。同様に，100〜300ms のタイムウィンドウの相関が図 2-9-11 である。淡色が負の相関を示しているが，これも初級学習者が上級学習者より多くのエネルギーを意味判断に費やしているためと考えられる。この 2 つの時間帯に習熟度の影響が現れる理由の一つは，意味判断課題でもまずは文字列を認識する作業が行われるため，語彙判断課題と同様の理由が考えられる。

　語彙判断課題の 50〜150ms の分析と比較すると左半球の相関チャンネルは少ない一方，右半球に多くの負の相関が現れている。これは（1）語彙判断課題とは作業内容が違うため賦活部位とその量に違いがある可能性，（2）初級学習者は語彙力の差（語彙数の少なさ）からより多くの部位を使って統合的に意味判断を行っている可能性，の 2 つが考えられる。また，100〜300ms で 50〜150ms のタイムウィンドウと違う部位にその差が現れていることから，時間の経過と語彙処理の賦活部位の間に何らかの関連があると推察される。

　図 2-9-12 は意味判断課題の 300〜500ms で負の相関を示したチャンネルであるが，これまでと違いチャンネル数もわずかに 6 チャンネルで，しかも頭部全体に散らばっている。初級学習者が意味判断により多くのエネルギーを要するとともに，上級学習者に比べ脳全体でより長い時間意味処理を行っていると考えられる。

第 9 章　MEG による第二言語語彙処理プロセスと習熟度に関する研究

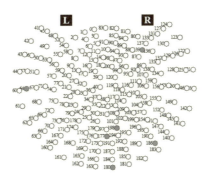

図 2-9-12　意味判題 300〜500ms 有意チャンネル

3. まとめ

　これまでの分析からいえることは，習熟度が違えば脳の活動において明らかに違いが見られるということである。そしてその違いは主に文字認識および語彙処理に関するものということになる。初級学習者と上級学習者の違いは，英単語の文字列を見て（聴いて），どの単語であるか判断する処理時間の問題であり，知っている単語と判断すれば（L1 を参照することで L2 の英単語を確認するプロセスも含む），意味そのものを取り出す処理の時間には差がないということになる。さらにこれらのことから 1 節で紹介したバイリンガル語彙処理

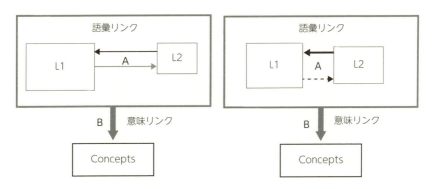

図 2-9-13　初級学習者の語彙処理レベル
L2 の語彙サイズが小さく，L1 との距離が遠い

図 2-9-14　上級学習者の語彙処理レベル
L2 の語彙サイズが大きくなり，L1 との距離も近くなる

モデルの RHM に新しい視点を加えることができる（図 2-9-13, 図 2-9-14）。

初級学習者は，L2 と L1 の語彙サイズに非対称性があり，さらにその語彙情報間の距離が離れ，結びつきも弱いために文字列の処理などの語彙処理に時間を要する。一方，習熟度が上がった上級学習者は L2 の語彙サイズの拡大とともに L1 との結びつきの距離も短く，強くなり，結果として語彙処理のスピードが上がると考えられる（図の A の距離は，習熟度が上がると短くなる＝処理スピードが上がる）。語彙処理が終わった後の意味処理において習熟度はその速度に影響を与えない（図の B の距離は変化しない）。また，行動データの分析結果もこのモデルにより説明が可能である。

6 今後の課題

本稿では，行動データの分析と MEG のセンサーレベルの解析にとどまっており，賦活量についてはある程度の分析ができたが，賦活部位については特定できなかった。さらに，習熟度との相関についても現段階では「なぜ初級学習者の賦活量が少なく，正の相関が見られるのか」，つまり上級学習者のほうが活溌に処理しているのかその理由は判断できない。習熟度が高いからある部分が活溌に賦活し処理が早いのか，またその逆に英語力が低いからある部位が一生懸命働いて賦活量が増えるのかは未だに解明されていないのである。MEG の利点である空間分解能を生かし信号源を解析したうえで「なぜその部位の賦活量が習熟度の影響を受けて増減するのか」について解明する必要がある。

MEG を利用した第二言語処理に関する研究は黎明期にあり，その研究手法も確立していない。特に英語教育や言語学など人文系の研究者にとっては，実験のデザインをはじめ機器の操作，データ処理とあらゆる面においてハードルが高いのが現実である。しかし，今後の英語教育の発展には科学的データに基づきより効果的な教授法を提案するための認知科学的な研究は必須である。研究機器へのアクセスも含めて，多くの英語教育学者がこの分野の研究に参入できる環境が望まれる。

[謝 辞]

　本研究の実験に全面的な支援を頂いた東北大学加齢学研究所川島隆太教授はじめ同研究所スタッフ各位に心から感謝の意を表する。また，本研究の一部は公益財団法人福島県学術教育振興財団平成23年度助成および科研費基盤（C）（22520605）の助成を受けて実施された。

第9章　千葉論文へのコメント

横山　悟

　本章では，外国語学習の観点から，第二言語習得における語彙処理モデルを援用し，そのモデルの妥当性につき，実証的な方法論である脳機能イメージングの手法を用いて，日本語を母語とする英語学習者の脳内における語彙処理過程を可視化した実験を報告している。以下では，この実験に対する認知心理学・認知神経科学的な観点からコメントする。

　まず研究全体についてのコメントとして，英語教育・英語学習の分野における直接的な研究課題を，脳機能イメージング等の生理学的実証方法によって解明していこうとする流れは，近年世界的に進んでいる流れであり，重要な方向性をもつものであると考えている。そういう意味で，大きなチャレンジの第一歩として，評価してもいいと考える。

　また，実験デザイン自体も，認知神経科学的な先行研究による方法論を踏襲しており，方法論的妥当性も担保されていると見ていいように思える。分野外の研究者が他分野の方法論による新たな研究を始めようとする際に，自らの思い込みによる独自の方法論を開発してしまい，最終的に方法論としての妥当性に不備が生じてしまう例を見たことがある。よって，先行研究にて方法論的に妥当性が認められているものを援用するのは，チャレンジの第一歩として，手堅いものであるという点で評価できる。

　一方，改善を期待したい点も複数見られる。

　第1に，先行研究の流れと，本研究での研究目的とのつながりが不明瞭な点である。特に実験系の研究では，仮説検証型の方法論が望ましいとされる。先行研究において不足があった点を洗い出し，その問題となった部分を解決する方策を提示し，実際にその方法論に基づいて研究をした結果，どのような結果が得られ，どのような結論が導けるのか，という標準的な流れである。この点から見ると，本章での研究では，「EEGやfMRIでの研究は多くあるが，MEGでは行われていない」ということからMEGでの研究を行っているが，なぜMEGで行わなければならないのか，MEGで行うことで，先行研究のどのよ

うな問題がどのように解決できるのか，といった，直接的な研究目的への言及が欲しいところであった．この目的が明瞭でないために，本章での研究が何を証明し，どんな新しい知見を得たのか，といった部分が曖昧になっているように思える．

第2に，上記の研究目的の不明瞭さともつながるが，なぜ語彙判断課題と意味判断課題の2つを行わなければならなかったのか，という部分も説明が不足しているように思える．上記の点とも合わせて，先行研究での問題点を明確に洗い出し，その問題点を解決する方法を明示する中で，MEGによって語彙判断課題と意味判断課題を行っているときの脳反応を撮像しなければならない理由を説明する必要があったと思われる．

第3に，分析結果から導かれる結論も，より丁寧に熟考する必要があるように思われる．英語の習熟度テストとMEGでの脳反応データとの間に相関が見られたことは，非常に有意義なデータであるように思える．しかし，習熟度と脳反応との間に関係性が見られることは，すでに先行研究にて，EEGやfMRIでの実験で明らかになっていることである．一方，習熟度による脳反応の違いが，文字認識や語彙処理に関するもの，と結論づけているが，この結論は本実験によって裏づけられたものではなく，本実験結果を先行研究結果と照らし合わせて得られた推論である．となると，では本実験によって，先行研究では得られていない，新たに得られた知見とは，どのようなものなのだろうか．この点を明確にするには，やはり上記の第1・第2にて指摘した点とつながるが，先行研究で明らかになっていること，不足していることを明確にし，その不足した点を解決するために，本研究ではどのような工夫を行い，どのように解決しようとしたのか，という点を明確にする必要があると思われる．

脳機能イメージング研究は，実験の準備段階から実際に実施し，データを解析する，というところまで，非常に手間もかかり，かつ他分野からの参入者にとっては学ぶべきことが非常に多く，ハードルが高いものであると想像できる．その点を鑑みて，今回の実験研究は，しっかりと先行研究から実験方法・解析方法まで学んだ努力が見られる．あとは，仮説検証型の論文，という形に仕上げられるかどうか，というところを突き詰めてもらえれば，非常に魅力ある研究になるように思う．

引用参考文献

■特別寄稿

Della Sala, S. (2009). The use and misuse of neuroscience in education. Editorial. *Cortex, 45,* 443.
Della Sala, S., & Anderson, M. (Eds.) (2012). Neuroscience in education. *The good, the bad, and the ugly.* New York, Oxford University Press.
Ebbinghaus, H. (1885/1964). *Memory: A contribution to experimental psychology.* New York: Dover.
Holmes, J., Gathercole, S. E., & Dunning, D. (2009). Adaptive training leads to sustained enhancement of poor working memory in children. *Developmental Science, 12,* F9-F15.
Logie, R. H. (2012). Cognitive training: Strategies and the multicomponent cognitive system. *Journal of Applied Research in Memory and Cognition, 1,* 206-207.
Logie, R. H., & Della Sala, S. (2010). Brain training in schools, where is the evidence? *British Journal of Educational Technology, 41* (6), 127-128.
Melby-Lervåg, M., & Hulme, C. (2013). Is working memory training effective? A meta-analytic review. *Developmental Psychology, 49,* 270-291.
Owen, A. M., Hampshire, A., Grahn, J. A., Stenton, R., Dajani, S., Burns, A. S., Howard, R. J., & Ballard, C. G. (2010). Putting brain training to the test. *Nature, 465,* 775-779.
Ritchie, S. J., Della Sala, S., & McIntosh, R. D. (2011). Irlen colored overlays do not alleviate reading difficulties. *Pediatrics, 128* (4), e932-e938. doi: 10.1542/peds.2011-0314
Shipstead, Z., Hicks, K. L., & Engle, R. W. (2012). Cogmed working memory training: Does the evidence support the claims? *Journal of Applied Research in Memory and Cognition, 1,* 185-193.

【Part 1】

■第1章

Geiselman, R. E., & Glenny, J. (1977). Effects of imagining speakers' voices on the retention of words presented visually. *Memory & Cognition, 5,* 499-504.
Loftus, E. F., & Palmer, J. C. (1974). Reconstruction of automobile destruction: An example of the interaction between language and memory. *Journal of Verbal Learning and Verbal Behavior, 13,* 585-589.
Tulving, E., & Thomson, D. M. (1973). Encoding specificity and retrieval processes in episodic memory. *Psychological review, 80,* 352-373.

■第2章

Anderson, J. R., & Reder, L. M. (1979). An elaborative processing explanation of depth of processing. In L. S., Cermak & F. I. M., Craik (Eds.) *Levels of processing in human memory* (pp.385-403).

　　　　Hillisdale, N.J. : Lawrence Erlbaum Associates.
Franks, J. J., Vye, N. J., Auble, P. M., Mezynski, K. J., Perfetto, G. A., Bransford, J. D., Stein, B. S., & Littlefield, J. (1982). Learning from explicit versus implicit texts. *Journal of Experimental Psychology: General, 111,* 414-422.
Hunt, R. R. (2006). The concept of distinctiveness in memory research. In R. R. Hunt & J. B. Worthen (Eds.), *Distinctiveness and memory* (pp.3-25). New York: Oxford University Press.
Martin, V. L., & Pressley, M. (1991). Elaborative-interrogation effects depends on the nature of question. *Journal of Educational Psychology, 83,* 113-119.
Owings, R. A., Peterson, G. A., Bransford, J. D., Morris, C. D., & Stein, B. S. (1980). Spontaneous monitoring and regulation of learning: A comparison of successful and less successful fifth graders. *Journal of Educational Psychology, 72,* 250-256.
Pressley, M., McDaniel, M. A., Turnure, J. E., Wood, E., & Ahmad, M. (1987). Generation and precision of elaboration: Effects of intentional and incidental learning. *Journal of Experimental Psychology: Learning, Memory, and Cognition, 13,* 291-300.
Salovey, P., & Mayer, J. D. (1990). Emotional intelligence. *Imagination, Cognition and Personality, 9,* 185-211.
Stein, B. S., & Bransford, J. D. (1979). Constraints on effective elaboration: effects of precision and subject generation. *Journal of Verbal Learning and Verbal Behavior, 18,* 769-777.
Stein, B. S., Bransford, J. D., Franks, J. J., Owings, R. A., Vye, N. J., & McGraw, W. (1982). Differences in the precision of self-generated elaborations. *Journal of Experimental Psychology: General, 111,* 399-405.
Stein, B. S., Bransford, J. D., Franks, J. J., Vye, N. J., & Perfetto, G. A. (1982). Differences in judgements of learning difficulty. *Journal of Experimental Psychology: General, 111,* 406-413.
Stein, B. S., Morris, C. D., & Bransford, J. D. (1978). Constraints on effective elaboration. *Journal of Verbal Learning and Verbal Behavior, 17,* 707-714.
Talmi, D., Schimmack, U., Paterson, T., & Moscovitch, M. (2007). The role of attention and relatedness in emotionally enhanced memory. *Emotion, 7,* 89-102.
豊田弘司 (1987). 記憶における精緻化（elaboration）研究の展望　心理学評論, *30,* 402-422.
豊田弘司 (1990). 偶発記憶における検索に及ぼす精緻化の効果　心理学研究, *61,* 119-122.
豊田弘司 (1995). 長期記憶Ⅰ　情報の獲得　高野陽太郎（編）　認知心理学2　記憶 (pp.101-116)　東京大学出版会
Toyota, H. (1997). Effects of between-item elaboration, within-item elaboration, and autobiographical elaboration on incidental free recall. *Perceptual and Motor Skills, 85,* 1279-1287.
Toyota, H. (2000). Changes in the semantic constraint of spreading activation of memory across three age groups. *Perceptual & Motor Skills, 91,* 385-390.
Toyota, H. (2001). Changes in the constraints of semantic and syntactic congruity on memory across three age groups. *Perceptual & Motor Skills, 92,* 691-698.
Toyota, H. (2002). The bizarreness effect and individual differences in imaging ability. *Perceptual & Motor Skills, 94,* 533-540.
Toyota, H. (2007). Developmental changes in self-corrected elaboration effects on incidental memory. *Japanese Psychological Research, 49,* 192-202.
Toyota, H. (2010). Developmental changes in the effects of self-corrected elaboration on incidental memory. *Japanese Psychological Research, 52,* 41-47.
Toyota, H. (2011a). Individual differences in emotional intelligence and incidental memory of words. *Japanese Psychological Research, 53,* 213-220.

Toyota, H. (2011b). Effects of incidental memory of affective tone in associated past and future episodes: influence of emotional intelligence. *Perceptual and Motor Skills, 112*, 322-330.
Toyota, H. (2012). The effects of social memories in autobiographical elaboration on incidental memory. *Japanese Psychological Research, 54*, 213-220.
豊田弘司・喜田淑花 (2010). 偶発記憶に及ぼす社会的精緻化の効果　奈良教育大学紀要, *59*, 31-37.
Toyota, H., Morita, T., & Takšic, V. (2007). Development of a Japanese version of the emotional skills and competence questionnaire. *Perceptual and Motor Skills, 105*, 469-476.
豊田弘司・土田純子 (2008). 偶発記憶に及ぼす情動的精緻化の効果　奈良教育大学紀要, *57*, 47-58.
Toyota, H., & Tsujimura, M. (2000). The self-choice elaboration effects on incidental memory of Japanese historical facts. *Perceptual and Motor Skills, 91*, 69-78.
Tulving, E. (1972). Episodic and semantic memory. In E. Tulving & W. Donaldson (Eds.), *Organization of memory.* New York: Academic Press.
Warren, M. W., Chattin, D., Thompson, D. D., & Tomsky, M. T. (1983). The effects of autobiographical elaboration on noun recall. *Memory & Cognition, 11*, 445-455.
Woloshyn, V., Pressley, M., & Schneider, W. (1992). Elaborative interrogation and prior knowledge effects on learning of facts. *Journal of Educational Psychology, 84*, 115-124.
Wood, E., Willoughby, T., Bolger, A., Younger, J., & Kaspar, V. (1993). Effectiveness of elaboration strategies for grade school children as a function of academic achievement. *Journal of Experimental Child Psychology, 56*, 240-253.

■第3章
Anderson, J. R. (1983). *The architecture of cognition.* Cambridge, M. A.: Harvard University Press.
Atkinson, R. C., & Shiffrin, R. M. (1968). Human memory: A proposed system and its control processes. In K. W. Spence & J. T. Spence (Eds.), *The psychology of learning and motivation* (Vol. II, pp.89-195). New York: Academic Press.
Craik, F. I. M., & Lockhart, R. S. (1972). Levels of processing: A framework for memory research. *Journal of Verbal Learning and Verbal Behavior, 11*, 671-684.
Ebbinghaus, H. (1885). *Über das Gedächtnis Duncher.* (宇津木保・望月　衛 (訳) (1978). 記憶について　誠信書房)
藤田哲也 (1999). 潜在記憶の測定法　心理学評論, *42*, 107-125.
Graf, P., & Schacter, D. L. (1985). Implicit and explicit memory for new associations in normal and amnesic subjects. *Journal of Experimental Psychology: Learning, Memory, and Cognition, 11* (3), 501-518.
伊藤範子・安達真由美 (2012). メロディの潜在記憶——注意分割課題を用いた検討——　音楽音響研究会資料, *31* (5), 15-20.
三宅貴久子・寺澤孝文 (2011). 評価と一体化した真の指導・支援をめざして　日本テスト学会第9回大会発表論文抄録集, 30-31.
Nishiyama, M., & Kawaguchi, J. (2014). Visual long-term memory and change blindness: Different effects of pre- and post-change information on one-shot change detection using meaningless geometric objects. *Consciousness and Cognition, 30*, 105-117.
西山めぐみ・寺澤孝文 (2013). 偶発学習事態における未知顔の潜在記憶　心理学研究, *83*, 526-535.
西山めぐみ・土師大和・寺澤孝文 (2015). 学習効果のフィードバックが学習意欲に及ぼす影響——マイクロステップ測定法を用いた学習支援——　日本教育心理学会第57回総会発表予定
太田信夫 (2010). 記憶の分類　知識ベース　(S3群－2編－14章, pp.1-15)　電子情報通信学会

引用参考文献

Roediger, H. L., III., & McDermott, B. (1993). Implicit memory in normal human subjects. In F. Boller & J. Grafman (Eds.), *Handbook of Newropsychology* (Vol. 8) Amsterdam: Elsevier Science Publishers.

Schacter, D. L., & Tulving, E. (1994). What are the memory systems of 1994? In D. L. Schacter & E. Tulving (Eds), *Memory systems* (pp.1-38). Cambridge, MA: MIT Press.

寺澤孝文 (1997). 再認メカニズムと記憶の永続性　風間書房

寺澤孝文 (1998). 学習効果のマイクロステップ計測の基礎――自覚できない学習段階の計測と学習内容の体系化にむけて――　筑波大学心理学研究, *20*, 91-98.

寺澤孝文 (2001). 記憶と意識　どんな経験も影響はずっと残る　森　敏昭（編著）認知心理学を語る① おもしろ記憶のラボラトリー (pp.101-124)　北大路書房

寺澤孝文 (2004). 無意味な音刺激を用いて示される長期的記憶現象　日本心理学会第68回大会発表論文集, 831.

寺澤孝文 (2005). 認知　森正義彦（編著）理論からの心理学入門 (pp.65-101)　培風館

Terasawa, T. (2005). Creation theory of cognition: Is memory retrieved or created? In C. MacLeod, N. Ohta, B. Uttl (Eds), *Dynamic cognitive processes* (pp.131-157). Springer-Verlag.

寺澤孝文 (2006). スケジュールの作成方法及びそのプログラム並びにスケジュールの作成方法のプログラムを記憶した記憶媒体 特許第3764456.

寺澤孝文（代表）(2007).「経験の変数化」を念頭においた実験計画法に基づく客観的絶対評価の実現　平成14～17年度科学研究費補助金基盤研究 (A)(1) 研究成果報告書

寺澤孝文 (2013). 思考の新しいとらえ方――感覚から創り出される"ことば"と思考――　岡山大学教育学部一貫教育専門委員会（編）附属学校園における幼・小・中一貫教育の理論と実――考える力を育てる言葉の教育―― (pp.13-34)　岡山大学教育学部一貫教育専門委員会報告書

寺澤孝文 (2015a). 教育ビッグデータの大きな可能性とアカデミズムに求められるもの――情報工学と社会科学のさらなる連携の重要性――　コンピュータ＆エデュケーション, *38*, 28-38.

寺澤孝文 (2015b). 縦断的大規模調査法を基礎とした因果推定研究の創出　平成22～26年度科学研究費補助金基盤研究 (A)(1) 研究成果報告書

Terasawa, T., Ayabe-Kanamura, S., & Saito, S. (1995). Implicit memory of odor after being exposed 16 months previously. *Abstracts of the Annual Meeting of Association for Chemoreception Sciences,* 190. (Florida, USA).

寺澤孝文・太田信夫 (1993). 単語の再認記憶にみられる先行経験の長期的効果　心理学研究, *64*, 343-350.

寺澤孝文・太田信夫（監修）(2007). THEマイクロステップ技術で覚える英単語 D3Publisher

寺澤孝文・太田信夫・吉田哲也 (2009). 潜在記憶レベルの語彙習得プロセス――携帯ゲーム端末用英単語学習ソフトを用いた長期学習実験――　日本心理学会第73回大会発表論文集, 914.

寺澤孝文・辻村誠一・松田　憲 (1997). 人は無意味なパターン情報を2カ月間保持できるか　日本心理学会第61回大会発表論文集, 828.

寺澤孝文・吉田哲也 (2006). 自覚できない到達度を描き出す e-Learning　太田信夫（編著）記憶の心理学と現代社会 (pp.187-205)　有斐閣

寺澤孝文・吉田哲也・太田信夫 (2007). マイクロステップ計測法による英単語学習の個人差の測定　風間書房

寺澤孝文・吉田哲也・太田信夫 (2008). 英単語学習における自覚できない学習段階の検出――長期に連続する日常の場へ実験法を展開する――　教育心理学研究, *56*, 510-522.

上田紋佳・寺澤孝文 (2008). 聴覚刺激の偶発学習が長期インターバル後の再認実験の成績に及ぼす影響　認知心理学研究, *6*, 35-45.

上田紋佳・寺澤孝文 (2010). 間接再認手続きによる言語的符号化困難な音列の潜在記憶の検出　心理

学研究,*81*, 413-419.
上田紋佳・寺澤孝文 (2011). 中学生を対象とした3か月間の継続的な抑うつの測定——心理的介入に向けた探索的研究—— 日本パーソナリティ心理学会第20回大会発表論文集, 120.
矢地晴彦・寺澤孝文 (2012). 中学生の抑うつ傾向の縦断的変化——マイクロステップ計測技術による心の体温計の実現—— 日本教育心理学会第54回総会発表論文集, 616.

■第4章

Acheson, D. J., & MacDonald, M. C. (2009). Verbal working memory and language production: Common approaches to the serial ordering of verbal information. *Psychological Bulletin, 135* (1), 50-68.

Baddeley, A. D. (2012). Working memory: Theories, models, and controversies. *Annual Review of Psychology, 63*, 1-29.

Baddeley, A. D., Allen, R. J., & Hitch, G. J. (2011). Binding in visual working memory: The role of the episodic buffer. *Neuropsychologia, 49*, 1393-1400.

Baddeley, A. D., Gathercole, S. E., Papagno, C. (1998). The phonological loop as a language learning device. *Psychological Review, 105*, 158-173.

Baddeley, A. D., & Hitch, G. J. (1974). Working memory. In G. Bower (Ed.), *Psychology of learning and motivation* (Vol. 8, pp. 47-90). New York: Academic Press.

Barrouillet, P., & Camos, V. (2012). As Time Goes By: Temporal constraints in working memory. *Current Directions in Psychological Science, 21*, 413-419.

Barrouillet, P., De Paepe, A., & Langerock, N. (2012). Time causes forgetting from working memory. *Psychonomic Bulletin & Review, 19*, 87-92.

Barrouillet, P., Portrat, S., & Camos, V. (2011). On the law relating processing to storage in working memory. *Psychological Review, 118*, 175-92.

Burgess, N., & Hitch, G. (2005). Computational models of working memory: putting long-term memory into context. *Trends in Cognitive Sciences, 9* (11), 535-541.

Case, R., Kurland, D. M., & Goldberg, J. (1982). Operational efficiency and the growth of short-term memory span. *Journal of Experimental Child Psychology, 33*, 386-404.

Conrad, R. (1964). Acoustic confusion in immediate memory. *British Journal of Psychology, 55*, 75-84.

Daneman, M., & Carpenter, P. A. (1980). Individual differences in working memory and reading. *Journal of Verbal Learning and Verbal Behavior, 9*, 450-466.

Daneman, M., & Merikle, P. M. (1996). Working memory and language comprehension: A meta-analysis. *Psychonomic Bulletin & Review, 3*, 422-433.

Ellis, A. W. (1980). Errors in speech and short-term memory: The effects of phonemic similarity and syllable position. *Journal of Verbal Learning and Verbal Behavior, 19*, 624-634.

Engle, R. W., Kane, M. J., & Tuholski, S. W. (1999). Individual differences in working memory capacity and what they tell us about controlled attention, general fluid intelligence and functions of the prefrontal cortex. In A. Miyake & P. Shah (Eds.), *Models of working memory: Mechanisms of active maintenance and executive control.* (pp.102-134). New York: Cambridge University Press.

Fürstenberg, A., Rummer, R., & Schweppe, J. (2013). Does visuo-spatial working memory generally contribute to immediate serial letter recall? *Memory, 21,* 722-731.

Gupta, P., & Tisdale, J. (2009). Does phonological short-term memory causally determine vocabulary learning? Toward a computational resolution of the debate. *Journal of memory and language, 61,* 481-502.

Hitch, G. J., & Baddeley, A. D. (1976). Verbal reasoning and working memory. *Quarterly Journal of Experimental Psychology, 28,* 603-621.

Hodges, J. R., Patterson, K., Oxbury, S., & Funnell, E. (1992). Semantic dementia: Progressive fluent aphasia with temporal lobe atrophy. *Brain, 115,* 1783-1806.

Hulme, C., Maughan, S., & Brown, G. D. A. (1991). Memory for familiar and unfamiliar words: Evidence for a long-term memory contribution to short-term memory span. *Journal of Memory and Language, 30,* 685-701.

Jefferies, E., Frankish, C., & Lambon Ralph, M. A. (2006). Lexical and semantic binding in verbal short-term memory. *Journal of Memory and Language, 54,* 81-98.

Kane, M. J., Brown, L. E., McVay, J. C., Silvia, P. J., Myin-Germeys, I., & Kwapil, T. R. (2007). For whom the mind wanders, and when: An experience-sampling study of working memory and executive control in daily life. *Psychological Science, 18,* 614-621.

Kane, M. J., & Engle, R. W. (2003). Working-memory capacity and the control of attention: The contributions of goal neglect, response competition, and task set to stroop interference. *Journal of Experimental Psychology: General, 132,* 47-70.

Kane, M. J., & McVay, J. C. (2012). What mind wandering reveals about executive-control abilities and failures. *Current Directions in Psychological Science, 21,* 348-354.

Logie, R. H., Della Sala, S., Wynn, V., & Baddeley, A. D. (2000). Visual similarity effects in immediate verbal serial recall. *Quarterly Journal of Experimental Psychology, 53A,* 626-646.

MacLeod, C. M. (1991). Half a century of research on the Stroop effect: An integrative review. *Psychological Bulletin, 109,* 163-203.

Maehara, Y., & Saito, S. (2007). The relationship between processing and storage in working memory span: Not two sides of the same coin. *Journal of Memory and Language, 56* (2), 212-228.

McVay, J. C., & Kane, M. J. (2012). Why does working memory capacity predict variation in reading comprehension? On the influence of mind wandering and executive attention. *Journal of Experimental Psychology: General, 141,* 302-320.

Melby-Lervåg, M., Lervåg, A., Lyster, S. -A. H., Klem, M., Hagtvet, B., & Hulme, C. (2012). Nonword-repetition ability does not appear to be a causal influence on children's vocabulary development. *Psychological Science, 23* (10), 1092-1098.

Miller, R. K., & Cohen, J. D. (2001). An integrative theory of prefrontal cortex function. *Annual Review of Neuroscience, 24,* 167-202.

Miyake, A., Friedman, N. P., Emerson, M. J., Witzki, A. H., Howerter, A., & Wager, T. D. (2000). The unity and diversity of executive functions and their contributions to complex "Frontal Lobe" tasks: a latent variable analysis. *Cognitive Psychology, 41* (1), 49-100.

三宅　晶・齊藤　智 (2001). 作動記憶研究の現状と展開　心理学研究, *72,* 336-350.

Miyake, A., & Shah, P. (Eds.) (1999). *Models of working memory: Mechanisms of active maintenance and executive control*. New York: Cambridge University Press.

Monsell, S. (2003). Task switching. *Trends in Cognitive Sciences, 7* (3), 134-140.

Moreno, R., & Park, B. (2010). Cognitive load theory: Histrical development and relation to other theories. In J. L. Plass, R. Moreno, & R. Brunken (Eds.), *Cognitive load theory* (pp.9-28). New York: Cambridge University Press.

Nakayama, M., & Saito, S. (2014). Within-word serial order control: Adjacent mora exchange and serial position effects in repeated single-word production. *Cognition, 131,* 415-430.

苧阪満里子・苧阪直行 (1994). 読みとワーキングメモリ容量――日本語版リーディングスパンテストによる測定―― 心理学研究, 65, 339-345.

Page, M. P. A., Madge, A., Cumming, N., & Norris, D. G. (2007). Speech errors and the phonological similarity effect in short-term memory: Evidence suggesting a common locus. *Journal of Memory and Language, 56,* 49-64.

Page, M. P. A., & Norris, D. (2009). A model linking immediate serial recall, the Hebb repetition effect and the learning of phonological word forms. *Philosophical Transactions of the Royal Society of London. Series B, Biological sciences, 364* (1536), 3737-3753.

Patterson, K., Graham, N., & Hodges, J. R. (1994). The impact of semantic memory loss on phonological representations. *Journal of Cognitive Neuroscience, 6,* 57-69.

Risko, E. F., Anderson, N., Sarwal, A., Engelhart, M., & Kingstone, A. (2012). Everyday attention: Variation in mind wandering and memory in a lecture. *Applied Cognitive Psychology, 26,* 234-242.

Saito, S., & Baddeley, A. D. (2004). Irrelevant sound disrupts speech production: exploring the relationship between short-term memory and experimentally induced slips of the tongue. *Quarterly Journal of Experimental Psychology, A57* (7), 1309-1340.

Saito, S., Jarrold, C., & Riby, D. M. (2009). Exploring the forgetting mechanisms in working memory: evidence from a reasoning span test. *Quarterly Journal of Experimental Psychology, 62* (7), 1401-1419.

Saito, S., Logie, R. H., Morita, A., & Law, A. (2008). Visual and phonological similarity effects in verbal immediate serial recall: A test with kanji materials. *Journal of Memory and Language, 59* (1), 1-17.

齊藤 智・三宅 晶 (2000). リーディングスパン・テストをめぐる6つの仮説の比較検討 心理学評論, 43, 387-410.

Saito, S., & Miyake, A. (2004). On the nature of forgetting and the processing-storage relationship in reading span performance. *Journal of Memory and Language, 50* (4), 425-443.

齊藤 智・三宅 晶 (2014). ワーキングメモリ理論とその教育的応用 湯澤美紀・湯澤正通 (編) ワーキングメモリと教育 (pp.3-25) 北大路書房

Shah, P., & Miyake, A. (1996). The separability of working memory resources for spatial thinking and language processing: An individual differences approach. *Journal of Experimental Psychology: General, 125,* 4-27.

Towse, J. N., Hitch, G. J., & Hutton, U. (1998). A reevaluation of working memory capacity in children. *Journal of Memory and Language, 39,* 195–217.

Towse, J. N., Hitch, G. J., & Hutton, U. (2000). On the interpretation of working memory span in adults. *Memory & Cognition, 28*, 341-348.

Turner, M. L., & Engle, R. W. (1989). Is working memory capacity task dependent? *Journal of Memory and Language, 28*, 127-154.

Ueno, T., Saito, S., Saito, A., Tanida, Y., Patterson, K., & Lambon Ralph, M. A. (2014). Not lost in translation: Generalization of the primary systems hypothesis to Japanese-specific language processes. *Journal of Cognitive Neuroscience, 26*, 433-446.

Unsworth, N., & Engle, R. W. (2007). The nature of individual differences in working memory capacity: active maintenance in primary memory and controlled search from secondary memory. *Psychological Review, 114*, 104-132.

Unsworth, N., McMillan, B. D., Brewer, G. A., & Spillers, G. J. (2012). Everyday attention failures: An individual differences investigation. *Journal of Experimental Psychology: Learning, Memory, and Cognition, 38*, 1765-1772.

Walker, I., & Hulme, C. (1999). Concrete words are easier to recall than abstract words: evidence for a semantic contribution to long-term serial recall. *Journal of Experimental Psychology: Learning, Memory and Cognition, 25*, 1256-1271.

湯澤正通・湯澤美紀 (2013). 日本語母語幼児による英語音声の知覚・発声と学習　風間書房

■第5章

Alloway, T. P., Gathercole, S. E., Willis, C., & Adams, A. M. (2004). A structural analysis of working memory and related cognitive skills in early childhood. *Journal of Experimental Child Psychology, 87*, 85-106.

Baddeley, A. D., Gathercole, S. E., & Papagno, C. (1998). The phonological loop as a language device. *Psychological Review, 105*, 158-173.

Bowey, J. A. (2001). Nonword repetition and young children's receptive vocabulary: A longitudinal study. *Applied Psycholinguistics, 22*, 441-469.

Castles, A., & Coltheart, M. (2004). Is there a causal link from phonological awareness to success in learning to read. *Cognition, 91*, 77-111.

Chiat, S., & Roy, P. (2007). The preschool repetition test: An evaluation of performance in typically developing and clinically referred children. *Journal of Speech, Language, and Hearing Research, 50*, 429-443.

Cutler, A., & Norris, D. (1988). The role of strong syllables in segmentation for lexical access. *Journal of Experimental Psychology: Human Perception and Performance, 14*, 113-121.

Cutler, A., & Otake, T. (1994). Mora or phoneme? Further evidence for language-specific listening. *Journal of Memory and Language, 33*, 824-844.

de Jong, P. F., Seveke, M. J., & van Veen, M. (2000). Phonological sensitivity and the acquisition of new words in children. *Journal of Experimental Child Psychology, 76*, 275-301.

Flege, J. E., Yeni-Komshian, G. H., & Liu, S. (1999). Age constraints on second-language acquisition. *Journal of Memory and Language, 41*, 78-104.

Gathercole, S. E. (2006). Nonword repetition and word learning: The nature of the relationship. *Applied Psycholinguistics, 27*, 513-543.

Gathercole, S. E., & Baddeley, A. D. (1990). The role of phonological memory in vocabulary

acquisition: A study of young children's learning arbitrary names of toys. *British Journal of Psychology, 81*, 439-454.
Gathercole, S. E., & Baddeley, A. D. (1996). *The children's test of nonword repetition*. The Psychological Corporation, USA.
Gathercole, S. E., Hitch, G. J., Service, E., & Martin, A. J. (1997). Short-term memory and new word learning in children. *Developmental Psychology, 33*, 966-979.
Gathercole, S. E., Willis, C., Emslie, H., & Baddeley, A. D. (1991). The influence of number of syllables and wordlikeness on children's repetition of nonwords. *Applied Psycholinguistics, 12*, 887-898.
Gathercole, S., Willis, C. S., Emslie, H., & Baddeley, A. D. (1992). Phonological memory and vocabulary development during the early school years: A longitudinal study. *Developmental Psychology, 28*, 997-898.
林　安紀子 (1999). 声の知覚の発達　桐谷　滋（編）ことばの獲得 (pp.37-70)　ミネルヴァ書房
Hazan, V., & Barret, S. (2000). The development of phonemic categorization in children aged 6-12. *Journal of phonetics, 28*, 377-396.
李　思嫻・湯澤正通・関口道彦 (2009). 日本語母語幼児と中国語母語幼児における英語音韻処理の違い　発達心理学研究, *20*, 290-299.
Masoura, E. V., & Gathercole, S. E. (1999). Phonological short-term memory and foreign vocabulary learning. *International Journal of Psychology, 34*, 383-388.
Masoura, E. V., & Gathercole, S. E. (2005). Phonological short-term memory skills and new word learning in young Greek children. *Memory, 13*, 422-429.
Metsala, J. L. (1999). The development of phonemic awareness in reading disabled children *Applied Psycholinguistics, 20*, 149-158.
水口啓吾・湯澤正通 (2012). 日本語母語大学生・大学院生における英単語音声の分節化──英単語の記憶スパンを手掛かり──　発達心理学研究, *23*, 75-84.
水口啓吾・湯澤正通・李　思嫻 (2013a). 日本語母語話者における英語の熟達化と中国語母語話者の日本語の熟達化が英単語音声分節化に及ぼす影響　教育心理学研究, *61*, 67-78.
水口啓吾・湯澤正通・李　思嫻 (2013b). 日本語母語幼児における英単語音声分節化傾向──英単語記憶スパンを用いての中国語母語幼児との比較による検討──　発達心理学研究, *24*, 171-182.
Munson, B., Kurtz, B. A., & Windsor, J. (2005). The influence of vocabulary size, phonotactic probability, and wordliness on nonword repetitions of children with and without specific language impairment. *Journal of Speech, Language, and Hearing Research, 48*, 1033-1047.
Otake, T., Hatano, G., Yoneyama, K. (1996). Speech segmentation by Japanese listeners. In T. Otake & A. Cutler (Eds.), *Phonological structure and language processing: Cross-linguistic studies* (pp.183-201). Berlin: Mouton de Gruyter.
Pursell, S. L., Swanson, L. A., Hedrick, M. S., & Nabelek, A. K. (2002). Categorical labeling of synthetic /I/ to /e/ in adults and school age children. *Journal of phonetics, 30*, 131-137.
Roy, P., & Chiat, S. (2004). A prosodically controlled word and nonword repetition task for 2- to 4-year-olds: Evidence from typically developing children. *Journal of Speech, Language, and Hearing Research, 47*, 223-234.
Service, E. (1992). Phonology, working memory, and foreign-language learning. *Quarterly Journal of Experimental Psychology, 45A*, 21-50.
Tamaoka, K., & Makioka, S. (2004). Frequency of occurrence for units of phonemes, morae, and syllables appearing in a lexical corpus of a Japanese newspaper. *Behavior Research Method, Instruction, & Computer, 36*, 531-547.

Thorn, A. S. C., Gathercole, S., & Frankish, C. R. (1999). Redintegration and the benefits of long-term knowledge in verbal short-term memory: An evaluation of Schweickert's (1993) multinomial processing tree model. *Cognitive Psychology, 50,* 133-158.
Tsukada, K., Birdsong, D., Bialystok, E., Mack, M., Sung, H., & Flege, J. (2005). A developmental study of English vowel production and perception by native Korean adults and children. *Journal of Phonetics, 33,* 263-290.
Vitevitch, M. S., Luce, P. A. (2005). Increases in phonotactic probability facilitate spoken nonword repetition. *Journal of Memory and Language, 52,* 193-204.
Walley, A. C., & Flege, J. E. (1999). Effect of lexical status on children's and adults' perception of native and nonnative vowels. *Journal of Phonetics, 27,* 307-332.
Yuzawa, M., Saito, S., Gathercole, S., Yuzawa, M., & Sekiguchi, M. (2011). The Effects of prosodic features and wordlikeness on nonword repetition performance. *Japanese Psychological Research, 53,* 53-64.
Yuzawa, M., & Saito, S. (2006). The role of prosody and long-term phonological knowledge in Japanese children's nonword repetition performance. *Cognitive Development, 21,* 146-157.
湯澤正通・関口道彦・李　思嫻・湯澤美紀 (2011). 日本人幼児における英語構成音素の知覚と発声　教育心理学研究, *59,* 441-449.
湯澤正通・湯澤美紀・関口道彦・李　思嫻 (2012). 日本人幼児における英語音韻習得能力：英語非単語反復による検討　教育心理学研究, *60,* 491-502.
湯澤正通・湯澤美紀・関口道彦・李　思嫻・齊藤　智 (2010). 英語の多感覚音韻認識プログラムが日本人幼児の英語音韻習得に及ぼす効果　教育心理学研究, *58,* 491-502.
湯澤美紀 (2002). 幼児による音韻情報の短期的な保持に及ぼすピッチアクセントの効果　心理学研究, *73,* 258-263.
湯澤美紀 (2010). 幼児の音韻的短期記憶に関する研究　風間書房

■第6章

Bornkessel, I., & Schlesewsky, M. (2006). The extended argument dependency model: A neurocognitive approach to sentence comprehension across languages. *Psychological Review, 113,* 787-821.
Chee, M. W., Caplan, D., Soon, C. S., Sriram, N., Tan, E. W., Thiel, T., & Weekes, B. (1999). Processing of visually presented sentences in Mandarin and English studied with fMRI. *Neuron, 23,* 127-137.
Crinion, J., Turner, R., Grogan, A., Hanakawa, T., Noppeney, U., Devlin, J. T., Aso, T., Urayama, S., Fukuyama, H., Stockton, K., Usui, K., Green, D. W., & Price, C. J. (2006). Language control in the bilingual brain. *Science, 312,* 1537-1540.
Jeong, H., Sugiura, M., Sassa, Y., Yokoyama, S., Horie, K., Sato, S., Taira, M., & Kawashima, R. (2007). Cross-linguistic influence on brain activation during second language processing: an fMRI study. *Bilingualism: Language and Cognition, 10,* 175-187.
Ojima, S., Matsuba-Kurita, H., Nakamura, N., Hoshino, T., & Hagiwara, H. (2011). Age and amount of exposure to a foreign language during childhood: behavioral and ERP data on the semantic comprehension of spoken English by Japanese children. *Neuroscience Research, 70,* 197-205.
Ojima, S., Nakamura, N., Matsuba-Kurita, H., Hoshino, T., & Hagiwara, H. (2011). Neural correlates of foreign-language learning in childhood: a 3-year longitudinal ERP study. *Journal of Cognitive Neuroscience, 23,* 183-199.

Ojima, S., Nakata, H., & Kakigi, R. (2005). An ERP study of second language learning after childhood: effects of proficiency. *Journal of Cognitive Neuroscience, 17*, 1212-1228.

Perani, D., Paulesu, E., Galles, N. S., Dupoux, E., Dehaene, S., Bettinardi, V., Cappa, S. F., Fazio, F., & Mehler, J. (1998). The bilingual brain. Proficiency and age of acquisition of the second language. *Brain, 121*, 1841-1852.

Traxler, M. J. (2012). *Introduction to psycholinguistics*. Wiley-Blackwell.

Wartenburger, I., Heekeren, H. R., Abutalebi, J., Cappa, S. F., Villringer, A., & Perani, D. (2003). Early setting of grammatical processing in the bilingual brain. *Neuron, 37*, 159-170.

横山　悟（2010）．脳からの言語研究入門　ひつじ書房

Yokoyama, S., Okamoto, H., Miyamoto, T., Yoshimoto, K., Kim, J., Iwata, K., Jeong, H., Uchida, S., Ikuta, N., Sassa, Y., Nakamura, W., Horie, K., Sato, S., & Kawashima, R. (2006). Cortical activation in the processing of passive sentences in L1 and L2: An fMRI study. *Neuroimage, 30*, 570-579.

Yokoyama, S., Yoshimoto, K., & Kawashima, R. (2012). The partial incremental argument interpretation model: Real time argument interpretation in simplex sentence comprehension of the Japanese language. In M. K. Jackson (Ed.), *Psychology of Language* (pp.159-183). New York: Nova Science Publisher.

Yusa, N., Koizumi, M., Kim, J., Kimura, N., Uchida, S., Yokoyama, S., Miura, N., Kawashima, R., & Hagiwara, H. (2011). Second-language instinct and instruction effects: Nature and nurture in second-language acquisition. *Journal of Cognitive Neuroscience, 23*, 2416-2430.

【Part 2】

■第1章

Baddeley, A. D. (2000). The episodic buffer: A new component of working memory? *Trends in Cognitive Sciences, 4*, 417-423.

Baddeley, A. D., Allen, R. J., & Hitch, G. J. (2011). Binding in visual working memory: The role of the episodic buffer. *Neuropsychologia, 49*, 1393-1400.

Blais, C., & Besner, D. (2006). Reverse stroop effects with untranslated responses. *Journal of Experimental Psychology: Human Perception and Performance, 32*, 1345-1353.

Flavell, J. H., Beach, D. R., & Chinsky, J. M. (1966). Spontaneous verbal rehearsal in memory task as a function of age. *Child Development, 37*, 283-299.

Gathercole, S.E., & Alloway, T. P. (2008). *Working memory and learning: A practical guide for teachers*. London: Sage Publications.

箱田裕司・平井洋子・椎名久美子・柳井晴夫（2002）．学業成績と認知能力の関係について——注意能力，学力試験，論述式課題の相互関係を中心として——　柳井晴夫（研究代表者）　大学入学者選抜資料としての総合試験の開発的研究　平成11－13年度科学研究費補助金基盤研究（B）研究成果報告書，57-68.

箱田裕司・佐々木めぐみ（1990）．集団版ストループ・逆ストループテスト——反応様式，順序，練習の効果——　教育心理学研究，*38*, 389-394.

箱田裕司・渡辺めぐみ（2005）．新ストループ検査Ⅱ　トーヨーフィジカル

Hakoda, Y., Watanabe, M., & Matsumoto, A. (2007). *The English Version of Stroop and Reverse-Stroop Test II*. Fukuoka: Toyo Physical.

Kane, M. J., & Engle, R. W. (2003). Working-memory capacity and the control of attention: The contributions of goal neglect, response competition, and task set to Stroop interference. *Journal of Experimental Psychology: General, 132,* 47-70.

Kee, D. W., & Davies, L. (1988). Mental effort and elaboration: A developmental analysis. *Contemporary Educational Psychology, 13,* 221-228.

La Heij, W., & Boelens, H. (2011). Color-object interference: Further tests of an executive control account. *Journal of Experimental Child Psychology, 108,* 156-169.

MacLeod, C. M. (1991). Half a century of research on the Stroop effect: An integrative review. *Psychological Bulletin, 109* (2), 163-203.

Mathis, A., Schunck, T., Erb, G., Namer, I., & Luthringer, R. (2009). The effect of aging on the inhibitory function in middle-aged subjects: A functional MRI study coupled with a color-matched Stroop task. *International Journal of Geriatric Psychiatry, 24,* 1062-1071.

松本亜紀・箱田裕司・渡辺めぐみ (2012). マッチング反応を用いて測定したストループ・逆ストループ干渉の発達変化 心理学研究, *83* (4), 337-346.

Moely, B. E., Olson, F. A., Halwes, T. G., & Flavell, J. H. (1969). Production deficiency in young children's clustered recall. *Developmental Psychology, 1,* 26-34.

文部科学省 (2008). 小学校学習指導要領解説 外国語活動編 東洋館出版社

芋阪満里子 (1993). バイリンガルの言語処理 (3) 第三言語習得過程とストループ効果 日本教育心理学会第35回大会発表論文集, 300.

芋阪満里子 (1994). バイリンガルの言語処理 (4) 関連語のストループ効果 日本教育心理学会第36回大会発表論文集, 380.

Pickering, S. J. (2006). *Working memory and education.* Burlington, MA: Academic Press.

齊藤 智 (2009). 「解説」 湯澤正通・湯澤美紀（訳） ワーキングメモリと学習指導――教師のための実践ガイド―― (pp.109-116) 北大路書房 (Gathercole, S. E., & Alloway, T. P. (2008). *Working memory and learning.* London: Sage Publications.)

Sakuma, Y. (2011). Cognitive features of working memory in elementary school students participating in foreign language activities. *Annual Review of English Language Education in Japan, 22,* 233-248.

Stroop, J. R. (1935). Studies of interference in serial verbal reactions. *Journal of Experimental Psychology, 18,* 643-662.

Thorn, A. E., & Gathercole, S. E. (1999). Language-specific knowledge and short-term memory in bilingual and non-bilingual children. *The Quarterly Journal of Experimental Psychology, 52A* (2), 303-324.

▶第1章コメント

Jarrold, C., & Citroën, R. (2012). Reevaluating key evidence for the development of rehearsal: Phonological similarity effects in children are subject to proportional scaling artifacts. *Developmental Psychology, 49* (5), 837-847.

Nakayama, M., Tanida, Y., & Saito, S. (in press). Long-term phonological knowledge supports serial ordering in working memory. *Journal of Experimental Psychology: Learning, Memory and Cognition.*

Roodenrys, S., Hulme, C., Lethbridge, A., Hinton, M., & Nimmo, L. M. (2002). Word-frequency and phonological-neighborhood effects on verbal short-term memory. *Journal of Experimental Psychology: Learning, Memory, and Cognition, 28* (6), 1019-1034.

Tanida, Y., Ueno, T., Lambon Ralph, M. A., & Saito, S. (2015). The roles of long-term phonotactic and lexical prosodic knowledge in phonological short-term memory. *Memory & Cognition, 43* (3), 500-519.

Thorn, A. S. C., Gathercole, S. E., & Frankish, C. R. (2002). Language familiarity effects in short-term memory: The role of output delay and long-term knowledge. *Quarterly Journal of Experimental Psychology, A55,* 1363-1383.

Ueno, T., Saito, S., Rogers, T. T., & Lambon Ralph, M. A. (2011). Lichtheim 2: synthesizing aphasia and the neural basis of language in a neurocomputational model of the dual dorsal-ventral language pathways. *Neuron, 72* (2), 385-396.

■第 2 章

Baddeley, A. D. (2000). The episodic buffer: A new component of working memory? *Trends in Cognitive Sciences, 4,* 417-423.

Baddeley, A. D., Allen, R. J., & Hitch, G. J. (2011). Binding in visual working memory: The role of the episodic buffer. *Neuropsychologia, 49,* 1393-1400.

Blais, C., & Besner, D. (2006). Reverse stroop effects with untranslated responses. *Journal of Experimental Psychology: Human Perception and Performance, 32,* 1345-1353.

Gathercole, S. E., & Alloway, T. P. (2008). *Working memory and learning: A practical guide for teachers.* London: Sage Publications.

箱田裕司・佐々木めぐみ (1991).「新ストループ検査」における二種の干渉と反応様式　カウンセリング学科論集（九州大学), *5,* 69-81.

箱田裕司・渡辺めぐみ (2005). 新ストループ検査Ⅱ. トーヨーフィジカル

Hakoda, Y., Watanabe, M., & Matsumoto, A. (2007). *The English Version of Stroop and Reverse-Stroop Test II.* Fukuoka: Toyo Physical.

Kane, M. J., & Engle, R. W. (2003). Working-memory capacity and the control of attention: The contributions of goal neglect, response competition, and task set to Stroop interference. *Journal of Experimental Psychology: General, 132,* 47-70.

Knecht, S., Drager, B., Deppe, M., Bobe, L., Lohmann, H., Floel, A., Ringelstein, E. B., & Henningsen, H. (2000). Handedness and hemispheric language dominance in healthy humans. *Brain, 123,* 2512-2518.

La Heij, W., & Boelens, H. (2011). Color-object interference: Further tests of an executive control account. *Journal of Experimental Child Psychology, 108,* 156-169.

MacLeod, C. M. (1991). Half a century of research on the Stroop effect: An integrative review. *Psychological Bulletin, 109* (2), 163-203.

Mathis, A., Schunck, T., Erb, G., Namer, I., & Luthringer, R. (2009). The effect of aging on the inhibitory function in middle-aged subjects: A functional MRI study coupled with a color-matched Stroop task. *International Journal of Geriatric Psychiatry, 24,* 1062-1071.

松本亜紀・箱田裕司・渡辺めぐみ (2012). マッチング反応を用いて測定したストループ・逆ストループ干渉の発達変化　心理学研究, *83* (4), 337-346.

文部科学省 (2013). グローバル化に対応した英語教育改革実施計画 http://www.mext.go.jp/b_menu/houdou/25/12/__icsFiles/afieldfile/2013/12/17/1342458_01_1.pdf

芋阪満里子 (1993). バイリンガルの言語処理 (3) 第三言語習得過程とストループ効果　日本教育心理学会第 35 回大会発表論文集, 300.

芋阪満里子 (1994). バイリンガルの言語処理 (4) 関連語のストループ効果日本教育心理学会第 36 回大会発表論文集, 380.

Pickering, S. J. (2006). *Working memory and education.* Burlington, MA: Academic Press.
Sakuma, Y. (2010). A Study on Japanese and English Versions of Stroop and Reverse-Stroop Tests in Japanese Elementary School Higher Grade Students. *JLTA Journal, 13*, 127-143.
Sakuma, Y. (2011). Cognitive features of working memory in elementary school students participating in foreign language activities. *Annual Review of English Language Education in Japan, 22*, 233-248.
佐久間康之 (2014). 小学校外国語活動経験者の日本語（母語）及び英語（外国語）の認知発達的特徴——逆ストループ・ストループ効果をめぐって—— 福島大学人間発達文化学類論集, *20*, 1-16.
Schadler, M., & Thissen, D. M. (1981). The development of automatic word recognition and reading skill. *Memory & Cognition, 9*, 132-141.
Schiller, P. H. (1966). Developmental study of color-word interference. *Journal of Experimental Psychology, 72*, 105-108.
Stroop, J. R. (1935). Studies of interference in serial verbal reactions. *Journal of Experimental Psychology, 18*, 643-662.
渡辺めぐみ・箱田裕司・松本亜紀 (2011). 集団版ストループ検査Ⅰにおけるストループ・逆ストループ干渉率の発達的変化 九州大学心理学研究, *12*, 41-50.

▶第2章コメント

Ruff, C. C, Woodward, T. S., Laurens, K. R., & Liddle, P. F. (2001). The role of the anterior cingulate cortex in conflict processing: Evidence from Reverse Stroop interference. *NeuroImage, 14*, 1150-1158.
Sakuma, Y. (2010). A Study on Japanese and English Versions of Stroop and Reverse-Stroop Tests in Japanese Elementary School Higher Grade Students. *JLTA Journal, 13*, 127-143.
Sakuma, Y. (2011). Cognitive features of working memory in elementary school students participating in foreign language Activities. *Annual Review of English Language Education in Japan, 22*, 233-248.
Song, Y., & Hakoda, Y. (2011). An asymmetric Stroop/Reverse-Stroop interference phenomenon in ADHD. *Journal of Attention Disorders, 15*, 499-505.
Song, Y., & Hakoda, Y. (2015). An fMRI study of the functional mechanisms of Stroop/reverse-Stroop effects. *Behavioural Brain Research, 290*, 187-196.

■第3章

Baddeley, A, D. (2007). *Working memory, Thought, and Action.* Oxford: Oxford University Press.
Bygate, M. (1996). Effects of task repetition: appraising the developing language of learners. In J. Willis., & D. Willis (Eds.), *Challenge and Change in Language Teaching* (pp.136-146). Oxford: Heinemann.
Bygate, M. (2001). Effects of task repetition on the structure and control of oral language. In M. Bygate, P. Skehan., & M. Swain (Eds.), *Researching Pedagogic Tasks: Second Language Learning, Teaching and Testing* (pp.23-48). Harlow: Pearson Education.
Doughty, C., & Williams, J. (1998). *Focus on form in classroom second language acquisition.* Cambridge: Cambridge University Press.
Ellis, R. (2003). *Task-based language learning and teaching.* Oxford: Oxford University Press.
Ellis, R. (2005). Planning and task-based performance: Theory and research. In R. Ellis (Ed.),

Planning and task performance in a second language (pp.3-36). Philadelphia: John Benjamins Publishing Company.
Ellis, R., & Barkhuizen, G. (2005). *Analyzing learner language*. Oxford: Oxford University Press.
Foster, P. (1998). A classroom perspective on the negotiation of meaning. *Applied Linguistics, 19*, 1-23.
Foster, P., Tonkyn, A., & Wigglesworth, G. (2000). Measuring spoken language: A unit for all reasons. *Applied linguistics, 21*, 354-375.
Kawauchi, C. (2005). *Pre-task planning in L2 oral performance*. Tokyo: Kinseido publishing Co.
Levelt, W. J. M. (1989). *Speaking: From Intention to ariticulation*. Cambridge, Mass: MIT.
Long, M. H., & Robinson, P. (1998). Focus on form: theory, research, practice. In C. Doughty., & J. Williams (Eds.), *Focus on form in second language acquisition* (pp.15-41). Cambridge: Cambridge University Press.
Schmidt, R. (2001). Attention. In P. Robinson (Ed.), *Cognition and second language instruction* (pp.3-32). Cambridge: Cambridge University Press.
Skehan, P. (1996). A framework for the implementation of task based instruction. *Applied Linguistics, 17*, 38-62.
Skehan, P. (1998). *A cognitive approach to language learning*. Oxford: Oxford University Press.
Willis, J. (1996). *A framework for task-based learning*. London: Longman.

▶第3章コメント

Skehan, P. (1996). A framework for the implementation of task based instruction. *Applied Linguistics, 17*, 38-62.

■第4章

堀野　緑・市川伸一 (1997). 高校生の英語学習における学習動機と学習方略　教育心理学研究, *45*, 23-29.
市川伸一 (1993). 学習を支える認知カウンセリング――心理学と教育の新たな接点――　ブレーン出版
市川伸一・堀野　緑・久保信子 (1998). 学習方法を支える学習観と学習動機　市川伸一（編）　認知カウンセリングから見た学習方法の相談と指導 (pp.186-203)　ブレーン出版
前田啓朗 (2008). WBTを援用した授業で成功した学習者・成功しなかった学習者　*Annual Review of English Language Education in Japan, 19*, 253-262.
前田啓朗・田頭憲二・三浦宏昭 (2003). 高校生英語学習者の語彙学習方略使用と学習成果　教育心理学研究, *51*, 273-280.
Oxford, R. L. (1990). *Language learning strategies: What every teacher should know*. New York: Newbury House.
Rubin, J. (1975). What the 'good language learner' can teach us? *TESOL Quarterly, 9*, 41-51.
竹内　理 (2003). より良い外国語学習法を求めて　松柏社
植木理恵 (2002). 高校生の学習観の構造　教育心理学研究, *50*, 301-310.

▶第4章コメント

DeMarie, D., & Ferron, J. (2003). Capacity, strategies, and metamemory: Test of a three-factor model of memory development. *Journal of Experimental Child Psychology, 84*, 167-193.
DeMarie, D., Miller, P. H., Ferron, J., & Cunningham, W. R. (2004). Path analysis tests of theoretical models of children's memory performance. *Journal of Cognition and Development, 5*, 461-

492.
前田啓朗・田頭憲二・三浦宏昭 (2003). 高校生英語学習者の語彙学習方略使用と学習成果　教育心理学研究, 51, 273-280.
Toyota, H. (2002). The bizarreness effect and individual differences in imaging ability. *Perceptual & Motor Skills*, 94, 533-540.
豊田弘司・森本里香 (2000). 子どもの自己生成された学習方略　奈良教育大学教育実践研究指導センター研究紀要, 9, 31-38.
豊田弘司・森本里香 (2001). 子どもにおける学習方略と学業成績の関係　奈良教育大学教育実践総合センター研究紀要, 10, 1-5.

■第5章
Aldwin, C. M. (2007). *Stress, coping, and development* (2nd ed.). New York: The Guilford Press.
Elkhafaifi, H. (2005). Listening comprehension and anxiety in the Arabic language classroom. *The Modern Language Journal*, 89, 206-220.
Eysenck, M. W. (1992). *Anxiety: The cognitive perspective*. Hove, East Sussex: Lawrence Erlbaum Associates.
Gregersen, T. S. (2003). To err is human: A reminder to teachers of language-anxious students. *Foreign Language Annals*, 36, 25-32.
Horwitz, E. K., Horwitz, M. B., & Cope, J. (1986). Foreign language classroom anxiety. *The Modern Language Journal*, 70, 125-132.
Lazarus, R. S., & Folkman, S. (1984). *Stress, appraisal, and coping*. New York: Springer.
MacIntyre, P. D. (1999). Language anxiety: A review of the research for language teachers. In D.J. Young (Ed.), *Affect in foreign language and second language learning: A practical guide to creating a low-anxiety classroom atmosphere* (pp.24-45). San Francisco: McGraw-Hill.
MacIntyre, P. D., & Gardner, R. C. (1991). Language anxiety: Its relations to other anxieties and to processing in native and second languages. *Language Learning*, 41, 513-534.
MacIntyre, P. D., & Gardner, R. C. (1994a). The effects of induced anxiety on cognitive processing in second language learning. *Studies in Second Language Acquisition*, 16, 1-17.
MacIntyre, P. D., & Gardner, R. C. (1994b). The subtle effects of language on cognitive processing in the second language. *Language Learning*, 44, 283-305.
Mandler, G. (1984). *Mind and body*. New York: W. W. Norton & Company.
Noro, T. (2005a). The process of "listening stress": Preliminary research on the relationships with ambiguity tolerance and strategy use. *Bulletin of the Tohoku English Language Education Society*, 25, 73-82.
Noro, T. (2005b). A construct model of "listening stress": Reformulating the affective domain of the listening process. *Bulletin of the Faculty of Education, Hirosaki University*, 94, 133-141.
Noro, T. (2005c). The mechanism of "listening stress": How do anxiety-related variables affect listening comprehension? *JACET BULLETIN*, 41, 111-121.
Noro, T. (2006). Developing a construct model of "listening stress": A qualitative study of the affective domain of the listening process. *Annual Review of English Language Education in Japan*, 17, 61-70.
Noro, T. (2007a). A theoretical consideration of the cognitive appraisal process of "listening stress". *Bulletin of the Faculty of Education, Hirosaki University*, 97, 99-107.
Noro, T. (2007b). The cognitive appraisal process of 'listening stress': Representation with a

schematic model. *Bulletin of the Tohoku English Language Education Society, 27*, 89-99.
Noro, T. (2009). The debilitative effects of "listening stress": Exploring its mechanism by stress-inducing experiment. *Bulletin of the Tohoku English Language Education Society, 29*, 115-129.
Noro, T. (2010). Debilitating effects of "listening stress": Focusing on the use of coping strategies. *Annual Review of English Language Education in Japan, 21*, 201-210.
Noro, T. (2011). Development of coping processes against "listening stress". *Bulletin of the Faculty of Education, Hirosaki University, 105*, 125-132.
野呂徳治 (2014). リスニング不安とその対処の指導　全国英語教育学会第40回大会記念特別誌　英語教育学の今──理論と実践の統合──　51-55.
Scovel, T. (1978). The effect of affect on foreign language learning: A review of the anxiety research. *Language Learning, 28*, 129-142.
Spielberger, C. D. (Ed.). (1972). *Anxiety: Current trends in theory and research* (vol. I). New York: Academic Press.
Tobias, S. (1979). Anxiety research in educational psychology. *Journal of Educational Psychology, 71*, 573-582.
Tobias, S. (1980). Anxiety and instruction. In I. G. Sarason (Ed.), *Test anxiety: Theory, research and applications* (pp.289-311). Hillsdale, NJ: Lawrence Erlbaum Associates.
Tobias, S. (1986). Anxiety and cognitive processing of instruction. In R. Schwarzer (Ed.), *Self-related cognition in anxiety and motivation* (pp.35-54). Hillsdale, NJ: Lawrence Erlbaum Associates.
Vogely, A. J. (1998). Listening comprehension anxiety: Students' reported sources and solutions. *Foreign Language Annals, 31*, 67-80.

■第6章

Alexander, L. G., & He, Q. (2008). *New concept English* (New ed.). Beijing: Foreign Language Teaching and Research Press.
Ellis, R. (2001). Introduction: Investigating form-focused instruction. *Language Learning, 51*, 1-46.
Hinkel, E. (2002). Why English passive is difficult to teach (and learn). In E. Hinkel., & S. Fotos (Eds.), *New perspectives on grammar teaching* (pp.233-260). Mahwah, NJ: Lawrence Erlbaum Associates.
Izumi, S. (2002). Output, input enhancement, and the noticing hypothesis: An experimental study on ESL relativization. *Studies in Second Language Acquisition, 24*, 541-577.
Lee, S-K. (2007). Effects of textual enhancement and topic familiarity on Korean EFL students' reading comprehension and learning of passive form. *Language Learning, 57*, 87-118.
Lee, S-K., & Huang, H-T. (2008). Visual input enhancement and grammar learning: A meta-analytic review. *Studies in Second Language Acquisition, 30*, 307-331.
村野井　仁 (2007). アウトプット活動としての自律要約法が日本人英語学習者の英語運用能力に与える影響　東北学院大学オーディオビジュアルセンター紀要, *10*, 1-16.
Skehan, P. (1998). *A cognitive approach to language learning*. Oxford, UK: Oxford University Press.
Storch, N. (2011). Collaborative writing in L2 contexts: Processes, outcomes, and future directions. *Annual Review of Applied Linguistics, 31*, 275-288.
Suzuki, W., & Itagaki, N. (2015). The effects of an output-based task on subsequent aural input in a Japanese university setting. In M. Thomas & H. Reinders (Eds.), *Contemporary task-based language teaching in Asia* (pp.313-339). London, UK: Bloomsbury Publishing.

Swain, M. (2005). The output hypothesis: Theory and research. In E. Hinkel (Ed.), *Handbook on research in second language teaching and learning* (pp.471-83). Mahwah, NJ: Lawrence Erlbaum Associates.

Trahey, M., & White, L. (1993). Positive evidence and preemption in the second language classroom. *Studies in Second Language Acquisition, 5,* 181-204.

Uggen, M. S. (2012). Re-investigating the noticing function of output. *Language Learning, 62,* 506-540.

▶第6章コメント

Albrecht, J. E., & O'Brien, E. J. (1993). Updating a mental model: Maintaining both local and global coherence. *Journal of Experimental Psychology: Learning, Memory, and Cognition, 19* (5), 1061-1070.

Allport, D. A. (1980). Patterns and actions: Cognitive mechanisms are content specific. In G. Claxton (Ed.), *Cognitive psychology: new directions.* London: Routledge, Kegan Paul.

Bransford, J. D., Barclay, J. R., & Franks, J. J. (1972). Sentence memory: A constructive versus interpretive approach. *Cognitive Psychology, 3* (2), 193-209.

Just, M. A., & Carpenter, P. A. (1992). A capacity hypothesis of comprehension: Individual differences in working memory. *Psychological Review, 99,* 122-49.

Kahneman, D. (1973). *Attention and effort.* Englewood Cliffs, NJ: Prentice-Hall.

Morishima, Y. (2013). Allocation of limited cognitive resources during text comprehension in a second language. *Discourse Processes, 50* (8), 577-597.

van Dijk, T. A., & Kintsch, W. (1983). *Strategies of discourse comprehension.* New York: Academic Press.

■第7章

相澤一美・石川慎一郎・村田 年（編著）(2005). JACET8000 英単語 桐原書店

Bereiter, C., & Scardamalia, M. (1984). Cognitive coping strategies and the problem of "inert knowledge." In S. F. Chipman., & J. W. Glaser (Eds.), *Thinking and learning skills* (Vol. 2, pp.65-80). Hillsdale, NJ: Lawrence Erlbaum Associates.

Craik, F. I. M. (2002). Levels of processing: Past, present and future? In M.A. Conway (Ed.), *A special issue of memory: Levels of processing 30 years on* (pp.305-318). New York: Psychological Press.

Craik, F. I. M., & Lockhart, R. S. (1972). Levels of processing: A framework for memory research. *Journal of Verbal Learning & Verbal Behavior, 11,* 671-684.

Godden, D., & Baddeley, A. D. (1980). When does context influence recognition memory? *British Journal of Psychology, 71,* 99-104.

Itagaki, N., Otsuki, Y., & Motoki, Y. (1999). An experimental study of incidental learning from English-Japanese dictionaries: Analyses of recall results and self-reports. In N. O. Jungheim., & P. Robinson (Eds.), *Pragmatics and pedagogy: Proceedings of the 3rd pacific second language research* (Vol. 2, pp.71-80). Tokyo: Pacific Second Language Research Forum.

Laufer, B. (1988). What percentage of text-lexis is essential for comprehension? In C. Lauren & M. Nordman (Eds.), *Special language: From humans thinking to thinking machines* (pp.316–323). Clevedon, England: Multilingual Matters.

McKeown, M. G. (1991). Learning word meanings from definitions: Problems and potential. In P. J.

Schwanenflugel (Ed.), *The psychology of word meaning* (pp.137-156). Hillsdale, NJ: Lawrence Erlbaum Associates.
McKeown, M. G. (1993). Creating effective definitions for young children. *Reading Research Quarterly*, *28*, 17-31.
望月正道・相澤一美・投野由紀夫 (2003). 英語語彙の指導マニュアル　大修館
Nation, P. (2001). *Learning vocabulary in another language.* Cambridge: Cambridge University Press.
Steinel, M. P., Hulstijn, J. H., & Steinel, W. (2007). Second language idiom learning in a paired-associate paradigm: Effects of direction of learning, direction of testing, idiom imageability, and idiom transparency. *Studies in Second Language Acquisition*, *29*, 449-484.
高梨庸雄・斎藤栄二・渡辺時夫・Todd, J. L. (2003). *ORBIT English Reading*　三省堂
Tulving, E., & Thomson, D. M. (1973). Encoding specificity and retrieval processes in episodic memory. *Psychological Review*, *80*, 352-372.
Watanabe, T., Itagaki, N., Suzuki, M., & Kubota, Y. (2006). Incidental learning from English-Japanese dictionaries: Silent reading rather than note taking enhances memory. In S. Ishikawa, K. Minamide, M. Murata, & Y. Tono (Eds.), *English lexicography in Japan* (pp.250-259). Tokyo, Japan: Taishukan.

▶第7章コメント
林美都子 (2012). 記憶高進――記憶に与える検索（テスト）の効果――　川﨑恵理子（編）　認知心理学の新展開――言語と記憶――(pp.71-89)　ナカニシヤ出版
Nairne, J. S. (2002). The myth of the encoding-retrieval match. *Memory*, *10*, 389-395.
Roediger, H. L., III., & Karpicke, L. D. (2006). Test-enhanced learning: Taking memory test improves long-term retention. *Psychological Science*, *17*, 249-255.
Tulving, E. (1983). *Elements of episodic memory*. New York: Oxford University Press.（太田信夫（訳）(1985). タルヴィングの記憶理論　教育出版）

■第8章
Abercrombie, D. (1949). Teaching pronunciation. *English Language Teaching*, *3* (5), 113-122.
Abutalebi, J., & Green, D. (2007). Bilingual language production: The neurocognition of language representation and control. *Journal of Neurolinguistics*, *20* (3), 242-275.
Anderson, J. R. (1995). *Cognitive psychology and its implications.* 4th edition. New York: Freeman.
有本　純 (2005). 発音指導における教師の役割――怪しい発音指導の正体――　英語教育, *54* (10), 27-29.
有本　純 (2007). 発音の学習と指導　河野守夫（編）　ことばと認知のしくみ (pp. 265-273)　三省堂
Assmann, P., & Summerfield, Q. (2004). The perception of speech under adverse conditions. In S. Greenberg, W. A. Ainsworth, A. N. Popper., & R. R. Fay (Eds.), Speech processing in the auditory system. *Springer handbook of auditory research* (Vol. 18, pp.231-308). New York: Springer-Verlag.
Baayen, R. H., Davidson, D. J., & Bates, D. M. (2008). Mixed-effects modelling with crossed random effects for subjects and items. *Journal of Memory and Language*, *59* (4), 390-412.
Baddeley, A. D. (1996). The fractionation of working memory. *Proceedings of the National Academy of Sciences of the United States of America*, *93* (24), 13468-13472.
Baddeley, A. D., & Logie, R. H. (1999). Working memory: The multiple-component model. In A.

Miyake., & P. Shah (Eds.), *Models of working memory: Mechanisms of active maintenance and executive control* (pp.28-61). Cambridge: Cambridge University Press.

Bates, D. M. (2007, January). *Linear mixed model implementation in lme4*. Unpublished manuscript. University of Wisconsin, Madison.

Bialystok, E. (1999). Cognitive complexity and attentional control in the bilingual mind. *Child Development, 70* (3), 636-644.

Bialystok, E. (2001). *Bilingualism in development: Language, literacy and cognition*. New York: Cambridge University Press.

Bialystok, E. (2009). Bilingualism: The good, the bad and the indifferent. *Bilingualism: Language and Cognition, 12* (1), 3-11.

Black, J. W., & Hast, M. H. (1962). Speech reception with altering signal. *Journal of Speech and Hearing Research, 5* (1), 70-75.

Blau, E. K. (1990). The effect of syntax, speed and pauses on listening comprehension. *TESOL Quarterly, 24* (4), 746-753.

Blau, E. K. (1991). *More on comprehensible input: The effect of pauses and hesitation markers on listening comprehension.* Paper presented at Puerto Rico TESOL, November 15, San Juan, Puerto Rico.

Bradlow, A. R., & Bent, T. (2002). The clear speech effect for non-native listeners. *Journal of Acoustic Society of America, 112* (1), 272-284.

Breitkreutz, J. A., Derwing, T., & Rossiter, M. J. (2001). Pronunciation teaching practices in Canada. *TESL Canada Journal, 19* (1), 51-61.

Brown, J. D., & Hilferty, A. (1986). Listening for reduced forms. *TESOL Quarterly, 20* (4), 759-763.

Buck, G. (1991). The testing of listening comprehension: An introspective study. *Language Testing, 8* (1), 67-91.

Buck, G. (2001). *Assessing listening*. Cambridge: Cambridge University Press.

Buus, S., Florentine, M., Scharf, B., & Canevet, G. (1986). Native French listeners' perception of American-English in noise. *Proceedings of Inter-noise '86* (pp.895-898). Cambridge, USA.

Caramazza, A., Yeni-Komshian, G., Zurif, E., & Carbone, E. (1973). The acquisition of new phonological contrasts: The case of stop consonants in French-English bilinguals. *Journal of the Acoustical Society of America, 54* (2), 421-428.

Celce-Murcia, M., Brinton, D. M., & Goodwin, J. M. (1996). *Teaching pronunciation: A reference for teachers of English to speakers of other languages*. 1st edition. Cambridge: Cambridge University Press.

Celce-Murcia, M., Brinton, D. M., Goodwin, J. M., & Griner, B. (2010). *Teaching pronunciation: A course book and reference guide* (2nd ed.). New York, NY: Cambridge University Press.

Cervantes, R., & Gainer, G. (1992). The effects of syntactic simplification and repetition on listening comprehension. *TESOL Quarterly, 26* (4), 767-770.

Chaudron, C., & Richards, J. C. (1986). The effect of discourse markers on the comprehension of lectures. *Applied Linguistics, 7* (2), 1-14.

Couper, G. (2006). The short and long-term effects of pronunciation instruction. *Prospect, 21* (1), 46-66.

DeKeyser, R. M. (2007). Introduction: Situating the concept of practice. In R. M. DeKeyser (Ed.), *Practice in a second language: Perspectives from applied linguistics and cognitive psychology* (pp.1-18). Cambridge: Cambridge University Press.

Derwing, T. M. (2003). What do ESL students say about their accents? *Canadian Modern Language*

Review, 59 (4), 545-564.

Dunkel, P. (1991). Listening in the native and second/ foreign language: Toward an integration of research and practice. *TESOL Quarterly, 25* (3), 431-457.

Eshima, T., & Sato, Y. (1990). The sound change centered instruction: A study on the improvement of English listening ability. *Language Laboratory, 27*, 117-131.

Field, J. (1998). Skills and strategies: Towards a new methodology for listening. *ELT Journal, 52* (2), 110-118.

Field, J. (2001). Finding one's way in the fog: Listening strategies and second-language learners. *Modern English Teacher, 9* (1), 29-34.

Field, J. (2002). The changing face of listening. In J. C. Richards, & W. A. Renandya (Eds.), *Methodology in language teaching: An anthology of current practice* (pp.242-247). Cambridge: Cambridge University Press.

Flavell, J. H. (1979). Metacognition and cognitive monitoring: A new area of cognitive–developmental inquiry. *American Psychologist, 34* (10), 906-911.

Flege, J. E. (1995). Two procedures for training a novel second language phonetic contrast. *Applied Psycholinguistics, 16*, 425-442.

Flowerdew, J., & Miller, L. (2005). *Second language listening: Theory and practice*. Cambridge: Cambridge University Press.

García Lecumberri, M. L., & Cooke, M. (2006). Effect of masker type on native and non-native consonant perception in noise. *The Journal of Acoustic Society of America, 119* (4), 2445-2454.

García Lecumberri, M. L., Cooke, M., & Cutler, A. (2010). Non-native speech perception in adverse conditions: A review. *Speech Communication, 52* (11), 864-886.

Gatbonton, E., & Segalowits, N. (2005). Rethinking communicative language teaching: A focus on access to fluency. *The Canadian Modern Language Review, 61* (3), 325-353.

Gathercole, S. E., Willis, C., Emslie, H., & Baddeley, A. D. (1992). Phonological memory and vocabulary development during the early school years: A longitudinal study. *Developmental Psychology, 28* (5), 887-898.

Gilbert, J. B. (1995). Pronunciation practice as an aid to listening comprehension. In D. J. Mendelsohn, & J. Rubin (Eds.), *A guide for the teaching of second language listening* (pp.97-112). San Diego, CA: Dominie Press, Inc.

Goh, C. (2000). A cognitive perspective on language learners' listening comprehension problems. *System, 28* (1), 55-75.

Goh, C. (2008). Metacognitive instruction for second language listening development: Theory, practice and research implications. *RELC Journal, 39* (2), 188-213.

Grabe, W. (2004). Research on teaching reading. *Annual Review of Applied Linguistics, 24* (1), 44-69.

Graham, S. (2003). Learner strategies and advanced level listening comprehension. *Language Learning Journal, 28* (1), 64-69.

Green, D. W. (1998). Mental control of the bilingual lexico-semantic system. *Bilingualism: Language and Cognition, 1* (02), 67-81.

Griffiths, R. (1991). Pausological research in an L2 context: A rationale, and review of selected studies. *Applied Linguistics, 12* (4), 345-364.

Grosjean, F. (2008). *Studying bilinguals*. Oxford: Oxford University Press.

Hahn, L. D. (2004). Primary stress and intelligibility: Research to motivate the teaching of suprasegmentals. *TESOL Quarterly, 38* (2), 201-223.

Hapsburg, D. V., & Pena, E. D. (2002). Understanding bilingualism and its impact on speech audiometry. *Journal of Speech, Language and Hearing Research, 45* (1), 202-213.

Hasan, A. (2000). Learners' perceptions of listening comprehension problems. *Language, Culture and Curriculum, 13* (2), 137-153.

Hazan, V., Sennema, A., Iba, M., & Faulkner, A. (2005). Effect of audiovisual perceptual training on the perception and production of consonants by Japanese learners of English. *Speech Communication, 47* (3), 360-378.

Hommel, B., Fischer, R., Colzato, L. S., van den Wildenberg, W. P. M., & Cellini, C. (2012). The effect of fMRI (noise) on cognitive control. *Journal of Experimental Psychology: Human Perception and Performance, 38* (2), 290-301.

Jamieson, D. G., & Morosan, D. E. (1989). Training new, nonnative speech contrasts: A comparison of the prototype and perceptual fading techniques. *Canadian Journal of Psychology, 43* (1), 88-96.

Jenkins, J. (2000). *The phonology of English as an international language.* Oxford: Oxford University Press.

Jenkins, J. (2002). A sociolinguistically-based, empirically-researched pronunciation syllabus for English as an international language. *Applied Linguistics, 23* (1), 83-103.

Kim, J. (2002). Affective reactions to foreign language listening retrospective interviews with Korean EFL students. *Language Research, 38* (1), 117-151.

Kim, R. S., Seitz, A. R., & Shams, L. (2008). Benefits of stimulus congruency for multisensory facilitation of visual learning. *PLoS ONE, 3* (1), e1532.

小金沢宏寿 (2003). リスニング力アップのためのシャドーイング活動　英語教育, *52* (6), pp.14-16.

久保野雅史 (2008). 音読指導のバリエーション――「考える音読」と「虫食い音読」で知識を技能に―― 英語教育, *57* (7),　 pp.19-21.

Lam, J., & Halliday, M. A. K. (2002). What is an international language? An interview with Halliday. *English Today, 18* (1), 11-16.

Lehmann, S., & Murray, M. M. (2005). The role of multisensory memories in unisensory object discrimination. *Cognitive Brain Research, 24* (2), 326-334.

Levis, J. (2005). Changing contexts and shifting paradigms in pronunciation teaching. *TESOL Quarterly, 39* (3), 369-378.

Lombard, E. (1911). Le signe de l'elevation de la voix. *Annales de Maladies de L'oreille et du Larynx, 37* (2), 101-119.

Lund, R. J. (1991). A comparison of second language listening and reading comprehension. *The Modern Language Journal, 75* (2), 196-204.

Lynch, A. (1988). *Grading foreign language listening comprehension materials: The use of naturally modified interaction.* Unpublished doctoral dissertation. University of Edinburgh, Edinburgh, Scotland, UK.

Mackay, I. R. A., Flege, J. E., Piske, T., & Schirru, C. (2001). The identification of English consonants by native speakers of Italian. *Phonetica, 58* (1-2), 103-125.

Markham, P. L. (1988). Gender and the perceived expertness of the speaker as factors in ESL listening recall. *TESOL Quarterly, 22* (3), 397-406.

Massaro, D. W., Cohen, M. M., & Gesi, A. T. (1993). Long-term training, transfer, and retention in learning to lipread. *Perception & Psychophysics, 53* (5), 549-562.

Mayo, L. H., Florentine, M., & Buus, S. (1997). Age of second-language acquisition and perception of speech in noise. *Journal of Speech, Language, and Hearing Research, 40* (3), 686-693.

Meador, D., Flege, J. E., & Mackay, I. R. A. (2000). Factors affecting the recognition of words in second language. *Bilingualism: Language and Cognition, 3* (1), 55-67.

Mecartty, F. (2000). Lexical and grammatical knowledge in reading and listening comprehension for foreign language learners of Spanish. *Applied Language Learning, 11* (2), 323-348.

McGurk, H., & MacDonald, J. (1976). Hearing lips and seeing voices. *Nature, 264,* 746-748.

Mitterer, H., & McQueen, J. M. (2009). Foreign subtitles help but native-language subtitles harm foreign speech perception. *PLoS ONE, 4* (11), e7785.

Miura, T. (2009). *Evaluating sustainability of speech intelligibility: An exploratory study.* Unpublished research essay. University of Cambridge, Cambridge, UK.

Miura, T. (2010). *Sustainability of bilingual listening comprehension: A bilingual dichotic listening study.* Poster session presented at the 23rd Language at Edinburgh Lunch, University of Edinburgh, June 18, Edinburgh, Scotland.

Miura, T. (2011a). *Bilingual inhibitory control is affected by semantic relatedness in the bilingual dichotic listening task.* Poster session presented at the 26th Language at Edinburgh Lunch, University of Edinburgh, February 4, Edinburgh, Scotland.

Miura, T. (2011b). Sustainability of bilingual listening comprehension: A bilingual dichotic listening task and working memory capacity. *Annual Review of English Language Education in Japan, 22,* 297-312.

Miura, T. (2011c, August). The role of working memory capacity in the bilingual dichotic listening task. Paper presented at the 5th International Conference on Memory at the University of York, England, UK.

Miura, T. (2011d, August). Auditory attentional control in bilingual speech comprehension: Explorations in the bilingual dichotic listening paradigm . Paper presented at the 37th Annual Convention of Japan Society of English Language Education at Yamagata University, Yamagata, Japan.

Munro, M. J., & Derwing, T. M. (2011). The foundations of accent and intelligibility in pronunciation research. *Language Teaching, 44* (3), 316-327.

Ogasawara, S. (1993). Effectiveness of using TV news broadcast videos in listening comprehension practice. *Annual Review of English Language Education in Japan, 4,* 35-45.

Pica, T., Young, R., & Doughty, C. (1987). The impact of interaction on comprehension. *TESOL Quarterly, 21* (4), 737-758.

Pickering, L. (2006). Current research on intelligibility in English as a lingua franca. *Annual Review of Applied Linguistics, 26* (1), 219-233.

Quené, H., & Van Delft, L. E. (2010). Non-native durational patterns decrease speech intelligibility. *Speech Communication, 52* (11), 911-918.

Rajadurai, J. (2007). Intelligibility studies: A consideration of empirical and ideological issues. *World Englishes, 26* (1), 87-98.

R Development Core Team (2013). *R: A language and environment for statistical computing.* (Version 3.0.1). R Foundation for Statistical Computing, Vienna, ustria. URL http://www.R-project.org.

Richards, J. C. (1983). Listening comprehension: Approach, design, procedure. *TESOL Quarterly, 17* (2), 219-240.

Robinson, R. (1617). *The art of pronunciation 1617.* London: Nicholas Oakes. Reprinted in 1969 by The Scholar Press, Menston, England.

Rogers, C. L., DeMasi, T. M., & Krause, J. C. (2010). Conversational and clear speech intelligibility of

引用参考文献

/bVd/ syllables produced by native and non-native English speakers. *Journal of Acoustic Society of America, 128* (1), 410-423.

Rogers, C. L., Lister, J. L., Febo, D. M., Besing, J. M., & Abrams, H. B. (2006). Effects of bilingualism, noise, and reverberation on speech perception by listeners with normal hearing. *Applied Psycholinguistics, 27* (3), 465-485.

Rost, M. (2002). *Teaching and researching listening*. Harlow, UK: Longman.

Rubin, J. (1994). A review of second language listening comprehension research. *Modern Language Journal, 78* (2), 199-221.

Saito, K., & Lyster, R. (2012). Effects of form-focused instruction and corrective feedback on L2 pronunciation development: The case of English /ɹ/ by Japanese learners of English. *Language Learning, 62* (2), 595-633.

Scovel, T. (1998). *Psycholinguistics*. Oxford: Oxford University Press.

Seidlhofer, B. (2001). Pronunciation. In R. Carter, & D. Nunan (Eds.), *The Cambridge guide to teaching English to speakers of other languages* (pp.56-65). Cambridge: Cambridge University Press.

Shizuka, T. (1995). Whether, when, and how to utilize the printed script of a film: A good substitute for L2 subtitles? *The IRLT Bulletin, 9*, 69-95.

Simon, J. R. (1990). The effects of an irrelevant directional cue on human information processing. In R. W. Proctor, & T. G. Reeve (Eds.), *Stimulus-response compatibility* (pp.31-86). Amsterdam: Elsevier.

Song, J. H., Skoe, E., Banai, K., & Kraus, N. (2011). Training to improve hearing speech in noise: Biological mechanisms. *Cerebral Cortex, 22* (1), 1180-1190.

Souza, P. E. (2004). Suprathreshold speech recognition. In R. D. Kent (Ed.), *The MIT encyclopedia of communication disorders* (pp.548-549). Cambridge, MA: MIT Press.

Soveri, A., Laine, M., Hämäläinen, H., & Hugdahl, K. (2011). Bilingual advantage in attentional control: Evidence from the forced-attention dichotic listening paradigm. *Bilingualism: Language and Cognition, 14* (3), 371-378.

Stevick, E. W. (1993). Memory: Old news, bad news, new news, good news about memory. *JALT Journal, 15*.

Sueyoshi, A., & Hardison, D. M. (2005). The role of gestures and facial cues in second language listening comprehension. *Language Learning, 55* (4), 661-699.

Sweet, H. (1900). *The practical study of languages*. New York: Henry Holt & Co.

Tabri, D., Chacra, K. M. S. A., & Pring, T. (2011). Speech perception in noise by monolingual, bilingual and trilingual listeners. *International Journal of Language & Communication Disorders, 46* (4), 411-422.

武井昭江（編）(2002). 英語リスニング論　河源社

玉井　健 (2005). シャドーイングは万能薬なのか　英語教育, *53* (13), 28-30.

Thierry, G., & Wu, Y. J. (2007). Brain potentials reveal unconscious translation during foreign-language comprehension. *Proceedings of the National Academy of Sciences of the United States of America, 104* (30), 12530-12535.

土屋澄男 (2000). 英語の基礎をつくるオーラル中心の授業　STEP 英語情報, 2000 年 11-12 月号（財）日本英語検定協会

Vandergrift, L. (2004). Listening to learn or learning to listen. *Annual Review of Applied Linguistics, 24* (1), 3-25.

Vandergrift, L. (2007). Recent developments in second and foreign language listening comprehension

research. *Language Teaching, 40* (03), 191-210.
Vandergrift, L. (2011). Second language listening: Presage, process, product and pedagogy. In E. Hinkel (Ed.), *Handbook of research in second language teaching and learning,* (Vol. II, pp.455-471). New York: Routledge.
Vandergrift, L., Goh, C. C. M., Mareschal, C. J., & Tafaghodtari, M. H. (2006). The metacognitive awareness listening questionnaire: Development and validation. *Language Learning, 56* (3), 431-462.
Van Engen, K. J. (2010a). Similarity and familiarity: Second language sentence recognition in first- and second-language multi-talker babble. *Speech Communication, 52* (11), 943-953.
Van Engen, K. J. (2010b). *Linguistic factors in speech-in-speech perception.* Unpublished doctoral dissertation. Northwestern University, Illinois, USA.
Van Patten, B. (1989). Can learners attend to form and content while processing input? *Hispania, 72* (2), 409-417.
Weiss, W., & Dempsey, J. J. (2008). Performance of bilingual speakers on the English and Spanish versions of the hearing in noise test (HINT). *Journal of American Academy of Audiology, 19* (1), 5-17.
Yamaguchi, T. (1999). Effects of training in rapid word recognition on listening comprehension: An analysis of translation-task data from Japanese EFL learners. *Annual Review of English Language Education in Japan, 10,* 83-91.
大和知史 (2011). L2 speech 研究における発音の「明瞭性」の取り扱い―― 明瞭な評定のために――（pp. 41-49) 外国語教育メディア学会（LET）関西支部メソドロジー研究部会 2011年度報告論集
Zhao, Y. (1997). The effects of listeners' control of speech rate on second language comprehension. *Applied Linguistics, 18* (1), 49-68.

▶第8章コメント
Gathercole, S. E., Frankish, C., Pickering, S. J., & Peakers, S. (1999) Phonotactic influence on short-term memory. *Journal of Experimental Psychology: Lerning, Memory, and Cognition, 25,* 85-95.
湯澤正通・湯澤美紀 (2013). 日本語母語幼児による英語音声の知覚・発声と学習――日本語母語話者は英語音声の知覚・発声がなぜ難しく，どう学習すべきか――　風間書房
湯澤正通・湯澤美紀・関口道彦・李　思嫻・齊藤　智 (2010). 英語の多感覚音韻認識プログラムが日本人幼児の英語音韻習得に及ぼす効果　教育心理学研究, *58,* 491-502.

■第9章
Alvarez, R. P., Holcomb, P. J., & Grainger, J. (2003). Accessing word meaning in two languages: An event-related brain potential study of beginning bilinguals. *Brain and Language, 87,* 290-304.
Chee, M. W. L., Hon, N., Lee, H. L., & Soon, C. S. (2000). Relative language proficiency modulate BOLD signal change when bilinguals perform semantic judgments. *Neuloimage, 13,* 1155-1163.
千葉克裕・横山　悟・吉本　啓・川島隆太 (2012). 第2言語の習熟度と語彙処理速度の検証――語彙判断課題および意味判断課題の反応時間から――　東北大学高等教育開発推進センター紀要, *7,* 35-42.
French, R. M., & Jacquet, M. (2004). Understanding bilingual memory: Modes and data. *TRENDS in*

Cognitive Sciences, 8 (2), 87-93.

Friederici, A. D. (2002) Towards a neural basis of auditory senence processing. *TRENDS in Cognitive Science, 6* (2), 78-84.

Goto, K., Maki, H., & Kasai, C. (2010). The Minimal English Test: a new method to measure English as a Second Language proficiency. *Evaluation & Research in Education, 23* (2), 91-104.

Kroll, J. F. & Stewart, E. (1994). Category Interference in translation and picture naming: Evidence for asymmetric connections between bilingual memory representations. *Journal of Memory and Language, 33* (2), 149-174.

Palmer, S. D., van Hooff, J. C., & Havelka, J. (2010). Language representation and processing in fluent bilinguals: Electrophysiological evidence for asymmetric mapping in bilingual memory. *Neuropsychologia, 48,* 1426-1437.

Pulvermüller, F., Shtyrov, Y., & Hauk, O. (2009). Understanding in an instant: Neurophysiological evidence for mechanistic language circuits in the brain. *Brain and Language, 110* (2), 81-94.

Yokoyama, S., Kim, J., Uchida, S., Miyamoto, T., Yoshimoto, K., Yusa, N., & Kawashima, R. (2009). Left middle temporal deactivation caused by insufficient second language word comprehension by Chinese-Japanese bilinguals. *Journal of Neurolinguistics, 22,* 476-485.

Rastle, K., Harrington, J., & Coltheart, M. (2002). 358,534 nonwords: The ARC nonword database. *Quarterly Journal of Experimental Psychology, 55A,* 1339-1362.

Wilson, M. D. (1988). The MRC psycholinguistic database: Machine readable dictionary, version 2. Behavioral research methods. *Instruments and Computers, 20* (1), 6-11.

索 引

■■■■■■ 人名索引 ■■■■■■

■ A ■

Abutalebi, J. 234
Acheson, D. J. 59
安達真由美 42
Adams, A. M. 72
Ahmad, M. 28
相沢一美 214
Albrecht, J. E. 212
Aldwin, C. M. 194
Allen, R. J. 105
Alloway, T. P. 72, 106
Allport, D. A. 211
Alvarez, R. P. 253, 258
Anderson, J. R. 23, 38, 43, 239
Anderson, N. 66
有本 純 232
Assmann, P. 239
Atkinson, R. C. 39, 43
Ayabe-Kanamura, S. 42

■ B ■

Baddeley, A. D. 56-59, 63-65, 70, 72, 73, 75, 76, 105, 152, 216, 232, 233, 238
Banai, K. 245
Barret, S. 83
Barrouillet, P. 62-65, 68
Bereiter, C. 224
Besner, D. 133
Bialystok, E. 234
Blais, C. 133
Boelens, H. 146
Bolger, A. 29
Bornkessel, I. 92
Bowey, J. A. 71

Bransford, J. D. 25, 27, 30
Brewer, G. A. 65
Brinton, D. M. 230
Brown, G. D. A. 59
Burgess, N. 59
Bygate, M. 152, 154

■ C ■

Camos, V. 62, 63, 65, 68
Carpenter, P. A. 61, 211
Case, R. 61
Castles, A. 72
Celce-Murcia, M. 229, 231
Chattin, D. 32
Chee, M. W. L. 91, 253
Chiat, S. 74
千葉克裕 257
Cohen, J. D. 67
Coltheart, M. 72, 255
Conrad, R. 57
Cooke, M. 239
Cope, J. 183
Craik, F. I. M. 39, 215, 216
Crinion, J. 92
Cumming, N. 59
Cunningham, W. R. 181
Cutler, A. 77, 239

■ D ■

Daneman, M. 61
Davies, L. 108
de Jong, P. F. 71
Della Sala, S. 59
DeMarie, D. 181
DeMasi, T. M. 237
De Paepe, A. 64

295

Derwing, T. M.　232
Doughty, C.　151

■ E ■

Ebbinghaus, H.　50
Elkhafaifi, H.　185
Ellis, A. W.　57
Ellis, R.　151, 199, 200
Emslie, H.　70, 73, 238
Engelhart, M.　66
Engle, R. W.　61, 65, 67, 110

■ F ■

Faulkner, A.　236
Ferron, J.　181
Field, J.　240, 241
Flavell, J. H.　108
Flege, J. E.　83
Flowerdew, J.　238
Folkman, S.　186, 188, 197
Foster, P.　151
Frankish, C. R.　59, 74, 248
Franks, J. J.　30
French, R. M.　251
Friederici, A. D.　258, 259
藤田哲也　45
Funnell, E.　60
Fürstenberg, A.　59

■ G ■

García Lecumberri, M. L.　239
Gardner, R. C.　190
Gatbonton, E.　235
Gathercole, S. E.　58, 70-76, 238, 248
Geiselman, R. E.　18
Glenny, J.　18
Godden, D.　216
Goh, C. C. M.　238
Goldberg, J.　61
Goodwin, J. M.　230
Goto, K.　257
Graf, P.　38

Graham, N.　60
Grainger, J.　253
Green, D.　234
Gregersen, T. S.　189

■ H ■

Hagiwara, H.　91
土師大和　54
箱田裕司（Hakoda, Y.）　110, 117, 133, 149
Halwes, T. G.　108
Harrington, J.　255
Hatano, G.　77
Havelka, J.　253
林　安紀子　83
Hazan, V.　83, 236
Hedrick, M. S.　83
Hinkel, E.　203
Hitch, G. J.　59, 61, 63, 71, 105
Hodges, J. R.　60
Holcomb, P. J.　253
Hon, N.　253
堀野　緑　166
Horwitz, E. K.　183
Horwitz, M. B.　183
Hoshino, T.　91
Hulme, C.　59, 60
Hulstijn, J. H.　215
Hutton, U.　61

■ I ■

Iba, M.　236
市川伸一　166, 168
板垣信哉（Itagaki, N.）　200
伊藤範子　42
Izumi, S.　200

■ J ■

Jacquet, M.　251
Jarrold, C.　61
Jefferies, E.　59
Jeong, H.　92
Just, M. A.　211

■ K ■

Kahneman, D. 211
Kakigi, R. 91
Kane, M. J. 65-67, 110
Kasai, C. 257
Kaspar, V. 29
Kawaguchi, J. 42
川島隆太（Kawashima, R.） 92, 257
Kee, D. W. 108
Kim, R. S. 235
Kingstone, A. 66
喜田淑花 33
Krause, J. C. 237
Kraus, N. 245
Kroll, J. F. 251
久保信子 166
Kurland, D. M. 61
Kurtz, B. A. 73

■ L ■

La Heij, W. 146
Lambon Ralph, M. A. 59
Langerock, N. 64
Laufer, B. 215
Law, A. 59
Lazarus, R. S. 186, 188, 197
Lee, H. L. 253
Lee, S-K. 201
Lehmann, S. 235
Levis, J. 232
李　思嫻 75, 77-79
Liu, S. 83
Lockhart, R. S. 39, 215, 216
Loftus, E. F 17
Logie, R. H. 59, 233
Lombard, E. 237
Long, M. H. 151
Luce, P. A. 73
Lyster, R. 231

■ M ■

MacDonald, M. C. 59
MacIntyre, P. D. 183, 190

MacLeod, C. M. 67, 109
Madge, A. 59
前田啓朗 168, 170
Maehara, Y. 61-64
Maki, H. 257
Makioka, S. 73
Mandler, G. 193
Mareschal, C. J. 238
Martin, A. J. 71
Masoura, E. V. 75
Matsuba-Kurita, H. 91, 94
松田　憲 40
松本亜紀（Matsumoto, A.） 110, 117, 133
Maughan, S. 59
Mayer, J. D. 33
McDaniel, M. A. 28
McDermott, B. 38
McKewn, M. G. 215
McMillan, B. D. 65
McVay, J. C. 65, 66
Mecartty, F. 238
Melby-Lervåg, M. 58
Merikle, P. M. 61
Metsala, J. L. 72
三宅貴久子 53
Miller, L. 238
Miller, P. H. 181
Miller, R. K. 67
三浦宏昭 170
三浦隆行（Miura, T.） 230
三宅　晶（Miyake, A.） 56, 57, 61, 64, 65
水口啓吾 77, 78, 83
望月正道 214
Moely, B. E. 108
文部科学省 104
Monsell, S. 67
Moreno, R. 68
森島泰則（Morishima, Y.） 212
Morita, A. 59
Morita, T. 34
Morris, C. D. 30
Munro, M. J. 232
Munson, B. 73
村野井　仁 208
Murray, M. M. 236

■ N ■

Nabelek, A. K.　83
Nakamura, N.　91, 94
Nakata, H.　91
Nation, P.　214, 215
西山めぐみ（Nishiyama, M.）　42, 54
野呂徳治（Noro, T.）　186, 194
Norris, D. G.　59, 77

■ O ■

O'Brien, E. J.　212
Ojima, S.　91, 93, 94
Olson, F. A.　108
苧阪満里子　61
苧阪直行　61
太田信夫　39, 41, 46, 47, 51, 52
Otake, T.　77
Owings, R. A.　30
Oxbury, S.　60
Oxford, R. L　168

■ P ■

Page, M. P. A.　59
Palmer, J. C.　17
Palmer, S. D.　253, 255, 258
Papagno, C.　58, 70
Park, B.　68
Patterson, K.　60
Peakers, S.　248
Perani, D.　91
Perfetto, G. A.　30
Peterson, G. A.　30
Pickering, L.　232
Pickering, S. J.　107, 248
Portrat, S.　63
Pressley, M.　28, 29
Pulvermüller, F.　253, 259
Pursell, S. L.　83

■ R ■

Rastle, K.　255
Reder, L. M.　23

Riby, D. M.　61
Richards, J. C.　241
Risko, E. F.　66
Robinson, P.　151
Roediger, H. L., III.　38, 227
Rogers, C. L.　237
Rost, M.　238
Roy, P.　74
Rubin, J.　166, 240
Rummer, R.　59

■ S ■

Saito, K.　231
齊藤　智（Saito, S.）　42, 56, 57, 59, 61-64, 66, 73, 74, 79, 106
佐久間康之（Sakuma, Y.）　105, 133
Salovey, P.　33
Sarwal, A.　66
Scardamalia, M.　224
Schacter, D. L.　38
Schadler, M.　133
Schiller, P. H.　133
Schlesewsky, M.　92
Schneider, W.　29
Schweppe, J.　59
Segalowitz, N.　235
Seitz, A. R.　235
関口道彦（Sekiguchi, T.）　74, 75, 77-79
Sennema, A.　236
Service, E.　71, 75
Seveke, M. J.　71
Shah, P.　56, 61
Shams, L.　235
Shiffrin, R. M.　39, 43
Simon, J. R.　237
Skehan, P.　153, 154, 164, 208
Skoe, E.　245
Song, J. H.　245
Song, Y.　149
Soon, C. S.　253
Souza, P. E.　244
Sovel, T.　184
Spielberger, C. D.　185
Spillers, G. J.　65

Stein, B. S.　25, 27, 29, 30
Steinel, M. P.　215
Steinel, W.　215
Stewart, E.　251
Stroop, J. R.　109
Summerfield, Q.　239
Suzuki, W.　200
Swain, M.　201
Swanson, L. A.　83

■ T ■

Tafaghodtari, M. H.　238
田頭憲二　170
Takšic, V.　34
Talmi, D.　33
玉井　健　241
Tamaoka, K.　73
寺澤孝文（Terasawa, T.）　38-44, 46, 47, 51, 52, 53, 54
Thierry, G.　235
Thissen, D. M.　133
Thompson, D. D.　32
Thomson, D. M.　18
Thorn, A. E.　108
Thorn, A. S. C.　74
Tobias, S.　190
Tomsky, M. T.　32
投野由紀夫　214
Towse, J. N.　61
豊田弘司（Toyota, H.）　23-26, 29-35, 182
Trahey, M.　200
Traxler, M. J.　92
Tsujimura, M.　29, 30
辻村誠一　40
Tsukada, K.　83
土田純子　35
Tuholski, S. W.　65
Tulving, E.　18, 32, 38
Turner, M. L.　61
Turnure, J. E.　28

■ U ■

上田紋佳　40, 42, 54

Ueno, T.　59
Unsworth, N.　65

■ V ■

Vandergrift, L.　238-240
Van Engen, K. J.　245
van Hooff, J. C.　253
van Veen, M.　71
Vitevitch, M. S.　73
Vogely, A. J.　184
Vye, N. J.　30

■ W ■

Walker, I.　59, 60
Walley, A. C.　83
Warren, M. W.　32
Wartenburger, I.　91
渡辺めぐみ（Watanabe, M.）　110, 117, 133
White, L.　200
Williams, J.　151
Willis, C. S.　70, 72, 73, 238
Willis, J.　151
Willoughby, T.　29
Wilson, M. D.　255
Windsor, J.　73
Woloshyn, V.　29
Wood, E.　28, 29
Wynn, V.　59

■ Y ■

矢地晴彦　54
Yeni-Komshian, G. H.　83
横山　悟（Yokoyama, S.）　91, 92, 253, 257
Yoneyama, K.　77
吉田哲也　38, 46, 47, 52
吉本　啓（Yoshimoto, K.）　92, 257
Younger, J.　29
Yusa, N.　91, 95
湯澤正通（Yuzawa, M.）　57, 73-80, 83
湯澤美紀　57, 73-75, 77, 79

299

事項索引

A～Z

ADHD　149
ARC Nonword Database　255
AS-unit　156
debilitative effect　184
EEG（Electroencephalography：脳波計）　89, 252
facilitative effect　184
Flanker Task　234
fMRI（functional magnetic resonance imaging：機能的 MRI）　90, 237, 252
$i+1$　154
LAN　93
listener-friendly　233
Listening and Communication Enhancement: LACE　245
LMS（Learning Management System）　172
MEG（Magnetoencephalography：脳磁図）　89, 252
Minimal English Test（MET）　256
MLAT（Modern Language Aptitude Test）　166
MRC Psycholinguistic Database　255
N400　93
noticing　200, 201
P600　93
PET（Positron Emission Tomography）　90
PLAB（Pimsleur Language Aptitude Battery）　166
Simon Task　234, 237
Strategy Inventory for Language Learning　168
Stroop and Reverse-Stroop Test　110
task-based　240
TOEIC Bridge　155

あ

アウトプット中心（output-based）　200
アクティブラーニング　54
アンケート調査　104
暗雑音（background noise）　239

い

言い直し（recasts）　231
閾値（threshold）　230
維持可能な発音の明瞭度（sustainable speech intelligibility: SSI）　233
一般化線型混合モデル（generalised linear mixed models）　243
意味記憶（semantic memory）　12, 23
意味的限定性　26
意味的精緻化（semantic elaboration）　32
意味認知症（semantic dementia）　59
意味ネットワーク理論　38
意味バインディング仮説（semantic binding hypothesis）　60
意味判断課題（semantic decision task）　256
イメージ化方略　170
イメージ効果　20
イメージ能力　182
韻頻度効果（phonotactic frequency effects）　126
インプット強化（input enhancement）　200
インプット中心（input-based）　200

う

ウェルニッケ領域（Wernicke's area）　89
運動野　88

え

英語音韻習得能力　75
英語音韻習得方法　79
英語習熟率　127
英語脳　96
エピソード記憶（episodic memory）　12

お

音韻カテゴリー　83
音韻習得能力　75
音韻ストア（phonological store）　58
音韻知識　75
音韻的貯蔵（phonological store）　106
音韻的貯蔵仮説　72
音韻的敏感性仮説　72

音韻的類似性　59
音韻認識　71
音韻ループ（phonological loop）　57, 106
音声知覚（perception）　239

■か■

絵画優位性効果　20
外国語学習不安（foreign language anxiety）　183
外国語活動　104
外国語としての英語（English as a foreign language: EFL）　111, 250
改訂版階層モデル（revised hierarchical model）　251
概念連結モデル　251
外発的動機づけ　8
学習　5
学習観　173
学習指導　7
学習量志向　167, 173
課題セット　67
課題無関連思考（task unrelated thought）　65
課題目標（task goal）　65
活用（utilization）　239
感覚記憶（sensory memory）　11
感覚情報の長期持続性　42
感覚登録器　11
環境志向　167, 173
間接再認手続き　41

■き■

奇異性効果　27
記憶範囲（memory span）　126
記憶をもとにしたシステム（exemplar-based system）　153
記憶をよくする7つのルール　19
機械的学習　123
機能的磁気共鳴画像法（functional magnetic resonance imaging: fMRI）　90, 237, 252
気分一致効果　20
気分状態依存効果　20
記銘　214

逆ストループ干渉（reverse-Stroop interference: R-STI）　109
逆ストループ・テスト（R-ST）　107
逆境的なリスニング状況（adverse listening conditions）　239
教育ビッグデータ　44

■く■

偶発記憶　23
クラスタ分析　160

■け■

経験サンプリング法（experience sampling method）　65
系列再生課題　58
言語運用の維持可能性（sustainable or not）　229
言語親密性効果（language familiarity effects）　126
言語置換（language switching）　235
言語の短期記憶（verbal short-term memory: verbal STM）　70, 106
顕在記憶（explicit memory）　13, 38
検索　10
検索手がかり　11

■こ■

語彙学習方略　173
語彙判断課題（lexical decision task）　255
構音コントロール過程（articulatory control process）　58
構音制御（articulatory control）　106
行動主義　5, 9
行動的視点　7
後頭葉（occipital lobe）　86
構文解析（parsing）　239
コーピング方略（coping strategy）　224
語学指導助手（assistant language teacher: ALT）　112

■さ■

再構成　17
差異性（distinctiveness）　24
生成効果　21
再生テスト　15
再認テスト　15
サヴァン症候群　43
左下前頭回（LIFG）　253
左下頭頂小葉（LIPL）　253
差分法　254

■し■

視覚的類似性（visual similarity）　59
視覚野　88
時間的応答（temporal response）　239
時間的減衰（temporal decay）　63
視空間スケッチパッド（visuo-spatial sketchpad）　108
視空間的短期記憶（visuo-spatial short-term memory: visuo-spatial STM）　107
自己関連づけ効果　19
自己効力感　54
自己修正精緻化（self-corrected elaboration）　31
自己生成精緻化（self-generated elaboration）　27
自己生成精緻化効果　28
自己選択精緻化（self-choice elaboration）　30
視聴覚（audiovisual）　235
実験計画法　14
実験法　13
自伝的記憶（autobiographical memory）　13
自伝的精緻化（autobiographical elaboration）　32
児童英検ブロンズ（Bronze）　107
自動化　195
自発的な発話（spontaneous speech）　231
時分割型リソース共有モデル（time-based resource sharing model: TBRSモデル）　63
社会の精緻化（social elaboration）　33
シャドーイング（shadowing）　241
循環的なメカニズム　185
情意的側面　7

状態不安（state anxiety）　185
情動知能（emotional intelligence: EI）　33
情動的精緻化（emotional elaboration）　33
情動に焦点を当てた対処（emotion-focused coping）　192
情動による記憶促進（emotionally enhanced memory）　33
小脳（cerebellum）　85
情報処理アプローチ　8
情報処理的な概念　5
処理効率　123
処理効率性理論（processing efficiency theory）　193
処理水準説（level of processing）　216
新ストループ検査II　110
心的努力（mental effort）　108

■す■

数唱スパン課題　71
ストループ課題（Stroop Task）　67
ストループ干渉（Stroop interference: STI）　109, 130
ストループ効果　67, 130
ストループ・テスト（ST）　107
ストレスに関連した成長（stress-related growth）　194

■せ■

精緻化（elaboration）　23, 215
精緻化ストラテジー（elaboration strategies）　108
静的な（static）アプローチ　185
説明効果　21
宣言(的)記憶（declarative memory）　13
潜在記憶（implicit memory）　13, 16, 37
選択的注意　237
選択的注意力　114
前頭葉（frontal lobe）　86
鮮明イメージ　27

■そ■

想起　214

想起意識　38
早期英語教育　95
ソーシャルサポート　194
側頭葉（temporal lobe）　86

■た■
体制化効果　19
体制化ストラテジー（organization strategies）　108, 170
ダイナミックな（dynamic）記述　185
大脳（cerebrum）　85
大脳皮質（cerebral cortex）　86
多感覚音韻認識プログラム　79, 80
多数話者バブル（multi-talker babble）　244
タスクスイッチング（task switching）　67
タスクに基づく言語指導（task-based language teaching: TBLT）　151, 164
短期記憶（short-term memory）　56
短期貯蔵庫　11
単語頻度効果（word-frequency effects）　126
単語らしさ　73

■ち■
注意　130
注意能力　114
注意容量の限界仮説（limited capacity hypothesis of human attention）　208
中央実行系（central executive）　106
聴解（listening comprehension）　238
聴覚野　88
長期記憶（long-term memory）　105
長期貯蔵庫　11
貯蔵　10

■つ■
通言語学的（cross-linguistic）　233

■て■
ティーム・ティーチング（team teaching: TT）　112

手がかりの原理　17
適合性　26
テキスト再生（text recall）　200
テキスト要約（text summarizing）　208
適性処遇交互作用（ATI）　181
適切性　25
デジット・スパン・テスト（digit-span test: DST）　107
テスト効果　20
手続き記憶（procedural memory）　12
展望記憶（prospective memory）　11, 12

■と■
動機づけ効果　21
頭頂葉（parietal lobe）　86
特性不安（trait anxiety）　185
特定場面不安（situation-specific anxiety）　183
トップダウン処理　239
トランザクショナル・モデル　197

■な■
内発的動機づけ　8

■に■
認知神経科学（cognitive neuroscience）　91
認知心理学　4
認知的視点　7
認知的側面　7
認知負荷（cognitive load: CL）　64
認知負荷理論（cognitive load theory）　68

■の■
脳機能画像法　84
脳機能計測法　89
脳機能研究　84
脳磁図（Magnetoencephalography: MEG）　89, 252
脳波計（Electroencephalography: EEG）　89, 252
脳梁（corpus callosum）　86

303

■は■

バイリンガリズム（bilingualism）　234
バイリンガル両耳異刺激聴取タスク
　　（bilingual dichotic listening task）　242
発音の明瞭度　229
反響音（reverberation）　239
反応時間（reaction times）　234
反復学習　49, 50
反復効果　21
反復方略　170

■ひ■

左半球（left hemisphere）　85
非単語反復　70
非単語反復の処理プロセス　73, 74
ビッグデータ　53
表層フォーム　212

■ふ■

フォーカス・オン・フォーム（focus on form）　199
複数成分モデル（multicomponent model）　64
複数手がかり効果　20
符号化　10
符号化特定（特殊）性原理（encoding specificity principle）　18, 216, 227
符号化と検索の関係の原理　18
符号化の原理　16
プライミング効果　42
ブローカ領域（Broca's area）　89
プロソディ　74, 241
分散効果　21
文法項目の使用に焦点を当てた指導（form-focused instruction）　231

■ほ■

方略志向　167, 173
母語（L1）　250
母語連結モデル　251
母語話者原理（nativeness principle）　232
ボトムアップ処理　239

■ま■

マイクロステップ計測法　46, 53

■み■

右半球（right hemisphere）　86

■む■

無意識の流暢さ（automatic fluency）　235

■め■

明瞭性原理（intelligibility principle）　232
明瞭度　230
メタ認知　9

■も■

モーラ　77
目標無視　67
モダリティ効果（modality effect）　68
モデリング　194
問題に焦点を当てた対処（problem-focused coping）　192

■ゆ■

有意味学習　123

■り■

リーディングスパンテスト（reading span test: RST）　61, 233
リカートスケール　104
リスニングストレス（listening stress）　186
リスニング不安（listening anxiety）　184
リハーサル　248
領域固有性（domain specificity）　125
領域普遍性（domain generality）　64, 125
領域普遍的（domain general）　56
領域普遍的ワーキングメモリ容量（domain general working memory capacity）　233

■る■

ルールをもとにしたシステム（rule-based system） 153

■わ■

ワーキングメモリ（working memory） 12, 56, 105, 152, 193, 202, 232, 238
ワーキングメモリスパン課題（working memory span task） 56, 61
ワーキングメモリの容量 195

執筆者一覧（執筆順）

太田　信夫	（編著者）		Part1 はじめに，Part1 第1章， Part2 第7章コメント
豊田　弘司	奈良教育大学学校教育講座		Part1 第2章，Part2 第4章コメント
寺澤　孝文	岡山大学大学院教育学研究科		Part1 第3章
齊藤　智	京都大学大学院教育学研究科		Part1 第4章，Part2 第1章コメント
湯澤　正通	広島大学大学院教育学研究科		Part1 第5章，Part2 第3章コメント
湯澤　美紀	ノートルダム清心女子大学人間生活学部		Part1 第5章，Part2 第8章コメント
横山　悟	千葉科学大学薬学部		Part1 第6章，Part2 第9章コメント
佐久間康之	（編著者）		Part2 はじめに，Part2 第1章，Part2 第2章
箱田　裕司	京都女子大学発達教育学部		Part2 第2章コメント
松本　亜紀	九州共立大学スポーツ学部		Part2 第2章コメント
森　敏行	福島県教育センター		Part2 第3章
前田　啓朗	元広島大学外国語教育研究センター		Part2 第4章
野呂　徳治	弘前大学教育学部		Part2 第5章
中山勘次郎	上越教育大学大学院学校教育研究科		Part2 第5章コメント
鈴木　渉	宮城教育大学教育学部		Part2 第6章，Part2 第7章
板垣　信哉	宮城教育大学教職大学院		Part2 第6章，Part2 第7章
森島　泰則	国際基督教大学教育学部		Part2 第6章コメント
渡邊　兼行	仙台白百合女子大学人間学部		Part2 第7章
小林　千夏	宮城教育大学教育学部卒業生		Part2 第7章
三浦　隆行	日本大学経済学部		Part2 第8章
千葉　克裕	文教大学国際学部		Part2 第9章

編著者紹介

太田　信夫（おおた・のぶお）

筑波大学名誉教授　東京福祉大学教授　教育学博士（名古屋大学）
専門：認知心理学，教育心理学
　［主著・論文］
　"Human Learning and memory: Advances in Theory and Application" LEA（共編著）
　　2005 年
　"Dynamic Cognitive Processes" Springer Verlag（共編著）2005 年
　"Memory and Society: Psychological Perspectives" Psychology Press（共編著）2006 年
　"Memory and Emotion: Interdisciplinary Perspectives" Blackwell Publishing（共編著）
　　2006 年
　『記憶の心理学と現代社会』（編著）　有斐閣　2006 年
　『記憶の心理学』（編著）　NHK 出版　2008 年
　『記憶の生涯発達心理学』（共編著）　北大路書房　2008 年
　『単純接触効果研究の最前線』（共編著）　北大路書房　2008 年
　『教育心理学概論』（編著）　NHK 出版　2009 年
　『認知心理学：知のメカニズムの探究』（共著）　培風館　2011 年
　『現代の認知心理学』【全 7 巻】（編者代表）　北大路書房　2011 年
　"Memory and Aging: Current Issues and Future Directions" Psychology Press（共編著）
　　2012 年
　"Dementia and Memory" Psychology Press（共編著）2014 年

佐久間　康之（さくま・やすゆき）

福島大学人間発達文化学類教授　教育学修士（筑波大学）　筑波大学助手を経て現職
専門：英語教育学，心理言語学
学会（要職）：全国英語教育学会副会長，東北英語教育学会会長，小学校英語教育学
　　　　　　会前学会誌編集委員長
　［主著・論文］
　『記憶の心理学と現代社会』（共著）　有斐閣　2006 年
　"Changes in Listening Ability and Psychological Factors Influenced by Elementary
　　School English Activities" Annual Review of English Language Education in
　　Japan, Vol. 20（単著）2009 年
　"Cognitive Features of Working Memory in Elementary School Students Participating
　　in Foreign Language Activities" Annual Review of English Language Education
　　in Japan, Vol. 22（単著）2011 年
　"The positive influence of English- language activities on English digit-span
　　performance among Japanese elementary school children: A three -year cross-
　　sequential study" Psychologia: An International Journal of Psychological Sciences,
　　55, No.4（共著）2012 年
　"Routledge Encyclopedia of Language Teaching and Learning" Second Edition.
　　London: Routledge（共著）2012 年
　『最新英語学・言語学用語辞典』（共著）　開拓社　2015 年

英語教育学と認知心理学のクロスポイント
──小学校から大学までの英語学習を考える──

2016年2月10日　初版第1刷印刷	定価はカバーに表示
2016年2月20日　初版第1刷発行	してあります。

編著者　　太　田　　信　夫
　　　　　佐　久　間　康　之
発行所　　㈱北大路書房
〒603-8303　京都市北区紫野十二坊町12-8
　　　　　電　話　(075) 431-0361㈹
　　　　　Ｆ Ａ Ｘ　(075) 431-9393
　　　　　振　替　01050-4-2083

©2016　　　　　　　　　　　　　　印刷・製本／創栄図書印刷㈱
　　　　　　検印省略　落丁・乱丁本はお取り替えいたします。
　　　　　ISBN978-4-7628-2915-4　　　　　　Printed in Japan

・ JCOPY 〈㈳出版者著作権管理機構 委託出版物〉
本書の無断複写は著作権法上での例外を除き禁じられています。
複写される場合は，そのつど事前に，㈳出版者著作権管理機構
(電話 03-3513-6969,FAX 03-3513-6979,e-mail: info@jcopy.or.jp)
の許諾を得てください。